GOLDMANN

Buch

Die Französin Marion Sigaut erzählt in diesem Buch ihre authentische Lebensgeschichte – ein Schicksal im Spannungsfeld zwischen Israel und Palästina. Als 22jährige kommt Marion voller Engagement nach Israel, um dort in einem Kibbuz zu arbeiten. Begeistert von Menschen, Arbeit und Kibbuzphilosophie, identifiziert sie sich mit den israelischen Werten. 1973 wird sie Zeugin des Angriffs ägyptischer und syrischer Truppen auf Israel und erfährt die Schrecken des Bombardements am eigenen Leib.

Einige Jahre nach ihrem ersten Aufenthalt in Israel besucht Marion erstmals die besetzten Gebiete und die palästinensischen Flüchtlingslager. Von der unvorstellbaren Armut ist sie zutiefst entsetzt. Es regen sich erste Zweifel an dem von jüdischer Seite aufgebauten Feindbild, die schließlich in einen offenen Konflikt mit ihren israelischen Freunden münden. Marion schließt sich dem Aufstand der Palästinenser, der Intifada, an und organisiert schließlich auch den Aufbau einer Institution zur Verteidigung der Rechte palästinensischer Kinder.

In *Das Herz zweier Welten* gewährt die Autorin ihren Lesern spannenden und lebendigen Einblick in die Geschichte Palästinas. Vor dem Hintergrund ihrer eigenen schmerzlichen Erfahrung der Zerrissenheit hat Marion Sigaut so objektiv wie nur möglich die historischen Fakten des jüdisch-arabischen Dauerkonfliktes zusammengetragen.

Autorin

Marion Sigaut wurde 1950 in Paris geboren und lebt nach jahrelangen Aufenthalten in Nahost heute wieder in Frankreich.

In der Reihe »Schicksale und Horizonte« erscheint demnächst:
Gilda Boysen: Haut über Kopf.
Erfahrungen mit einer Psychoanalyse, 12386, Juli 1992

MARION SIGAUT

Das Herz zweier Welten

Aus dem Französischen übersetzt
von Barbara Ziegler

GOLDMANN VERLAG

Deutsche Erstveröffentlichung

Die Originalausgabe erschien 1991 unter dem Titel
»Les deux cœurs du monde« bei Flammarion, Paris

Der Goldmann Verlag
ist ein Unternehmen der Verlagsgruppe Bertelsmann

Made in Germany · 1. Auflage · 5/92

Umschlaggestaltung: Design Team München
Umschlagfoto: Photo Alfred, Sipa-Press
Satz: IBV Satz- und Datentechnik GmbH, Berlin
Druck: Presse-Druck Augsburg
Verlagsnummer: 12404
Lektorat: Silvia Kuttny
Redaktion: Ilse Wagner
Herstellung: Stefan Hansen
ISBN 3-442-12404-2

Inhalt

ERSTER TEIL

Die Liebe

Das Flugzeug war erst vor einer Stunde gestartet, und schon machte das Reisefieber der Langeweile und der Ungeduld Platz. Es war im August 1982, als die israelische Armee den Libanon besetzte und die Angst mich quälte.

»Kann ich eine *Jerusalem Post* haben?« fragte ich auf hebräisch die Stewardeß, die mir etwas zu trinken brachte.

Mein Nachbar beobachtete mich seit Reisebeginn verstohlen von der Seite; jetzt ergriff er die Gelegenheit, mich anzusprechen:

»Sie sprechen Hebräisch wie eine Sabra*! Sind Sie Israelin?«

Der Schmeichler!

»Ich bin noch nicht einmal Jüdin!« antwortete ich ihm stolz.

Ich fand Gefallen daran, bei meinen Gesprächspartnern diesen verblüfften und leicht bewundernden Gesichtsausdruck hervorzurufen, wenn ich ihnen die Wahrheit enthüllte.

»Was heißt ›noch nicht einmal Jüdin‹? Wenigstens Ihr Vater...«

»Beide sind seit Chlodwig katholisch und keine Spur von einer Mischung, die mir bekannt wäre!« schnitt ich ihm lachend das Wort ab.

»Aber, wie ist das dann zu verstehen?«

Ich hatte die Wirkung erzielt, die ich erwartet hatte, und keine Lust mehr, mein früheres Leben zu erzählen. Im Augenblick galt meine Hauptsorge dem Krieg. Also gab ich ihm die einzige Antwort, die seine Neugierde befriedigen würde.

»Die Liebe macht es.«

Er war es zufrieden, und ich war beruhigt: Er würde mich in Ruhe lassen.

* Sabra: ein im Land geborener Israeli, A. d. Ü.

Die Liebe. Was hätte er darauf sagen sollen? Wie hätte man diese außergewöhnliche Begegnung zwischen der kleinbürgerlichen linken Pariserin und diesem Kibbuz in Judäa, die vor zehn Jahren stattgefunden hatte, bezeichnen sollen?

Ich hatte sie innig geliebt und sagte jedem, der es hören wollte, daß ich sie noch immer liebte.

Im Flugzeug lachten die jungen Leute sorglos und abenteuerlustig.

»Warum ist Arik Sharon nicht in der ersten Woche in Beirut eingetroffen? Weil er Autobahngebühren zahlen mußte!«

Viele Passagiere brachen in schallendes Gelächter aus.

Ich fand das nicht so lustig. Ich verfolgte seit Jahren mit großer Angst das aktuelle Geschehen des Landes und fand in der Wendung, die die Dinge genommen hatten, nichts Komisches. Dennoch hatte es seit 1977 diese sinnlose Hoffnung gegeben, diese unerwartete Liberalisierung, die auf die Machtergreifung der Rechtskonservativen gefolgt war. Die Jerusalem-Reise von Anwar-el-Sadat, die Friedensvereinbarungen... Fünf Jahre später hatte General Sharon, unter dem Vorwand, daß ein Waffenarsenal im Südlibanon auf Galiläa gerichtet sei, seine Truppen aufmarschieren lassen, nach offizieller Lesart, nur um einen Streifen von vierzig Kilometern zu entwaffnen. Die Zahal* hatte dabei den ganzen Libanon überfallen und Beirut besetzt.

Der Sympathievorsprung, dessen sich Israel jahrelang erfreut hatte, begann sich zu verringern, und ich wußte nicht ganz genau, ob ich mit dem Teufel paktiert hatte, als ich mich so sehr in meinen Kibbuz verliebte. Wie reagierten meine Freunde? Rechtfertigten sie diesen blutigen Feldzug, oder stellten sie sich dagegen?

»Der Frieden von Galiläa« war ein schöner Begriff für ein Inferno im Bombenhagel. Aber ich kannte die Israelis zu gut und wußte, an welchem Punkt Einstimmigkeit nicht zu ihren Stärken

* Zahal: die israelische Armee, A. d. Ü.

zählte. Ich machte mich auf, um herauszufinden, ob meine Freunde der pazifistischen Oppositionsbewegung angehörten, die Tag für Tag mehr Zulauf hatte.

Ich war zweiunddreißig und allein. Ich habe meine Kindheitsfreunde seit einer Ewigkeit aus den Augen verloren; mit meinen Arbeitskollegen unterhielt ich nur distanzierte Kontakte. Seit fast zwei Jahren gab der Krieg zwischen meinem Vater und mir Anlaß zu Streitigkeiten, einer von uns mußte nachgeben. Außerhalb meines Kibbuz kannte ich keine Menschenseele. Ich war mit ihm auf immer verbunden, ich konnte mich nicht dagegen wehren. Er war die Quelle meines Lebens, meine Beziehung, meine einzige Familie, seit dem Tod meiner Mutter und seit ich entdeckt hatte, was die »Liebe« meines Vaters wert war.

Wie viele werden es sein, die mich am Flughafen erwarteten? Ein kleines, köstliches Kribbeln durchfuhr mich, als ich mich an meine erste Landung in Tel-Aviv erinnerte: eines Tages im Frühjahr 1972. Ich war zweiundzwanzig Jahre alt, erfreute mich bester Gesundheit, hatte jede Menge Ideen im Kopf, die von einer perfekt funktionierenden dualistischen Weltanschauung ausgingen, und hatte das einfache Verlangen, selbst zu sehen, was den Kibbuz, dieses erfolgreiche Experiment des Lebens in einer Gemeinschaft, ausmachte.

Kapitel 1

Meine erste Begegnung mit Israel war frostig, und es war nicht vorauszusehen, was folgen würde. Ich war der Mißbilligung meiner linken Freunde, die Israel verteufelten, trotzig entgegengetreten und war eines Abends in Lod gelandet (damals lebte David Ben Gurion noch, und der Flughafen war noch nicht nach ihm benannt), ohne ein Wort der Landessprache zu beherrschen, ohne eine einzige Adresse, ohne einen Freund, den ich treffen konnte, nur mit meinem Rucksack, meiner Schirmmütze und meiner Gitarre über der Schulter.

Das Informationsbüro am Flughafen gab mir die Adresse einer Jugendherberge, und dort teilte man mir die Anschrift eines Verbandes der Kibbuzim mit, den Kibbuz Haartzi. Ich hätte auch auf eine andere Herberge, einen anderen Verband stoßen können, nur der Zufall, ein überaus glücklicher Zufall, lenkte meinen Weg.

Der Kibbuz Haartzi war ein langgestrecktes Gebäude im Herzen von Tel-Aviv. Im ersten Stock nahm ich in einem tristen Flur zwischen jungen, sonnengebräunten Europäern Platz, die alle darauf warteten, daß sich die Tür zum Empfangsbüro öffnete, wo Freiwillige für die Arbeit im Kibbuz eingestellt wurden.

»Next!« schnarrte alle zehn Minuten die Stimme einer jungen Frau.

»French? Speak english?« fragte sie mich, als ich an der Reihe war, ohne auch nur in meine Richtung zu schauen.

Während sie in ziemlicher Eile einige Papiere ausfüllte, faßte ich mir ein Herz:

»Ich möchte gern in einen Kibbuz, der am Meer liegt.«

»Ich bin es, die hier entscheidet.«

Dann zeigte sie mit dem Finger auf eine Landkarte:

»Sie werden dorthin gehen, sobald Sie eine ärztliche Untersuchung hinter sich gebracht haben. Dieser Kibbuz heißt Tel-Nir. Da ist die Adresse eines Arztes, der Ihnen die benötigte Bescheinigung geben wird. Kommen Sie morgen wieder. *Shalom.*«

Mein erster Tag in Tel-Aviv war unerfreulich. Ich fand die Stadt schmutzig und ohne Charme: viereckige, stillose Wohnblocks, schmuddelige Bürgersteige, laute, verstopfte Straßen und überfüllte Busse. Ich mußte immer wieder meine Gitarre, die mir einige Straßenjungs stehlen wollten, fest an mich drücken, während ich auf einer schmutzigen Brüstung saß und darauf wartete, daß die Arztpraxis öffnete.

Der Arzt, der mich untersuchte, war auch nicht besonders nett. Ein mächtiger weißer Bart und eine kräftige Adlernase verliehen ihm ein unfreundliches Aussehen. Als er mir das Zertifikat überreichte, hatte er, außer den unbedingt notwendigen Fragen, nicht einen Ton von sich gegeben.

»Wie komme ich zu diesem Kibbuz?« fragte ich am nächsten Morgen die Frau im Kibbuz, die mir den Umschlag mit der Versicherungsbescheinigung und den Empfehlungsbrief übergab.

»Mit dem Bus.«

»Aber mit welchem?«

»Schauen Sie, wie Sie allein weiterkommen. *Shalom.*«

»Widerwärtiges Frauenzimmer«, grummelte ich vor mich hin, als ich aus der Tür ging.

Die Worte waren mir so herausgerutscht, aber ich war furchtbar genervt.

Was nun folgte, machte mich auch nicht glücklicher. Bevor ich mich in den Kibbuz zurückzog, wollte ich zunächst einen Rundgang durch Jerusalem machen, das mich zunehmend in Erstaunen versetzte. Die Souks, die alten Stadtmauern, die herrliche Moschee von Omar und sein goldener Dom, jeder Winkel der Stadt, und jede kleine Straße weckten in mir tiefe Gefühle. Ein altertümlicher, hin und her schaukelnder Bus brachte mich nach Bethlehem. Die Geburtsstätte Jesu Christi, Bethanien, der Ölberg: Jeder dieser Orte hatte für mich einen magischen Klang. Ich verachtete die Religion meiner Vorfahren, aber ich hatte Tränen in den Augen, als ich mich am Ort der Mythen meiner Kindheit wiederfand. Alles war genau so wie in den Bilderbüchern, die meine religiöse Erziehung begleitet hatten: Oliven- und Feigenbäume auf steinigen Hügeln, auf denen Schafhirten ihre Herde vor sich her trieben, Häuser aus Quadersteinen mit terrassenförmigen Dächern und dieses unglaubliche Azurblau des Himmels, von dem man annehmen könnte, es sei immer vorhanden.

Aber die Liebe auf den ersten Blick, die ich beim Anblick der Heiligen Stadt empfand, versöhnte mich nicht mit dem Katholizismus. Auch wenn mich die Klagemauer und der große, offene Platz vor der Moschee, die vormals das Fundament des Salomontempels waren, faszinierten, so hatte ich dennoch keine Lust, die heiligen christlichen Gedenkstätten zu besuchen. Alles hier war nur tot, die Gräber waren mit Goldverzierungen überladen, und Popen hielten ihre Bettlerschalen hin. Während ich den Juden mit den Korkenzieherlocken zusah, wie sie vor den jahrtausendealten Steinen der Klagemauer hin und her gingen, konnte ich mir vorstellen, wie ihre Ahnen am gleichen Platz gebetet hatten. Aber wo sollte ich mir Jesus in dem Gewirr von Sakristeien, Kapellen und christlichen Sanktuarien vergegenwärtigen? Ich war der Auffassung, daß die einzigen, die nochmals die Erinnerung an das Jerusalem des Jesus Christus wachrufen könnten, die Juden waren.

»Hey! Want some haschisch?«

Ich kam am dritten Morgen aus der Jugendherberge, als mich ein großer Typ mit Kraushaar, braungebrannt und ziemlich gutaussehend, ansprach.

Nein, danke. Auch wenn ich nicht abgeneigt war, von Zeit zu Zeit einen Joint zu rauchen, würde ich sicherlich nicht irgendein Zeug von einem Unbekannten in einer fremden Stadt kaufen...

»I've got some good stuff.«

Soll er ihn an andere verkaufen. Ich drehte ihm den Rücken zu und setzte meinen Weg fort, neben mir eine junge Schweizerin, die ich in der Jugendherberge kennengelernt hatte.

»Hast du nicht auch den Eindruck, daß dich hier jeder begrapscht?« fragte sie mich und blieb unvermittelt stehen. »Ich habe ständig das Gefühl, Hände auf mir zu spüren, sobald ich mich in einer Menschenmenge bewege. Ich kann das nicht mehr ertragen.«

Wir waren in diesem Frühsommer trotz der Hitze mit einer langen Hose und einer langärmeligen Bluse bekleidet, wir stellten weder unsere gebräunten Oberschenkel noch ein aufreizendes Dekolleté zur Schau. Diese Maßnahme war jedoch vergebens: Wir wurden tatsächlich ständig angefaßt.

»Some good stuff, very very good stuff!« sagte eine spöttische Stimme hinter uns. Der Haschisch-Verkäufer legte seine Hand auf meine Schulter. Ich drehte mich um, aggressiv und bereit, mich zu verteidigen.

»Pfoten weg!«

»Very very good stuff«, grinste er, während er mich mit seinen Blicken auszog und dabei obszön lächelte.

Ich wollte fliehen, aber er preßte seine Hand gegen meine Brust und flüsterte mir ins Ohr: *»I'll fuck you.«*

»You'll never fuck me!« schrie ich und ohrfeigte ihn wütend.

Er wechselte unvermittelt seine Taktik und rächte sich für die Kränkung mit Fußtritten und Fausthieben. Meine Begleiterin wich entsetzt zurück und rief um Hilfe, aber niemand reagierte. Mit Tränen in den Augen steckte ich die Schläge ein und versuchte, aufrecht stehen zu bleiben, während drei junge Leute herbeigerannt kamen und meinen Angreifer fortrissen. Als einige Sekunden später eine Polizeistreife in einer Straßenbiegung auftauchte, war mir klar, wem ich meine Rettung verdankte. Meine Freundin ging auf die Soldaten zu, aber ich hielt sie zurück.

»Laß, sie werden ihn doch nicht mehr zu fassen kriegen.« Ich hatte soeben verstanden, daß der Angreifer Araber war. Das war mein erster Kontakt mit der unterdrückten Minderheit und mit der Armee der Besatzer.

Der *Tahana merkazit* – der zentrale Busbahnhof – ist sicherlich einer der schmutzigsten, lebhaftesten, lautesten und gleichzeitig malerischsten Plätze von Tel-Aviv. Im Herzen der Stadt gelegen, bot er ein wildes Durcheinander, wo alle Buslinien des Landes zusammenliefen und wo eine bunte Menge von laut schreienden Frauen, Kibbuzbewohnern in Shorts, bis an die Zähne bewaffneten Soldaten und Soldatinnen, Ordensbrüdern, Arbeitern und jungen Leuten zusammenkam. Sie rauchten, aßen Eis und Pepitas, deren Schalen sie auf den Boden spuckten, während sie darauf warteten, in das einzige kollektive Transportmittel einzusteigen. Im Umkreis der Plattformen wurde alles gekauft und verkauft: Telefonmünzen, Haarnadeln, Stereoanlagen, Kassetten, Sandalen und Kleidungsstücke, Zeitungen, Früchte und Gemüse, Schnürsenkel, Kosmetikartikel, Pfannkuchen mit Kichererbsen, die in runden Broten serviert wurden – die *pitot* – und aus denen fettes Sesampüree heraustropfte, Handtaschen, kleines Handwerkszeug, Nachttischlampen, Wörterbücher, Kürbiskerne – das alles wurde inmitten von Geschrei und Abfällen angeboten.

Ein alter Herr nutzte seine Deutschkenntnisse, um mich darauf hinzuweisen, welcher Bus nach Tel-Nir fahren würde, ein junger Mann versicherte mir auf Englisch, daß dieser um vierzehn Uhr abfahren würde, und eine Frau erklärte mir auf Französisch, daß es zwei Stunden dauern würde, bis ich an meinem Ziel angelangt wäre. Ich bewunderte die Schnelligkeit, mit der es dem Chauffeur gelang, den Bus aus dem dichten Verkehrsgewühl herauszusteuern, und ich entschuldigte das Verhalten des Soldaten, der mir, während er sich neben mich setzte, den Kolben seines Maschinengewehrs fast ins Auge gestoßen hätte.

Es war dann tatsächlich vier Uhr nachmittags, als ich mich allein mit dem Fahrer auf einer engen Straße befand, die durch zartgrüne Felder und steinige Hügel führte. Er bog in eine Haarnadelkurve ein, kroch einen langen Weg nach oben, der mit Bäumen gesäumt war, und hielt in der Nähe eines Wasserschlosses an.

»Hier ist es«, schrie er mir zu. »Schönen Aufenthalt!«

Zuerst war es der Duft. Ein durchdringender Geruch aus gewässerter Erde und Koniferen. Dann die Farben: das Grün des Rasens und der Bäume, das durchsichtige Blau des Himmels, die rot und weiß angemalten Räder der Traktoren, die vor weißen Häuschen standen. Dann das Rauschen des Windes in den Blättern, das entfernte Dröhnen eines Traktors, das Zischen des sich drehenden Wasserspeiers und der Gesang der Vögel. Keine Stimme, kein menschliches Geräusch war in dieser Traumkulisse zu vernehmen, die ich am Nachmittag überrascht hatte. Hier lebten Menschen, die sich ein Zuhause geschaffen hatten, in dem die Schönheit die Norm war. Das trieb mir die Tränen in die Augen.

Ein Mann und ein sehr junges Mädchen tauchten auf.

»Bist du die neue Volontärin?« fragte mich das Mädchen.

»Komm mit mir, ich nehme dich zu Sylvie mit. Sie wird sich um dich kümmern. Woher kommst du? Wie heißt du? Ich heiße Malka.«

Wir gingen an einigen ruhigen Häuschen vorbei und folgten einer schattigen Allee. Malka hielt vor einer Terrasse.

»Sylvie!« rief sie.

Eine brünette, ungefähr dreißigjährige Frau mit grünen Augen kam ganz verschlafen heraus und antwortete:

»Aha! Du bist die neue Volontärin! Herzlich willkommen hier. Wie heißt du? Entschuldige, aber ich habe gerade meinen Mittagsschlaf gehalten. Komm nur herein, das ist Kobi, mein Mann. Setz dich, ich bringe dir etwas zu trinken. Bist du Französin? Ich komme aus England.«

Ihr Zimmer war mit einem Bett, einem Resopaltisch und zwei Stühlen, mit einem Wandschrank und einem Radio möbliert. Die Dusche befand sich außerhalb, auf gleicher Ebene mit der Terrasse, die mit einigen Spielsachen, einem niedrigen Tisch und zwei antiken Stühlen vollgestellt war. Alles war sauber, und es schien ihnen an nichts zu fehlen. Kobi, ein großer, hagerer Typ, dessen Gesicht von einem Bart halb verdeckt war, zog den Vorhang beiseite:

»Wir werden dich zu den anderen Volontären mitnehmen, aber auf dem Weg dorthin holen wir unseren Sohn aus dem Kinderhaus ab. Die Eltern hier nehmen ihre Kleinen nach der Mittagspause bis zum Abendessen zu sich. Danach kehren die Kinder wieder in ihr Haus zurück. Spielst du Gitarre? Ich hoffe, daß du uns einige Lieder vorsingen wirst...«

Das Haus für die Drei- bis Vierjährigen ähnelte einem Puppenhaus. Die Stühle, die Tische, die Duschen, die Betten, die Waschräume, alles war in Kindergröße. Sylvie nahm ihren Sohn hoch, der noch warm vom Schlaf war, bedeckte ihn mit Küssen und entfernte seine Windel, während ihr Ehemann in einem Schrank nach sauberen Kleidungsstücken suchte.

»Alle persönlichen Sachen wie Handtücher, Zahnputzgläser und die Schrankfächer sind mit dem Namen eines jeden Kindes versehen. Wenn sie für ein Haus zu groß geworden sind, ziehen sie in ein anderes um.«

Sylvie nahm ihren Sohn bei der Hand, Kobi griff sich meinen Rucksack und dann gingen wir in Richtung Volontärsunterkünfte.

»Morgen wirst du nicht arbeiten, das ist dein Tag, um dich einzuleben. Du bekommst Schuhe und Arbeitskleidung, die du mit deinem Namen markieren solltest. Schau her, das ist die Waschküche, wir nennen sie Communa. Du wirfst deine schmutzige Wäsche hier oben rein, und holst sie am nächsten Morgen aus einem Schrankfach. Praktisch, nicht? Die Volontäre arbeiten sechs Stunden am Tag, nicht sieben wie wir anderen. Du erhältst für deine persönlichen Bedürfnisses ein kleines Taschengeld, alles andere hier ist umsonst: das Essen natürlich, das im Speisesaal eingenommen wird, ebenso wie Seife, Zahnpasta, Haarshampoo, Briefpapier und Briefmarken, sogar das Gebäck, das du dir im Laden holen kannst. In deinem Zimmer stehen ein Kocher und Gläser für Tee und Kaffee.«

Obwohl ich mir bereits bei meiner ersten Frage beim Empfang im Kibbuz Haartzi Unmut zugezogen hatte, wagte ich es trotzdem noch mal: »Wird es wohl möglich sein, daß ich im Garten arbeite?«

»Natürlich! Ich werde gleich morgen mit Sadran Avoda, der sich um die Organisation der Arbeit kümmert, sprechen.«

»Schau her, hier sind die Gemeinschaftsräume, die Duschen und die Toiletten der Volontäre. Anfangs wohnten alle Mitglieder dieses Kibbuz in den Hütten und duschten sich hier, aber im Augenblick haben sie alles, was sie brauchen, auf ihren Zimmern. Dies war das erste Gebäude in Tel-Nir.«

Ein viereckiger, grauer Betonblock.

Wir kamen an der Krankenstation vorbei, am Speisesaal mit der angrenzenden Küche, am Sekretariat und an den weißen, blumengeschmückten Häusern für die Kinder.

»Du wirst sehen, die Hütten sind ziemlich häßlich, aber du wirst dich dort nur zum Schlafen aufhalten. Hier ist das Schwimmbad, und ein Stück weiter ist der Volleyballplatz. Gefällt dir das?«

Sylvie klopfte an die Tür einer Hütte, die aus vier Zimmern bestand, und eine kleine, blonde Frau begrüßte mich mit einem Lächeln.

»Hi! I'm Sonja. I'm American.«

Voller Verwunderung setzte ich mich auf eines der Betten, legte meine Schirmmütze ab, nahm meine Gitarre aus ihrem Koffer und sang ihnen ein Lied vor.

Kapitel 2

Als ich Tel-Nir erforschte, hatte ich den Eindruck, daß es keinen Platz unter der Sonne gab, der so herrlich war wie dieser Kibbuz. Einen Monat später war ich immer noch der gleichen Überzeugung, und ich glaubte fest daran, daß dies auch zwanzig Jahre später der Fall sein würde.

Auf dem Zentralrasen diskutierten an diesem *Sabbat*-Nachmittag die jungen Leute des Kibbuz ihr wöchentliches Fußballspiel, und man hörte von Zeit zu Zeit Gejohle und lautes Auflachen. Ein paar Meter vor Gabys Zimmer hatte ein Pärchen auf dem Rasen eine große quadratische Plastikplane ausgebreitet, auf der zwei nackte Babies herumkrochen und vor sich hin lallten. Von Zeit zu Zeit schüttete ihre Mutter einen Eimer kaltes Wasser über sie, um sie zu erfrischen; das verwandelte die Plane in ein Schwimmbekken, und der Vater lachte vor Glück, während er sie beobachtete. Alles strahlte Ruhe aus, alles atmete Freude.

Ich saß auf der Terrassenbrüstung, lehnte mit dem Rücken an der Wand, umschlang mit den Armen meine angezogenen Beine und betrachtete am äußersten Ende des Baumwollfeldes die gezackte Linie der Aprikosenbäume. Ich hatte ein trauriges Lächeln auf den Lippen und atmete laut.

»Weinst du?« fragte mich Gaby sanft.

Meine Freundin kam aus dem winzigen Badezimmer, stellte einen Kessel auf dem Resopaltisch ab und kam mitfühlend näher.

»Tee oder Kaffee? Bist du traurig?«

Mein Blick wanderte zögernd zwischen der Friedlichkeit in der Ferne, diesen Feldern, die kurz vor der Ernte standen, dieser Familie und dem Fußballspiel ganz in der Nähe hin und her. Gaby gab mir ein Glas Tee, das ich vorsichtig nahm, um mich nicht zu verbrennen, den Daumen am unteren, den Zeigefinger am oberen Ende.

»Du paßt dich ja ganz schön schnell an, sag mal. Ein Glas so zu halten, hast du sicherlich nicht in Frankreich gelernt?«

In Frankreich trinkt man den Tee aus Tassen mit Henkel.

»Was macht dich so traurig?«

Wundervolle Gaby. Sie gehörte zu den Frauen, die sofort eine Freundin fürs Leben werden. Ich werde mich immer an das schallende Lachen dieser schönen, dunkelhaarigen Frau in ihrer weißen Bluse erinnern, die einige Tage nach meiner Ankunft ihr Frühstückstablett vor meines hinstellte.

»Bist du Französin?« hatte sie freundschaftlich gefragt.

»Ja. Ich heiße Marion. Und du?«

»Ich komme aus Marokko. Ich bin Gaby oder Gabriella, falls dir das besser gefällt. Mein Mann nennt mich Gabriella, wenn er stinksauer ist. Schau, das ist Rami da unten, der mit den Leuten vom Mähen zurückkommt. Du wirst ihn leicht wiedererkennen, denn er ist der hübscheste. Arbeitest du in der Küche? Oh, Gott! Mir ist es bis jetzt gelungen, mich vor dem Geschirrspülen zu drükken, ich hasse es.«

Sie hatte ihre Bemerkung mit einem entzückenden Spiel ihrer Hände, die perfekt manikürt und lackiert waren, unterstrichen.

»Aber wo arbeitest du denn, um solche Hände zu haben?«

»In der ›Kos‹. Ich habe einen kleinen Kosmetiksalon in der Nähe der Volontärshütten. Komm mich doch mal besuchen, wenn du deinen Abwasch erledigt hast.«

Alles in Tel-Nir entzückte mich. Am ersten Tag mußte ich feststellen, daß im Garten zu arbeiten, nicht bedeutete, Gemüse anzubauen, sondern den Kibbuz zum Blühen zu bringen. Einfach so, um ihn schön aussehen zu lassen. Ich habe dort zwei Tage verbracht, aber nachdem ich von allen Seiten von kleinen Mücken angegriffen wurde, die zwischen dem Heu herumschwirrten, hatte ich gebeten, daß man mir eine andere Aufgabe zuteile. Man hat mir das ohne Diskussion gewährt. Ich hatte meine Jugend in einer

Atmosphäre zugebracht, wo jede Forderung genauestens gerechtfertigt werden mußte. Und bei den Linken, denen ich mich im Mai 68 angeschlossen hatte, mußte man beweisen, daß ein fröhliches Wesen weder individualistisch noch bürgerlich, noch gegen Arbeiter, noch gegen was weiß ich gerichtet war. Hier genügte es, einen Wunsch zu äußern, und schon wurde eine Lösung gefunden.

Eine Kosmetikerin! Fünf Gärtner, um den Kibbuz zu verschönern, und eine Kosmetikerin, um die Frauen zu verschönern...

Nach meinem Abwasch war ich in Richtung der Volontärshütten gegangen und hatte die »Kos« gesucht. Ein Zimmer wie jedes andere, mit Betonfußboden, dünnen Sperrholzwänden und Moskitonetzen vor den Fenstern, das in eine Höhle der Eitelkeiten verwandelt war. Cremetöpfe, Lotionen, Massagegeräte, Lampen, Spiegel und eine beachtliche Menge Wäsche, die Gaby in einen großen, löcherigen Sack stopfte.

»Ich muß das noch in die Communa bringen, ich habe fast kein sauberes Stück mehr. Möchtest du, daß ich dich behandele?«

Eine kostenlose Kosmetikbehandlung nach der Arbeit in dieser traumhaften Umgebung! Ich mußte lachen.

»Aber bist du nicht fertig für heute?«

Es war drei Uhr nachmittags, Zeit, um alles zusammenzupacken und eine Siesta zu halten.

»Ich kann das schon für dich machen.»

»Also«, sagte Gaby, »ich habe zwei Vermutungen: dir tut's irgendwo weh, oder es ist die Liebe.«

Ich atmete noch mal tief durch und richtete schließlich meinen Blick auf den Zentralrasen. Gaby riet weiter.

»Komm schon, sag mir seinen Namen. Wer ist es?«

»Yaïr«, antwortete ich schließlich.

Eine Woche zuvor war ich in meinem Zimmer und wollte gerade mit Sonja und einigen anderen Jugendlichen aus dem Kibbuz nach meiner Arbeit Tee trinken, als ein Unbekannter eintrat. Er war groß, schlank, braungebrannt, hatte einen geschmeidigen Körper, ein rauhes Lachen und honigfarbene Augen. Stumm hatte ich seine perfekten Beine und seine starken Arme, die mit seidigem, von der Sonne gebleichtem Haar bedeckt waren, betrachtet. Ich starrte ihn an, sein Hemd stand bis zur Taille offen und gab den Blick auf einen skulpturartigen Oberkörper mit einer dichten Behaarung frei. Als er an mir vorbeiging, traf mich die Leidenschaft wie ein Blitz, und ich mochte sofort den Geruch seines Körpers.

»Er kommt aus der Armee, heißt Yaïr und ist sehr nett«, hatte mir Sonja schelmisch zugeflüstert.

Seit ich im Kibbuz war, stimmte nichts mehr mit dem, was ich früher gehört hatte, überein. Alle diese Zionisten, Rassisten und Militaristen, von denen man mir bis zum Überdruß erzählt hatte, waren nur fröhliche, kultivierte und gastfreundliche Bauern, die aus Polen wie auch aus Casablanca kamen, die sich jeden Freitagabend an den Händen faßten und tanzten, und die mich jeden Tag einluden, mit ihnen frisches Obst und Gemüse zu essen. Und im Mai hißten sie die rote Fahne auf dem Dach des Weizensilos.

»Sind Sie Kommunist?« hatte ich einen jungen Mann gefragt und auf das Arbeiteremblem gezeigt. Er lachte schallend:

»Natürlich. Ein Kibbuz ist eine Kommune.«

Aha, eine Kommune. Wo kein Geld im Umlauf war, wo alle Aufgaben im Haushalt, die gewöhnlich von den Frauen erledigt wurden, reihum alle Mitglieder übernahmen (Gaby ausgenommen...), wo der Grundwert, um akzeptiert zu werden, ein Wort ausmacht: die Arbeit. Welche auch immer. Mülleimer ausleeren, Geschirrabwaschen, Kindererziehen, Nachtwache schieben, Heuernte einfahren, Schmuck herstellen, Buchhaltung führen oder Telefondienst machen. Jede Aufgabe war gleich wertvoll.

»Hier beurteilt man dich nicht danach, was du tust, sondern wie du es tust«, hatte mich ein stämmiger, grauhaariger Kerl freundlich informiert, der mit seinem Traktor einen Anhänger mit Hausmüll schleppte.

Die Beaufsichtigung und Erziehung der Kinder, in der mein Vater eine untergeordnete Aufgabe gesehen hatte, eine Last, die für

Frauen recht war, wurde hier großgeschrieben. Ein richtiges Erziehungsministerium schickte die Betreuerinnen in den Kinderhäusern zu einer mehrjährigen Ausbildung. Im Kibbuz wurden Frauen und Kinder respektiert.

Schließlich wurden die Gewinne, die mit landwirtschaftlichen oder künstlerischen Produkten erzielt wurden (Tel-Nir stellte Schmuck her), wieder in die Gemeinschaft investiert. Die Entscheidung darüber wurde per Handzeichen auf den wöchentlichen Versammlungen, in denen ebenso viele Männer wie Frauen saßen, getroffen. Ich hatte einen Kommunismus ohne Zwang, die direkte Demokratie, entdeckt.

»Und warum macht dich das traurig?« fragte mich Gaby abschließend. Er ist im Augenblick mit niemandem zusammen. Versuch doch dein Glück bei ihm. Wo liegt das Problem?«

»Er sieht mich noch nicht einmal.«

»Vielleicht gibt er sich nur distanziert und braucht keine Frauen. Er ist wortkarg, geheimnisvoll, schön... Und es stimmt, daß er einfach toll ist. Ich verstehe mich sehr gut mit ihm.«

Mit wem sollte sich Gaby wohl nicht verstehen? Lustig, immer gut aufgelegt, liebenswert, hatte sie strahlend die Dreißig erreicht und wußte, wie man tausend und eine Hilfestellung gab.

»Hör zu«, sagte sie endlich, »beweg dich und zieh nicht so ein Gesicht. Du bist hübsch, fröhlich, jeder mag dich. Weißt du, wie man dich hier nennt? Das Fohlen aus Frankreich. Sollte dich jeder hier bemerkt haben, nur er nicht?«

Während ich in meiner Kindheit noch ein ungezogenes kleines Mädchen war, wurde ich später von meinen Schulkameraden »Herzchen« genannt, auf der Uni fand man mich »sexy«, und schließlich war ich für meine Familie »provozierend«. Aber ich entdeckte bei meiner Ankunft im Kibbuz eine Neuigkeit: mich schön zu finden. Meine Mutter hatte mich wie eine kleine Spießerin ausstaffiert und mich gebeten, nur ja nicht aufzufallen, so daß ich es bisher nicht gewagt hatte, meine langen Beine in Shorts zur

Schau zu stellen oder meine weiblichen Rundungen in enganliegenden T-Shirts zu zeigen. Die Sonne hatte meine Haut gebräunt, und das Henna, mit dem Gaby mein Haar behandelte, warf Lichter auf mein braunes Gesicht. Trotz der Gewißheit, daß ich ihm gefallen würde, konnte ich mich nicht damit trösten – und das steigerte sich bei mir bis zur Angst –, daß ich die Blicke von Yaïr noch nicht auf mich gezogen hatte.

Am anderen Ende der Häuserreihe hörte man laute Stimmen. Mitglieder von Noar, einer Gruppe von jungen Asozialen aus Tel-Aviv, um deren Erziehung sich Tel-Nir kümmerte, zerlegten ein Stachelschwein.

»Sie machen heute abend beim Schwimmbad ein Picknick. Du brauchst nur hinzugehen. Yaïr ist bestimmt auch da.«

Am Vorabend waren wir mit einem Jeep hinausgefahren und hatten ein Stachelschwein verfolgt und dann mit einer Pistole erlegt. Und während die Jungs die Bratspieße vorbereiteten, bastelten die Mädchen aus den Stacheln, die sie in Stücke geschnitten hatten, Halsketten.

Die Fußballspieler kehrten schweißgebadet in ihre Zimmer zurück, und Yaïr sprang mit einem Satz die drei Stufen auf seine Terrasse. Er wohnte hier, nur ein paar Schritte von Gaby entfernt.

Ein Barbecue am Schwimmbad. Danach würde man sicherlich zum Tanzen gehen. Also, vielleicht...

Kapitel 3

In den Unterkünften der Volontäre herrschte eine Hitze zum Umfallen. Die dünnen Bretterwände und das leichte Dach hielten die sengende Sonne kaum ab, und es schien, als würde sie auch noch in der hereinbrechenden Nacht scheinen. Ich lag nackt ausgestreckt auf meinem Bett und starrte an die Zimmerdecke und fühlte, wie der Schweiß über meinen Körper rann. Ich hörte das ruhige Atmen von Sonja und das Rauschen der Bäume und das Zischen der

Wasserspeier, die man während der Nacht laufen ließ. Von Zeit zu Zeit drang ein Windhauch durch das Moskitonetz und brachte so etwas wie Erfrischung. Benommen von den Eindrücken meiner ersten Nacht mit Yaïr, konnte ich nicht einschlafen. Ich sah wieder den Abend auf dem Rasen vor dem Schwimmbad vor mir, die Freudenschreie der jungen Leute, die sich gegenseitig ins Wasser warfen, ich sah mich mit nackten Füßen um das Becken rennen, um zu vermeiden, daß man mich fing, und sah nochmals meine herausfordernde Geste, als ich merkte, daß sie im Begriff waren, mich einzuholen: Ich hatte inzwischen meinen Minirock und meine Bluse ausgezogen und war in Slip und Büstenhalter ins Wasser gesprungen.

Jetzt hatte ich gesehen, daß er mich bemerkt hatte. Als ich aus dem Wasser kam, hatten sich unsere Blicke zum ersten Mal getroffen. Zitternd und glücklich sah ich ihm voll ins Gesicht, aufrecht und meiner guten Figur sicher! Er senkte als erster die Augen. Ich hatte ihn für mich eingenommen.

Ihn eingenommen! Das schien mir im Augenblick lächerlich. Ja, ich hatte ihn geknackt, hatte ihn gezwungen, sich mir zu nähern, zu versuchen, mit mir zu tanzen, ich hatte mir sogar erlaubt, ihn einmal zurückzuweisen. Ich hatte gelacht, als ich seinen Blick auf meinem Körper spürte, der sich verführerisch bewegte, und ich hatte mich damit amüsiert, ihn leicht zu berühren, bis er rot wurde. Aber als er sich vor mir aufbaute und mich um die Taille faßte, hatte ich jeden Widerstand verloren. Yaïr drückte mich so fest an sich, daß ich fast erstickte, und verströmte seinen heißen Atem an meinem Hals.

»Komm mit zu mir«, hatte er gefordert.

Ich hatte seiner Aufforderung Folge geleistet.

Ich begann zu weinen, krank vor Sehnsucht nach ihm. Meine faden Abenteuer, die ich als junge, gerade emanzipierte Frau erlebt hatte, haben mich nicht das Vergnügen gelehrt, das verrückt macht, den Schrei, den man ausstößt, und den, der einem ins Ohr geschrien wird. Ich hatte bisher noch nie diese Bewunderung, mit der ich mich diesem muskulösen Körper hingeben konnte, und eine solche duftende und sonnengebräunte Haut und so einen geliebten Atem kennengelernt. Jeder kleinste Fleck von Yaïrs Körper, seine behaarte Brust, seine Beine, seine Hände, seine Lippen, sein Geschlecht waren innerhalb einer Nacht zu einem Liebesobjekt ohne Grenzen geworden.

Ich drehte mich mehrmals um und verzweifelt ballte ich die Fäuste.

Dieses Schwein hatte mich am nächsten Morgen ignoriert. Er war an mir vorbeigegangen und hatte so getan, als ob er mich nicht sehen würde. Er war mit seinem Essenstablett nicht an meinen Tisch gekommen, sondern hat sich zu seinen Freunden gesetzt, zu diesen Dummköpfen, die mir ständig nachstellten und die jetzt höhnisch lachten, als sie mich in diesem hilflosen Zustand sahen.

Gedemütigt, aber trotzdem verliebt. Ich keuchte minutenlang, vor Hitze und vor Angst schwitzend. Echte Liebe? Oder Leidenschaft? Drei Tage lang hatte ich versucht, ein fröhliches Gesicht zu machen, noch lauter zu lachen, noch schöner auszusehen, den Kopf hoch zu tragen, wenn ich spürte, daß seine Blicke auf mir ruhten.

Dazu hatte ich jetzt keine Kraft mehr. Mit Schatten um die Augen stand ich auf, zog eine Shorts und eine Bluse an, warf einen Schal um meine Schultern und rannte mit nackten Füßen über die aufgeweichten Alleewege, um einer Dusche durch die sich drehenden Wasserspeier zu entgehen. Als ich vor dem Zimmer von Yaïr ankam, stieg ich die drei Stufen auf Zehenspitzen nach oben und blieb stehen. Durch das Moskitonetz vor der Tür hörte ich seinen Atem, ich zitterte wie Espenlaub.

»Du bist verrückt. Aber du kannst nichts dafür.«

Und dann ging ich hinein.

Sonja war eine reizende kleine Blondine, sie war sechsundzwanzig Jahre, emanzipiert und witzig, bildhübsch, und sie nahm kein Blatt vor den Mund.

»Es gibt einen fundamentalen Unterschied zwischen ›My arse‹

und ›Your arse‹!« erklärte sie mir, während wir am Frühstücksbüffet anstanden. Gemüse für den Salat, frischer Yoghurt mit der Schöpfkelle, Spiegeleier, Tee, Kaffee... Sie hatte beschlossen, mir das Umgangsamerikanisch beizubringen. Unter diesen Umständen sagte man nicht »mein Hintern« und »dein Hintern«. Ich machte mit ihr beachtliche Fortschritte in Englisch.

Die Art, wie sie über Leute im allgemeinen und über Männer im besonderen sprach, amüsierte mich sehr. Einerseits fand sie die Leute gut, die ich furchtbar fand, und andererseits hatte dies eine praktische Seite:

»Oh, Haim, Haim«, flüsterte die Schmeichlerin, indem sie sich gegen einen kleinen Jungen der Noar anschmiegte, der neun Jahre jünger war als sie.

»Was willst du, er gefällt mir, ich werde sicherlich nicht auf einen Spaß verzichten!«

»Aber er ist erst siebzehn!«

»So what?«

Als sie mich wegen Yaïr liebeskrank sah, packte sie den Stier bei den Hörnern:

»Du läßt dich ab sofort nicht mehr durch diesen Kerl kaputtmachen, der so schön, so feurig und so nett ist, daß er dir so gefällt!« rüttelte sich mich eines Morgens wach. »Du bist total verrückt.«

»Ich kann nichts machen. Auf französisch sagt man dazu ›je l'ai dans le peau‹. Verstehst du das?«

»Ich verstehe vor allem, daß du das Weite suchen mußt. Komm mit. Laß uns zusammen eine Reise durchs Land machen und dazu vierzehn Tage Urlaub nehmen. Wenn du wiederkommst, wird er noch hier sein, die Trennung hat ihn dann vielleicht verändert, man weiß ja nie. Falls er seinem Verlangen nach dir nachgibt, dann sicherlich nicht dadurch, daß du Druck auf ihn ausübst.«

Die Angst war sofort wieder da. Ich hatte nicht den Eindruck, daß ich ihm nicht gefiel, eher die Gewißheit, daß das Gegenteil der Fall war. Aber er widerstand mir, und das ertrug ich nicht.

»Du hast recht«, sagte ich schließlich zu meiner Freundin. Auch Gaby riet mir zu, wegzufahren.

Ich wußte nicht mehr so recht, in wen ich so leidenschaftlich verliebt war: in Yaïr oder in den Kibbuz. Mit gefiel alles an diesem Kommunendasein, das in einem langsamen Rhythmus ablief, wo ich jeden Tag neue Freunde gewann. Nach der Arbeit ging ich zu diesem oder jenem, zu jungen Leuten meines Alters, zu Kibbuzbewohnern, die schon älter waren, wo jeder mir gegenüber seine Freundlichkeit und seine Aufmerksamkeit verdoppelte. Da waren Juky und Shula, das Künstlerpaar, Sylvie und Kobi, die häufig abends zu uns kamen und mit uns in den Hütten Tee tranken, da gab es auch noch Cyril, einen witzigen Engländer, der in der Küche arbeitete, dessen Lachen man noch am anderen Ende des Kibbuz hörte. Wie Sylvie war er einige Tage nach dem Sechstagekrieg hierhergekommen, um den integrierten Kommunismus zu leben. Ich war in einen Mann verliebt, wie auch in das Leben, das ich mit ihm führen könnte. Ich hatte das Paradies gefunden.

»Aber ich bin keine Jüdin«, hatte ich eines Tages Gaby gegenüber zu sagen gewagt.

»Hat dich irgend jemand nach deiner Religion gefragt?« hatte sie mir mit einem Anflug von Zorn in der Stimme geantwortet.

Nein, niemand hatte mich danach gefragt. In Tel-Nir nahmen mich alle so, wie ich war, man mochte mich, ohne Fragen zu stellen. Und ich liebte die anderen ebenfalls.

»Es fällt mir schwer, wegzufahren, auch wenn es nur vierzehn Tage sind«, gab Sonja mir gegenüber zu, während wir die Rucksäcke packten.

Ich empfand genauso.

Zehn Tage später waren wir wieder da.

Der Busfahrer ließ uns an der Kreuzung an dem Weg, der zum Kibbuz führte, aussteigen. Wir warteten eine Viertelstunde, als ein Auto um die Kurve bog.

»Shalom!« rief eine erfreute Stimme. Es war Shaül, der Generalsekretär von Tel-Nir, ein schöner, blonder Typ, so um die Vierzig, korpulent und ein Spaßvogel. Er öffnete die Wagentür.

»Wie war denn eure Reise, erzählt doch, erzählt«, sagte er in perfektem Englisch. Der linke Arm hing aus dem Fenster, er pfiff vor sich hin und hielt das Steuer mit einer Hand.

»Israel ist ein schönes Land, nicht wahr?«

Schön, ja, aber wie sollten wir ihm sagen, was uns während der Reise passiert war?

Seit unserer Abreise war keine Stunde vergangen, in der wir nicht die Annäherungsversuche von Männern, von allen Männern, zurückweisen mußten. Fuhren wir mit dem Bus, fing ein Mitreisender an, mit uns zu flirten. Fuhren wir per Anhalter, schlug uns der Fahrer binnen zehn Minuten vor, in einem Orangenhain zu halten: »Ihr schlaft mit mir, dann nehme ich euch weiter mit.« Wir saßen eines Abends auf einer Parkbank, und ein Mann setzte sich zu uns, um uns immer die gleichen Fragen aufzudrängen: »Wohin fahrt ihr?«, »Seid ihr verheiratet?«, »Wo schlaft ihr heute nacht?« Anfangs hatten wir noch versucht, freundlich zu antworten, dann aber hatten wir den Kerl zum Teufel gejagt.

»Können Sie uns nicht endlich in Frieden lassen?«

Immer waren die Typen sauer, beleidigten uns, gingen vor sich hinschimpfend weg, während bereits der nächste auftauchte.

Jede Sehenswürdigkeit des Landes blieb in unserem Gedächtnis mit der Erinnerung an verbale oder körperliche Aggressionen verbunden. In der Festung von Massada rieb der Herbergsvater seinen fetten Bauch an meinen Schenkeln, während ich mein Bett machte; in Eilath hatte uns ein aus Marokko stammender Jude einen Schwall von Beleidigungen auf französisch entgegengeschleudert, da wir es uns verbeten hatten, daß er an unserem Tisch Platz nahm; auf den schattigen Straßen von Galiläa überkam den Busfahrer ein Wutanfall, als Sonja seine tätschelnde Hand von ihren Schenkeln zurückstieß.

Eines Abends waren wir am Meer, nicht weit von der libanesischen Grenze, auf dem Aussichtspunkt von Akhziv. Das war eine alte, arabische Stadt, die eine Gruppe von Volontären zum Ferienzentrum umgebaut hatte. Selbst hier bekamen wir großen Ärger. Wir mußten uns gegen den Verantwortlichen dieser Anlage zur Wehr setzen, der vorschlug, uns auf unser Zimmer zu begleiten, und gegen einen seiner Freunde, der mich in seine Arme genommen und versucht hatte, mich zu küssen.

»Jetzt reicht's aber! Ist es denn nicht möglich, in diesem Land fünf Minuten Ruhe zu haben?«

Wir waren erschöpft.

Ich wollte zurückfahren, ich konnte nicht mehr, diese Rundreise war eine Folter. Sonja wollte noch die Golanhöhen sehen und versuchte mich zu überreden, als wir Schritte hinter uns hörten. Wir sahen, wie sich im Halbschatten die wuchtigen Umrisse des Ortschefs, der von seinem Freund begleitet wurde, abzeichneten.

»Hey, do you want to...«

»Scheieieißßßeee!« hatte ich auf französisch gebrüllt, während ich in die Knie ging und mit den Fäusten gegen meinen Kopf hämmerte.

Wir rannten weg und schlossen unsere Zimmertür zweimal ab. Die Golanhöhen habe ich nie gesehen.

Waren alle Männer so? Alle, mit Ausnahme der Militärs. Die Armee ließ uns in Frieden. Sie gab uns Sicherheit.

Entlang der libanesischen Grenze hatte uns ein Lastwagen mitgenommen, ohne daß wir die Hand zu heben brauchten.

»Hier ist es gefährlich«, hatte uns der Fahrer gesagt. »In den letzten Tagen sind hier Schüsse gefallen. Bleiben Sie nicht hier.«

Er ließ uns hinten einsteigen, wo ungefähr zwanzig junge Soldaten mit ihren Maschinengewehren zwischen den Knien saßen und zusammenrückten, um uns auf den Bänken etwas Platz zu lassen. Wir hatten Glück, nicht ein Wort dieser Sprache mit den harten Konsonanten zu verstehen, wir verstanden nur, daß der Offizier einen Soldaten wegen einer frechen Bemerkung zur Ordnung rief.

Wir konnten über die Armee nur Gutes sagen, was jedoch nicht von Herzen kam. Sonja hegte seit den Demonstrationen gegen den Vietnamkrieg jedem gegenüber, der eine Uniform trug, einen stillen Haß. Ich selbst mißtraute dem Militär wie der Kirche, und dennoch... Mehrere Male hatten uns Soldaten auf diese Weise durch die Gegend gefahren, hatten mit uns ihre Rationen geteilt, hatten uns Kaffee oder Wassermelonenscheiben, die sie am Straßenrand gekauft hatten, angeboten, ohne ein anzügliches Wort, ohne eine unangenehme Frage, ohne den geringsten Versuch, uns wiedersehen oder uns über Nacht dabehalten zu wollen.

In Israel sagt man, die Armee ist wie ein Fisch im Wasser. Wir konnten uns davon überzeugen.

Hinten im Wagen schlummerte Ronit, Shaüls zweite Tochter.

»Ronitki! Wir sind da!« rief er, dann pfiff er lautstark durch seine Finger. Die Kleine setzte sich auf und schlang die Ärmchen um den Hals ihres Vaters. Das Auto war an den beiden benachbarten Kibbuzim vorbeigefahren und erreichte die Aprikosenbäume. Shaül umfaßte mit beiden Händen das Lenkrad, um in die Haarnadelkurve einzubiegen. Er fuhr vor die Garage, vor der Mechaniker landwirtschaftliche Maschinen reparierten, gab ihnen mit der Hand ein Zeichen und stellte dann das Auto vor dem Weizensilo ab.

»Welcome in Tel-Nir!« sagte er schließlich und stellte den Motor ab. Alle, die gekommen waren, um uns zu begrüßen, wollten das gleiche wissen. Zwischen dem Parkplatz und dem Speisesaal trafen wir ungefähr zehn Leute, die uns anhielten und uns nach Neuigkeiten fragten. Wir hatten den Eindruck, als ob wir nach zehn Jahren Abwesenheit wieder zurückgekehrt wären.

Und ich hatte das Gefühl, zu mir selbst zurückzukommen. Nach Hause.

Ich lief Yaïr direkt vor dem Schwimmband über den Weg, gerade als ich in mein Zimmer gehen wollte, um den Rucksack abzustellen. Er blieb stehen, als er mich sah. Ich ging langsamer. Als ich vor ihm stand, öffnete er seine Arme.

»I missed you«, sagte er und legte sie zärtlich um mich.

Er griff sich meinen Rucksack, schwang ihn über die Schulter und sagte ganz einfach:

»Komm mit zu mir.«

Das Glück war vollkommen.

Kapitel 4

Eines Tages zog mich Malka nach der Arbeit zu sich nach Hause und versuchte, mir mit einem Schulbuch einige Brocken Hebräisch beizubringen.

Was für eine bizarre Sprache! Die Vokale wurden nicht geschrieben, man mußte sie nach der Lektüre erraten, es gab kein Verb »sein«, im Präsens sagte man »ich müde« oder »ich zufrieden«. Auch das Hilfsverb »haben« gab es nicht: man sagte »mir dies« oder »ihnen das«. Und diese viereckigen Buchstaben, die von rechts nach links geschrieben wurden, und diese Verben, die nicht auf dieselbe Weise feminin oder maskulin konjugiert wurden, und dann die herrliche Art, jeden zu duzen! Ich empfand großen Stolz, als es mir gelang, verschiedene Inschriften zu entziffern und meinen Namen und den meines Geliebten zu schreiben.

Liebe?

Ich zweifelte noch immer. Yaïr war die Freundlichkeit in Person; ich teilte sein Zimmer mit ihm, erstickte jede Nacht meine Glücksschreie und ließ es nicht zu, in seinen Augen sein Verlangen nach mir zu lesen. Von Zeit zu Zeit inspirierte uns der Spaß, den wir teilten, zu den verrücktesten Einfällen: Wir tobten unter der Bettdecke herum, verbrauchten unter der Dusche das gesamte Reservoir mit heißem Wasser und lachten lauthals, wenn wir uns vorstellten, daß die Nachtwache uns hören könnte, oder blätterten in einem witzigen Comic-Heft, bevor wir uns wieder leidenschaftlich umarmten.

Aber meine Zweifel blieben bestehen.

Er sprach nie über sich. Oft blieb er stundenlang in sich gekehrt, saß im Dunkeln und hörte mit voller Lautstärke Musik.

»Wie geht's?«

Er antwortete kaum, nur ein kurzes Murmeln, das ich je nach meiner eigenen Stimmung interpretierte.

Manchmal war er vergnügt, wie an jenem Tag, an dem er mich von der Arbeit abholte.

»Möchtest du unser Land sehen? Komm, ich nehme dich im Jeep mit, wir machen eine Rundfahrt.«

Er holte einen Arbeitswagen aus der Garage, füllte den Tank randvoll und fuhr los. Er stieg aus dem Wagen, um einen Schlagbaum mit Stacheldraht zu öffnen, schloß ihn wieder, nachdem er durchgefahren war, und der Jeep rumpelte über Steine und Bodenwellen dahin.

Auf der Spitze des Hügels ließ er mich eine wunderbare Landschaft entdecken, die auf der einen Seite aus bestellten Feldern bestand und auf der anderen aus Weiden: ein wogendes Dickicht, in dem ein Trupp von Kuhhirten seine Herden von einem Weideplatz zum anderen trieb. Ackerland, das der Staat für neunundneunzig Jahre an die Menschen verpachtete, die es bearbeiteten. Die Erträge waren dann kollektives Eigentum. Erde, die von geduldigen Kibbuzbewohnern mit Strohhüten auf den Köpfen und weiten blauen Shorts per Hand von Steinen befreit wurde, was Wochen, Monate oder auch Jahre dauerte. Oder bereits bewirtschaftetes Land, so wie es war, das nur durch Stacheldrahtzäune, die man leicht überwinden konnte, begrenzt wurde; Land, von Grotten und Höhlen durchzogen, und ehemalige Steinbrüche, die mit dichtem Heidekraut zugewachsen waren.

»Dort hinten«, sagte Yaïr zu mir, indem er den Arm nach Westen streckte, »siehst du den Rauch? Das ist der Hafen von Ashdod, dort ist das Meer. Und auf der anderen Seite, ganz nah, direkt hinter diesem Hügel da, verläuft die grüne Linie.«

Er erklärte mir, daß man die alte Grenzlinie des Waffenstillstands von 1948 so nannte, die von den triumphalen Panzern des Sechstagekriegs im Juni 1967 befreit worden war.

»Mit einem einzigen Blick kannst du die ganze Weite des Landes erfassen.«

»Aber hinter diesem Hügel...«

»Das gehört nicht zu uns«, sagte er einfach. »Das sind die besetzten Gebiete.«

Tel-Nir hatte gut daran getan, meine Sicherheiten zu erschüttern, ich war politisch links orientiert und entzückt, daß der Mann, den ich liebte, es ebenfalls war. Um den momentanen Standort exakt zu bestimmen, machte er das Radio an und suchte nach einem Sender, der arabische Musik ausstrahlte.

»Hörst du, das ist super. Oum Kalsoum. Sie ist eine wunderbare Sängerin.«

Mit einem verträumten Lächeln um den Mund schloß er die Augen.

»Ich bin eigentlich Ägypter. Ich bin zwar hier geboren, aber meine Eltern kommen aus Kairo. Diese Musik wurde mir bereits an der Wiege gesungen.«

Ein arabischer Jude.

Zwei Tage danach war er wieder mürrisch und distanziert. Die Angst überkam mich erneut.

»Du bist zu abhängig von ihm«, erklärte mir Gaby. »Er ist noch jung, deine absolute Liebe macht ihm sicherlich angst. Auf der anderen Seite, mußt du nicht nach Frankreich zurückkehren?«

Ich hatte mein Studium, kaum daß ich es begonnen hatte, unterbrochen; ich hatte niemanden, auf den ich mich verlassen konnte. Ich mußte einen Beruf ergreifen, meine Abreise stand bevor. Ich würde so bald wie möglich zurückkehren, aber würde er denn auf mich warten? Ich war mir seiner nicht sicher.

Die Vorstellung, nach Paris zurückzufahren, machte mich krank. In diese graue Stadt zurückzukommen, wieder mit der U-Bahn zu fahren, und dieses Leben hier, wo ein Fest auf das andere folgte, das laute Lachen und die gemeinsamen Gefühle zu verlassen.

Es hatte mich vor Entsetzen geschüttelt, als ich von dem Massaker von Lod hörte, wo mindestens zehn Pilger von japanischen Kamikazefliegern umgebracht worden waren, und dem von München, das die sportliche Elite Israels ausgerottet hatte. Mit meinen Freunden hatte ich geweint, gelacht, geliebt, gehofft und gesungen. Wir hatten die Arbeit ebenso geteilt, wie die Abende der Feste, wo ich vor einem bewegten Publikum auf meiner Gitarre spielte; ich hatte mit den anderen wartend einen Abend voller

Angst zugebracht, am Telefon sitzend, um den Bericht über einen Autounfall zu hören. »Alle leben! Nur einige Verletzte, nichts Ernstes! Sie kommen nach Hause!« hatte einer der Kibbuzbewohner geschrien, der mit dem Krankenhaus telefonierte. Wir hatten uns lachend umarmt.

»Glaubst du nicht auch, daß der Kibbuz nach neun Monaten nicht mehr derselbe ist?« fragte mich Gaby. »Also, komm, meine Liebe, sei vernünftig. Wenn du vor Glück strahlen würdest, würde ich nicht so mit dir sprechen. Du verzehrst dich wegen ihm vor Angst. Begreife, daß du nicht wirklich glücklich bist. Daß du es nicht mehr erträgst, daß er mit dir keine Zukunftspläne schmiedet.«

»Von der Sexualität abgesehen, machte er sich nichts aus mir. In drei Monaten hat er mich einmal auf die Hügel mitgenommen. Das ist wenig. Gaby, er bumst gern mit mir, aber er liebt mich nicht. Es ist mir unerträglich, dies auszusprechen, aber er liebt mich nicht. Aber ich liebe ihn über alles.«

Zwei Wochen später verließ ich Tel-Nir und fuhr mit dem Tod im Herzen, nachdem ich geschworen hatte, wiederzukommen, zurück nach Paris.

Kapitel 5

Eines Tages im Juni 1967, nach sechs Tagen Bombenhagel, Blut und Tränen, gewann Israel den dritten Krieg seiner kurzen Existenz gegen die Koalition der arabischen Nationen und vervierfachte sein Territorium. Im Süden bildete die Wüsten-Halbinsel Sinai einen natürlichen Wall zu Ägypten. Im Norden befanden sich die Golanhöhen, von denen, wie es hieß, es genügte, Bomben herunterrollen zu lassen, um die grenznahen Kibbuzim zu terrorisieren. Mit dem West-Jordanland, dem Gazastreifen und Ost-Jerusalem hielt Israel die Hand auf den geschichts- und symbolträchtigen Stätten, aber damit auch auf hunderttausenden Menschen: den Palästinensern. Zahlreiche Israelis glaubten fest daran, daß die Besetzung für die Palästinenser das kleinere Übel wäre. Die Bewohner des West-Jordanlandes hatten zwanzig Jahre unter jordanischer Diktatur gelebt, wo man wenig Aufhebens von den grundlegenden Menschenrechten und Freiheiten machte. Die Menschen aus dem Gazastreifen, dachten sie, hatten sich von den unheilvollen Prahlereien eines Gamal Abdel Nasser erholt: Eine jüdische Besatzung konnte nur menschlicher sein.

Bei meiner Rückkehr nach Israel war ich der Überzeugung, daß die Verteidigungsarmee Israels »anders« wäre, und daß die jüdischen Soldaten menschlicher wären als andere.

Ich hatte neun lange Monate meiner Fachausbildung überstanden, an deren Ende mir Yaïr geschrieben hatte, daß ich von ihm nichts mehr zu erwarten hätte. Verletzt und immer noch verliebt, hatte ich zunächst vorgehabt, nie wieder einen Fuß nach Israel zu setzen, aber diese Möglichkeit war mir unerträglich erschienen. Das, was mich mit Tel-Nir verband, war stärker als eine Enttäuschung, so schmerzhaft sie auch sein mochte. Ich fand einen mürrischen Yaïr vor, der für ein blondes Mädchen schwärmte, und es schien, als würde ihm das gleiche widerfahren, was ich soeben durchgemacht hatte: sie hatte ein- oder zweimal mit ihm geschlafen, danach hatte sie ihn ignoriert. Die hinterhältige Befriedigung, die ich verspürte, als ich ihn nun selbst so leiden sah, stand in keinem Verhältnis zu dem Schmerz, den ich empfand, weil er mir eine andere vorzog. Eines Tages, als ich in besonders schlechter Gemütsverfassung war, telefonierte ich mit Bar-On, einem Kibbuz im Norden, wo seit einigen Jahren ein Jugendfreund von mir wohnte. Er lud mich ein, ihn zu besuchen.

Ich mochte Mick sehr gern. Er war wie ein kleiner Bruder für mich. Nicht von seinem Alter her, er war ebenfalls dreiundzwanzig, sondern weil er einen halben Kopf kleiner war als ich, was uns köstlich amüsierte. Ich neckte ihn, indem ich ihn auf die Stirn küßte, und er tat so, als ob er sich auf mich stürzen würde, um mir die Küsse aufs Kinn zurückzugeben. Er verhätschelte mich drei

Tage lang, schlief auf dem Fußboden, um mir sein Bett zu überlassen, zeigte mir das Land, das zu seinem Kibbuz gehörte und nahm mich zu einem besonderen Besuch mit. Ich kletterte mit ihm auf einen benachbarten Hügel, oben ließ er mich die Augen schließen und führte mich an der Hand.

»Was spürst du unter deinen Füßen?« fragte er mich mit aufgeregter Stimme, die man bekommt, wenn man eine wichtige Neuigkeit überbringt.

Ich spürte nichts Besonderes, nur wie sich meine Zehen in meinen Sandalen bewegten.

»Sand. Nein, man sagt zu einem sehr trockenen Boden eher Staub.«

»Nun gut, ich kündige dir hiermit an, daß dies libanesisches Gebiet ist.«

Ich öffnete die Augen und sah einen sanften Abhang, einen Pfad, und dort, ungefähr zwanzig Minuten Fußweg vor uns, in gerader Linie, ein Dorf. Ein libanesisches Dorf. Der Hügel war kahl, trocken wie die Wüste, und man sah nirgendwo Spuren irgendwelcher spätsommerlicher Arbeit in der Landwirtschaft.

»Und du, wo bist du?«

»Ich bin noch in Israel. Die Grenze verläuft direkt zwischen dir und mir.«

Hinter ihm, kaum hundert Meter entfernt, breitete sich das saftige Grün der Anpflanzungen von Bar-On aus. So leicht war es also, die Grenze zu überschreiten! Der Kibbuz war von einem Stacheldrahtverhau umgeben, und die Hunde, die an einer Schiene angebunden waren, liefen rundherum. In Reichweite der Granaten des tödlichen Feindes.

»Das ist die ständige Herausforderung der Kibbuzbewohner an der Grenze«, sagte er mit Stolz.

Mick war der Prototyp des linken Zionisten, des pazifistischen Soldaten.

»Es gibt mehrere Gründe, die es notwendig machen, die besetzten Gebiete sofort zurückzugeben«, erklärte er mir, während wir in dem großen Speisesaal, der an diesem Nachmittag leer war, einen Tee tranken. »Zunächst kommt das Argument für die Sicherheit: Keine Grenze läßt sich mehr erweitern, dazu kommt, daß sie schwer zu halten ist. Dann die Logik: Israel will ein jüdischer Staat sein, und es ruht nicht eher, bis es sich auch die nichtjüdischen Völker einverleibt hat. Und dann steht die große moralische Frage im Raum: Ich möchte nicht, daß mein Land auf die Seite der Henker wechselt.«

Dies war nicht der geringste Grund. Mick war Reserveoffizier einer Verteidigungsmacht, und seine Vorgesetzten hatten ihm einige Grundprinzipien eingetrichtert, auf die er unendlich stolz war.

»Bereits ganz am Anfang hat man uns erklärt, daß der Haß nicht auf unserer Seite sein soll. Man kämpft, um sich zu verteidigen, und nicht etwa, um einen Vergeltungsschlag zu führen. Wenn die Araber uns hassen wollen, dann ist das ihre Sache, nicht unsere. Es gibt eine goldene Regel, die man mir eingehämmert hat und an die ich mich mein ganzes Leben erinnern werde: Einem Gefangenen gegenüber trinkt man niemals als erster, sondern man reicht ihm die Wasserflasche. Wir sind ja schließlich Menschen.«

Als ein ebenso glühender Sozialist wie Zionist hegte er der Zahal gegenüber eine grenzenlose Bewunderung, über die er mit mir sprechen mußte.

Er hatte eine Figur wie ein Trapez, schmale Taille und Schultern wie ein Kleiderschrank, ein vorspringendes Kinn, zwei schwarze Augen, die wie Diamanten glänzten, und so gleichmäßige Zähne, die eine Zigarre hätten halten können, ohne die Lippen zu berühren. Ein hübscher Junge, temperamentvoll und fröhlich. Er wußte, daß ich mit ihm sprechen wollte.

»Also, schütte dein Herz aus. Ich bin wie eine Frau, ich liebe Vertraulichkeiten.«

Ich erzählte ihm von meinem Kummer, meiner Eifersucht, meinem Elend, von dieser unglücklichen Liebe, die mich mit diesem Land, das nicht das meine war, verband, und die mich zwang, so einen Kummer zu ertragen.

»Die beste Lösung wäre zweifelsohne gewesen, nicht mehr zurückzukommen, aber das war unmöglich. Ich fühle mich von diesem Land wie von einem Geliebten angezogen. Es gibt tatsächlich etwas Besonderes hier...«

»Und wenn du irgendwo an einem Ulpan teilnimmst, um Hebräisch zu lernen? Du würdest ihn weniger sehen, und du lernst andere Männer kennen...«

»Das habe ich schon in mein Programm aufgenommen. Der Generalsekretär von Tel-Nir hat mich für Anfang Oktober in einem Kibbuz in der Umgebung eingeschrieben. Er hält mir mein Zimmer für die Wochenenden frei.«

Er pfiff vor Bewunderung.

»Und außerdem, ich habe noch nie gehört, daß das auch Volontären angeboten wird! Man sagt, daß sie mich dort gern mögen. Es kann aber trotzdem sein, daß die Entfernung nicht die beste Lösung ist. Seine blonde Freundin kommt in zwei Tagen zurück, und dann werde ich noch dasein. Es ist wichtig, einfach nur dazusein.«

Eine Welle der Gewissensbisse überkam mich, daß ich so viele Monate verschwunden sein würde.

»Hör auf, dich mit Schuldgefühlen zu quälen«, sagte er zu mir. »Soviel ich weiß, hat er nicht versucht, dich zurückzuhalten. Glaubst du nicht auch, daß er es bei diesem Mädchen versucht hätte? Mach trotzdem die Augen auf. So ein hübsches Mädchen wie du.«

Zu den Scherzen, die nur wir beide verstanden, gehörte auch dieser Spruch: »So jung und so hübsch, wie wir sind, müssen wir uns trotzdem ständig herumärgern.«

Schließlich mußten wir lachen.

»Gehe nach Tel-Nir zurück, versuche, mit den jungen Leuten eine gute Zeit zu verleben, bevor sie in die Armee eingezogen werden. Und warte auf mich. Ich möchte demnächst einige Tage Urlaub nehmen und werde dich besuchen. Und dann werde ich dir auch sagen, was ich von deinem schrecklichen Freund halte.«

»Schrecklich?«

»Schrecklich, weil meine Freundin seinetwegen weint, Dickkopf!«

Ungefähr alle vier Jahre kamen so um die vierzig junge Leute aus der Stadt, um im Kibbuz einen Teil ihres Militärdienstes abzuleisten. Sie verbrachten hier sechs Monate und arbeiteten wie alle anderen, dann absolvierten sie ihre Grundausbildung, später kamen sie dann wieder, um ihre Militärzeit mit der Arbeit auf den Feldern zu beenden. Man nannte diese Gruppen *gar'in* (ein Korn). Sie brachten frischen Wind in den Kibbuz, was dann schließlich immer dazu führte, daß einige am Ende der drei Jahre dabehalten wurden. Dies war ein Militärdienst, nach dem sich alle sehnten: Freundschaften mit Jungen und Mädchen, Tanzabende, nachmittags ins Schwimmbad, nachts zu zweit unterwegs, das war schon etwas anderes als die Gewaltmärsche im Sinai. Sie waren in meiner Abwesenheit angekommen und verbrachten gerade ihre letzten Tage hier in Zivil.

Ich gestattete mir das Vergnügen, mich von ihnen anhimmeln zu lassen.

»Hey! You!« rief mir eines Morgens ein junger Typ zu, der wie ein Engel aussah. Er hieß David, hatte grüne Augen, lange Haare, die ein kindliches Gesicht einrahmten, und der wie ich in der Küche arbeitete. Ich war gerade dabei, mehrere Dutzend Eier für das Frühstücksomelette aufzuschlagen, als er näherkam, mein Haar etwas anhob, seinen Mund an mein Ohr legte und flüsterte:

»Baff!« so als ob ein kleiner Hund gejapst hätte.

Ich brach in Lachen aus. Er packte ein Brot, legte es unter die Schneidemaschine und ließ den Hebel mit aller Kraft heruntersausen. Das Gerät gab ein schepperndes Geräusch von sich.

»This machine needs blood! Yearrrrrh!« brüllte er.

»David, hör auf, den Clown zu spielen, du wirst noch etwas kaputtmachen«, knurrte Cyril, der Mühe hatte, ernst zu bleiben.

David ließ das Brot fallen.

»I love you«, sagte er zu mir, während er auf dem Boden kniete und die Hand auf sein Herz legte.

Er nahm mich in seine Gruppe auf.

Die Tage waren noch heiß, aber bei Oktoberanfang bereits kürzer. Gegen sieben Uhr abends spürte man, wie die Dunkelheit hereinbrach, das war die magische Stunde, um spazierenzugehen. David holte mich in meinem Zimmer ab.

»Ein kleiner Bummel in der Dämmerung, Madame, das kann ich Ihnen heute anbieten«, deklamierte er, einen Fuß auf dem Treppenabsatz, eine Hand auf dem Herz, die andere gen Himmel gestreckt.

Wir gingen untergehakt und drehten eine Runde durch den Kibbuz. Als wir an der Ranch vorbeikamen, grinste er.

»Diese Dummköpfe haben mich in die Küche gesteckt, obwohl ich davon träume, hier zu arbeiten. Genau das ist es, was ich liebe: die Pferde, die Herden, die im Galopp geführt werden. Aber sie scheren sich keinen Deut darum, sie mögen mich nicht.«

»Und warum nicht?«

»Weil ich nicht zur Armee gehen werde.«

Das war es also!

»Aber was machst du denn dann hier?«

»Ich drücke mich vor dem Militärdienst. Ich bin kein Deserteur, das kann ich meinen Eltern nicht antun, ich mache meinen Dienst. Aber während alle meine Freunde die Grundausbildung absolvieren, bleibe ich hier. Ich lehne es ab, Waffen zu tragen.«

»Aber wie hast du das angestellt?«

Wir waren in der Nähe des Wasserschlosses angekommen.

»Komm, steig mit mir da hinauf.«

Ich stieg hinter ihm die engen Treppen bis zur Spitze des Bauwerks hinauf.

»Schau«, sagte er und breitete die Arme aus, »wie schön das ist.«

Ich wurde der Landschaft nicht überdrüssig. Im Westen lag der bewohnte Teil, die weißen Häuser mit ihren blumengeschmückten Balkonen, das Basketballfeld und das Schwimmbad, und dahinter, soweit das Auge reichte, erstreckten sich die bestellten Felder. Im Osten, direkt hinter der Ranch und den Hühnerställen, lagen die jüdischen Hügel.

»Du liebst das, nicht wahr? Es ist traurig, darüber nachzudenken, daß dies alles eines Tages zerstört sein wird.«

Ich riß die Augen weit auf.

»Zerstört?«

Er hatte diesen Effekt einkalkuliert.

»Zunächst wird es hier Krieg geben. Israel wird ihn gewinnen. Dann wird es einen weiteren Krieg geben, den Israel vielleicht auch noch gewinnen wird. Nach dem dritten Krieg wird es Israel nicht mehr geben.«

»Krieg? Glaubst du wirklich? Was erzählst du denn da?«

»Schau diese schönen Hügel an. Sie werden von dort anstürmen. Sie werden von überall herkommen. Sie werden alle töten, und sie haben recht.«

»Jetzt reicht's, David, hör auf, in Rätseln zu sprechen. Erkläre mir, was du damit meinst.«

Er hatte einen albernen Ton angeschlagen, er nervte mich damit.

»Du wolltest wissen, wie ich es angestellt habe, nicht zum Militär eingezogen zu werden. Ich werde es dir zeigen.«

Er rollte ganz plötzlich übermäßig mit den Augen, begann zu schielen, hob die Arme zum Kopf und drehte die Hände in alle Richtungen. Er machte mir angst.

»So habe ich es gemacht.«

»Du hast es geschafft, daß man dich für verrückt hält?«

»Genau. Sie haben mich psychologischen Tests unterzogen und sind zu dem Ergebnis gelangt, selbst wenn ich lügen würde, wäre es besser, sie kümmerten sich nicht weiter um mich. Sie sind nicht so dumm, sie haben Wichtigeres zu tun. Jetzt willst du wissen, warum ich nicht eingezogen werden will. Das ist ganz einfach. Ich hasse dieses Land. Ich habe nichts anderes, nur deshalb bleibe ich hier. Aber ich werde nie einen Araber töten. Ich werde nie an ihren Kriegen teilnehmen. Nie werde ich zu dem werden, was sie aus mir machen wollen. Diese Scheißarmee wird mich nie kriegen.«

Scheißarmee! Ich fühlte mich unbehaglich, eingezwängt zwischen zwei sich total widersprechenden Meinungen, die eine so verführerisch wie die andere. Die von Mick, die ein schmeichelhaftes und enthusiastisches Bild der Zahal und des Landes, das ihm erlaubte, dort zu leben, zeichnete. Und die von David, die normalerweise auch meine Meinung war. Ich war immer antimilitaristisch gewesen, meine Kehrtwendung zugunsten Israels war sehr sonderbar.

»Glaubst du tatsächlich, daß ein Krieg möglich wäre?«

»Er ist mehr als möglich, er ist unvermeidbar. Das ganze Land lebt nur für und durch den Krieg. Aber, was glaubst du, wie lange drei Millionen Juden über hundert Millionen Araber den Sieg davontragen werden?«

Zwischen uns entstand für einen kurzen Moment ein bedrükkendes, verlegenes Schweigen.

»Warum sagst du mir das alles?« fragte ich ihn schließlich.

In seiner Stimme lag Traurigkeit. Er hatte mich zu seiner Vertrauten gemacht, weil ich zwar da war, aber aus dem Ausland kam, und ich würde ihm keine Lektion in Vaterlandsliebe erteilen. David war allein.

Zärtlich nahm ich seinen Arm.

»Sag mal, mein Lieber, bist du nicht so etwas wie ein verkappter Trotzkist?«

Man hatte mir über die Verrückten der Matzpen, der israelischen Abteilung der IV. Internationalen, erzählt. Eine Handvoll Wahnsinniger.

»Wenn ich ja sagen würde, würdest du antworten ›Genau das ist es‹, und du würdest vergessen, was ich dir gesagt habe. Wenn ich nein sagen würde, würdest du mir nicht glauben.«

»Was soll ich glauben?«

»Ich gehöre nicht zu denen von der Matzpen. Dafür bin ich zu sehr Individualist. Ich fühle mich keiner Seite verbunden.«

»Dann bist du eben verrückt.«

»Genau. Ich bin verrückt.«

Er war verrückt. Es kam mir sehr gelegen, das zu glauben.

Kapitel 6

Ich war kurz davor, zur Ulpan abzureisen, und wachte, erfreut über mein Nickerchen, aus meinem Mittagsschlaf auf. Ich wickelte ein großes Badetuch um mich und ging über die Terrasse, um mich zu duschen.

Als ich mich richtig sauber fühlte, massierte ich mich gemächlich mit einer parfümierten Creme, die Gaby hergestellt hatte. Überlegen wir doch mal, wen könnte ich denn besuchen? Es mangelte mir nicht an Einladungen, und ich sagte immer überall zu.

Ich war dabei, in meine Schuhe zu schlüpfen, als ich hörte, daß jemand nach mir rief. Ich zog den Vorhang beiseite und stieß auf Gabys Nase.

»Hörst du?« fragte sie.

»Was?« Ich hörte nichts.

»Aber, hör doch, diese Flugzeuge!«

»Na und?«

Die israelische Luftwaffe war schon ein Teil der Landschaft. Ich hatte selbst gesehen, wie eines Tages ein Helikopter inmitten eines Feldes gelandet war und der Pilot auf die Arbeiter zugelaufen kam, um sie um Feuer zu bitten. Nichts war in diesem Land vertrauter als die Luftmanöver, und meine Aufmerksamkeit wurde nicht durch den Lärm der Helikopter und der Jäger über unseren Köpfen beeinträchtigt.

Ohne Luft zu holen, gab mir Gaby die Neuigkeit weiter:

»Am Gedenktag des Kippur-Krieges gibt es niemals Manöver. Es ist Krieg. Wir sind seit heute morgen im Krieg, wir wissen es erst seit einer Stunde. Niemand schaltet an einem Tag wie diesem, an dem das Leben stillsteht, sein Radio an. Das Telefon hat im Speisesaal unaufhörlich geläutet, bis zufällig jemand abnahm. Diese Flugzeuge fliegen Richtung Sinai. Alle Männer müssen einrücken. Rami packt gerade. Yaïr ebenfalls.«

Ich öffnete den Mund, um loszuschreien, aber Gaby unterbrach mich.

»Beruhige dich«, befahl sie mir. »Du wirst nicht schreien, du wirst nicht weinen, du wirst das tun, was alle machen: keine Hysterie. Das ist hier die Regel.«

Und damit verschwand sie.

Ich lehnte mich schweißgebadet gegen die Wand. Ich sah einen kleinen Jungen der Noar mit einem Maschinengewehr über der Schulter aus dem Nebenzimmer gehen. Ich wollte wieder schreien, aber ich war stumm geworden. Nach einigen Minuten des stumpfsinnigen Zögerns sprang ich die drei Stufen hinunter und rannte Richtung Schwimmbad. Ich blieb vor den Zimmern der jungen Leute stehen, riß die Tür zu Davids Zimmer auf und warf mich auf sein Bett.

»David, David, es ist Krieg. Krieg.«

Er hielt seinen Mittagsschlaf und wachte mit einem Ruck auf, warm und vom Schlaf verquollen. Er lehnte sich mit dem Rücken an die Wand und grinste, zog mich an seine Brust und streichelte mich sanft.

»Na, na, meine Kleine, weine nicht.«

O Gott, dieses zwanghafte Zurückhalten der Tränen!

»Du wirst mich nicht auch noch daran hindern zu weinen! Wenn ich es bei dir nicht kann, bei wem denn sonst?«

Er versuchte offensichtlich, sich zu beherrschen, um nicht in Schluchzen auszubrechen. Ich hielt mich nicht mehr zurück und überließ mich seiner Zärtlichkeit und der Wärme seiner Liebkosungen.

»David, sie gehen weg, die Männer gehen weg, er wird weggehen!« sagte ich unter Tränen.

»Er?«

»Yaïr wird in den Krieg ziehen.«

David schnitt eine scheußliche Grimasse. Man hatte ihm von meiner unglücklichen Liebe erzählt, und er hatte geglaubt, daß das der Vergangenheit angehörte. Ich hatte ihm eben beigebracht, daß ich einen anderen liebte.

Er hob mein Gesicht hoch, und leckte voller Zärtlichkeit meine Tränen ab. Er war einsamer als je zuvor, sein Leidensweg war vorgezeichnet. Er würde mit dem Haß der Frauen, deren Männer auf dem Schlachtfeld kämpften, konfrontiert werden, man behandelte ihn als Drückeberger, niemand versuchte mehr, liebenswürdig zu sein, da man ihn nicht mochte. Er hatte geglaubt, in mir eine Verbündete zu haben, doch ich war im Begriff, mich wie alle anderen zu verhalten, ihm indirekt die Abwesenheit meines Mannes vorzuwerfen. Ich befürchtete, er würde gleich anfangen zu weinen.

Aber die Not ist egoistisch. Verzweifelt, wie ich war, kümmerte ich mich nicht mehr um ihn. Nachdem ich meine Seele an seiner Brust ausgeschluchzt hatte, ließ ich ihn mit seiner Einsamkeit allein.

»Ich sollte ihm auf Wiedersehen sagen, was meinst du?«

»Ja, ja, ich verstehe. Geh nur, *motek**, geh.«

Er beugte sich zu meinem Ohr:

»Ani met 'aleikh.«

»Was heißt das?«

»Das ist etwas Wichtiges, was man in einer Sprache wissen sollte. Du fährst morgen zur Ulpan ab, du wirst es schnell lernen.«

»Ich habe keine Lust mehr zu fahren. Ich werde Tel-Nir jetzt nicht verlassen.«

Wie soll man einer Frau sagen »ich bin verrückt nach dir«, die das nicht verstehen kann.

»Das heißt ›Geh nur, mein kleiner Liebling‹.«

Ich machte mich auf die Suche nach Gaby.

Rosa, die Krankenschwester, war Tunesierin und sprach daher französisch, wir waren gute Freundinnen. Sie saß auf ihrer Terrasse, leichenblaß, massierte sich den Bauch und machte mir ein Zeichen, daß ich näherkommen sollte. Ich nahm neben ihr auf der Brüstung Platz.

»Trinkst du mit uns Tee?«

Der Kessel pfiff, ihr Mann hatte sich eben angezogen. Er machte den Tee und hielt ihr ein Glas hin. Sie hob den Kopf und lä-

* motek: mein kleiner Liebling

chelte ihn an, er strich mit einem Finger über ihre Wange. Dann ging er die Treppen hinunter.

»Geht er so weg?«

»Nein, er geht, um Neuigkeiten zu erfahren, er ist Offizier. Man weiß noch nicht, wer mobilisiert ist, das wird er im Speisesaal erfahren. Er bereitet sich für den Ernstfall vor. Die Chancen stehen neun zu zehn, wenn man das so sagen kann.«

Sie hielt die Tränen zurück.

»Eines sollst du wissen«, erklärte sie mir sanft, »man darf nicht vor den anderen weinen. Das ist sehr hart, aber es ist so. Versuche dir vorzustellen, wie das hier wäre, wenn alle losheulen würden.«

»Mach dir meinetwegen keine Sorgen«, versicherte ich ihr, »ich habe jemand gefunden, bei dem ich mein Herz ausschütten kann. Ich bin zu David gegangen.«

»Oh! Der...«

Er hatte bereits eine Feindin.

»Schau!« rief sie aufgeregt. »Schau!«

Einer nach dem anderen verließen die jungen Leute ihre Zimmer und versammelten sich auf dem Rasen. Plötzlich ein Schrei »Hopp! Hierher!«, und ein Ball tauchte wie durch Zauberhand auf. Niemand hatte die anderen geholt, es schien als hätte die Lust auf eine letzte Partie Fußball sie alle zur gleichen Zeit erfaßt.

Das Spiel dauerte kaum zehn Minuten. Dann verschwand der Ball wie er gekommen war, und jeder ging nach Hause.

»Im Augenblick«, sagte Rosa sanft, »glaube ich, solltest du zu Yaïr gehen. Das ist nicht der Moment, um sich Gewissensbisse zu machen.«

Tränen überwältigten mich.

»Nein, Marion. Ohne zu weinen. Versuch es ohne Tränen, wenn du kannst, glaube mir. Er wird sich zurückhalten. Er ist es, der geht. Du bleibst hier. Es ist sein Leben, das er aufs Spiel setzt. Nicht das deine.«

Die Scham ließ mich erröten.

Ich überquerte zitternd die Allee und ging zu Yaïr, den ich vor dem Badezimmer antraf.

»Ich werde jetzt etwas tun, wozu ich bald keine Gelegenheit mehr haben werde«, sagte er. Dann ging er duschen.

Ich setzte mich für einen Augenblick auf sein Bett. Nur nicht weinen, nur nicht weinen. Ich betrachtete die Zimmerdecke, dann den Boden, dann schaute ich nach rechts und nach links, dann hielt ich inne, die Augen waren trocken. Der Trick war gut. Ich warf einen Blick nach draußen, öffnete dann die Tür und schmiegte mich gegen die des Badezimmers. Zunächst sagte ich nichts, die Wange gegen das bemalte Holz gepreßt. Dann legte ich meine Hände auf die Tür und begann sie zu streicheln, wie man einen Mann streichelt, und stöhnte:

»Yaïr, Yaïr!«

Plötzlich öffnete sich die Tür, und mein perfekter nackter Geliebter erschien in einer Dampfwolke.

»Warte in meinem Zimmer auf mich, ich komme sofort zu dir«, sagte er mit großer Sanftheit. Er nahm zärtlich mein Kinn und gab mir einen kleinen Kuß auf die Lippen.

Ich sah ihm wortlos zu, wie er sich anzog, meine Bewunderung für ihn war grenzenlos. Ich zitterte vor Verlangen, als ich sah, wie er seine Bergschuhe über seinen dünnen Fußgelenken zuschnürte, sein Drillichhemd über seinem Oberkörper zuknöpfte und seinen Gürtel festzog. Noch mal seine Haut fühlen, nur seine Haut! Ich mußte Opfer bringen. Er würde mich nicht mehr anfassen.

Also erhob ich mich.

»Die Volontäre wurden in den Speisesaal gebeten, um Sandwiches zu schmieren«, sagte ich schließlich mit ruhiger Stimme und reckte mein Kinn vor. Ich ging weg.

»Bis gleich.«

Es war rabenschwarze Nacht, und alle Straßenlaternen brannten. Die meisten gesunden Männer trugen Uniform und standen im Speisesaal um das Telefon herum. Die Frauen richteten Sandwiches her, einige schnitten aus blauem Papier Rechtecke aus und klebten sie ans Fenster.

»Man braucht uns ja nicht zu sehen, wir werden die Fenster abdunkeln«, erklärte mir eine von ihnen.

Ich griff nach der Schere und setzte mich hin.

Plötzlich erschien Yaïr, gefolgt von Rami. Das Telefon klingelte. Ein Soldat nahm den Hörer ab, und es herrschte Totenstille, während seine Stimme die Liste der Einberufungen herunterleierte. Ich hörte zunächst den Namen von Rami. Dann Yaïr Cohen. Dann verstand ich nichts mehr und rannte nach draußen.

Ich bemerkte von weitem die Scheinwerfer, auch sie mit blauem Papier verdunkelt, von zwei Autobussen, die für den Transport der Soldaten gerüstet waren. Gegen einen Baum gelehnt, sah ich die Männer still, einer nach dem anderen, herauskommen. Fünfundzwanzig an diesem Abend. Yaïr war der letzte. Ich folgte ihm einige Schritte, wollte ihn rufen, blieb aber stumm stehen. Er hatte sich nicht umgedreht. Er hatte mich noch nicht einmal in den Arm genommen. Die Nacht brach herein. Ich verspürte eine ungeheure Einsamkeit.

Der Mond war aufgegangen und verbreitete eine diffuse Helligkeit, die den schlafenden Ort in ein eigenartiges Licht tauchte. Noch nie hatte ich meinen Kibbuz so in der Dunkelheit gesehen. Ich setzte mich auf eine Bank und verfluchte Israel, das mich diese unglückliche, so gewaltige Liebe kennenlernen ließ, und das mich zwang, einen Krieg zu erleben. Einen Krieg! Was für eine Schweinebande, ich verachte sie alle! Der Haß trieb mir schon wieder die Tränen in die Augen.

Als ich aufstehen wollte, um ins Bett zu gehen, bemerkte ich eine Gestalt, die, auf ein Fahrrad gestützt, durch ein Fenster des Kinderhauses sah. Es war der Ökonom, der große Eythan, der vor dem Zimmer seines Sohnes stand. Er bewegte sich nicht, er sah mich nicht. Dann drehte er den Kopf und erkannte mich.

»Leila tov Marion«, sagte er freundlich.

»Leila tov Eythan, gute Nacht«, antwortete ich ihm.

Wie ich sie alle liebte!

Kapitel 7

Shirley, das jüngste Mädchen der Noar, mußte noch nicht in der Armee dienen, und sie hatte mich gefragt, ob ich bei ihr vorbeikäme, um mit ihr zum Abendessen zu gehen. Bereits auf der Straße rief ich ein- oder zweimal nach ihr, sie antwortete nicht, obwohl ich Stimmen hörte. Neugierig stieß ich die Tür auf und fand sie ausgestreckt auf dem Rücken liegend, die Knie bis zum Kinn hochgezogen, brüllend vor Lachen.

»Warte mal«, prustete sie, »das ist zu köstlich.«

Am Vorabend hatte ich gesehen, wie sie den Speisesaal im Laufschritt verlassen hatte, um ihre Tränen nicht zu zeigen, als der Mann, den sie liebte, auf den Bus mit den blauen Scheinwerfern zuging. Galeih Zahal, der Militärsender, brachte gerade Sketche, die sich über die jüdischen Einwanderer lustig machten, indem sie die verschiedenen Akzente parodierten. Das war umwerfend komisch.

Shirley brauchte einige Minuten, um ihre Ruhe wiederzufinden; sie trocknete sich immer noch die Augen, als wir beim Speisesaal waren, wo ihr verrücktes Lachen sie von neuem überkam.

Ich konnte kein Wort von dem verstehen, was sie sagte, aber die Frauen, deren Männer am Vorabend in den Krieg gezogen sind, hielten sich vor Lachen den Bauch. Den Kopf hängen zu lassen, das würde sie ihnen nicht zurückbringen, es war vielmehr wichtig, ihnen den Rücken zu stärken.

Obwohl ein Großteil der Arbeitskräfte fort war, lief es im Kibbuz normal weiter. Die Kinder wurden traditionsgemäß beaufsichtigt und erzogen, die Hühnerfarm lieferte weiter Eier, die Kühe wurden gefüttert, die Felder bestellt, der Speisesaal saubergehalten und die Wäsche gewaschen. Die Antihelden im Hintergrund arbeiteten für vier.

Als sich Shirley endlich beruhigt hatte, ließ sie ihre Wut wie alle anderen heraus. »Diese Araberschweine.« Ich versuchte sie zur Vernunft zu bringen.

»Israel will Frieden! Vielleicht nicht so einen wie diesen! Was hat Golda Meir diese letzten Jahre auf dem Verhandlungsweg erreicht?«

»Man verhandelt nicht mit Terroristen«, erwiderte sie, indem sie mir alle Attentate der letzten Jahre aufzählte, die Briefbomben, die entführten Flugzeuge, die Massaker bei Sportveranstaltungen.

»Die Palästinenser führen den Krieg mit ihren Mitteln. Glaubst du etwa, wenn eure Flugzeuge den Südlibanon mit schwerem Artilleriefeuer beschießen, daß sie nicht auch Unschuldige töten?«

Sie gab mir eine überraschende Antwort:

»Israel zielt niemals auf Zivilpersonen.«

Ich brauchte nicht die Fakten zusammenzählen, um einem solchen absurden Argument zu widersprechen, aber ich versuchte trotzdem, sie davon zu überzeugen, daß es unmöglich war, bei einem Flächenbombardement Einzelziele auszusparen. Aufbrausend erklärte sie mir, daß der Südlibanon noch keine militarisierte Zone wäre, Fatah-Land, wo überhaupt keine Zivilbevölkerung lebte.

»Auf jeden Fall«, schloß sie, »wenn wir Zivilpersonen treffen, dann waren es die Terroristen, die diese absichtlich in bestimmte Gebiete gebracht haben, um uns besser anklagen zu können.«

Eine solche Schlußfolgerung verschlug mir den Atem. Wo hatte sie denn das bloß her?

Ich lag ausgestreckt auf dem Rücken, den Kopf auf dem angewinkelten Arm und versuchte zu schlafen. Wie sollte es mir gelingen, einen Mittagsschlaf zu halten, wenn Krieg war? Ich fand es schon großartig, daß ich die Angst überstand, also sollte ich auch schlafen können... Ich rollte mich unter meiner Bettdecke zusammen: Soll ich eine nehmen oder nicht? Ich hatte mir geschworen, niemals in meinem Leben eine Schlaftablette zu nehmen, aber das Valium, das Rosa auf meinen Nachttisch gelegt hatte, führte mich in Versuchung. Also, einmal ist keinmal und außerdem, es ist Krieg...

Ich war gerade eingeschlafen, als ich durch das Geräusch von Hammerschlägen aufschreckte. Eigenartig, es war später Nachmittag, und es gab in diesem Teil des Ortes keine Baustelle. Ich streckte den Kopf aus dem Fenster. Ich bemerkte Shaül vor dem nächstgelegenen Kinderhaus, wie er gerade dabei war, eine Hütte aus Astwerk zu bauen. *Sukkot!* Das Hüttenfest! Shaül hatte mir diese Tradition erklärt, die das zweite Buch Moses wieder ins Gedächtnis rufen sollte, in der Wüste von Sinai, beim Auszug aus Ägypten. Ich legte mich voller Bewunderung wieder aufs Bett. Das war's, was ich mehr als alles andere bei den Juden liebte: Ihre Liebe zum Leben war immer stärker als irgendein Unglück. Zu Hause bei meinen Eltern gab es immer einen Vorwand, sich daran hindern zu lassen, sich des Lebens zu freuen. Eine schlechte Nachricht wurde unter diesem Gesichtspunkt eine gute: Laßt uns sofort leiden, damit wir nicht enttäuscht werden können. Hierin lag genau der Unterschied.

Ich schlief gerade wieder ein, als ich glaubte, ein Zittern des Bodens zu spüren. Mein Bett, mein Tisch, meine Regale, das Fenster und die Türen begannen zu vibrieren. Ein Phantomjäger raste im Tiefflug über mich hinweg; ich mußte mir die Ohren zuhalten, um nicht taub zu werden.

Ich drehte mich um. Schlafen, nur noch schlafen, um die Angst zu vergessen, die Todespein, diese verrückte und freudlose Gegenwart, diese alptraumhaften Bilder von Yaïr in der Feuersbrunst des Krieges. Schlafen, als ob man in einen vorläufigen Tod versinken würde.

Das Sirenengeheul schwoll wieder an und verharrte dann in einem langgezogenen, quälenden Ton. Ich stand auf. Ein Luftalarm, schnell, aber vor allem keine Panik. Ich zog rasch einen Pulli und eine Hose an, schnürte meine Schuhe zu – in einem solchen Augenblick wollte ich nicht das Risiko eingehen zu stolpern – und stürzte nach draußen. In weniger als drei Minuten erreichte ich mit einigen anderen Leuten den nächstgelegenen Schutzraum. Der große Eythan stand am Eingang und paßte auf, daß die allgemeine

Verwirrung nicht zum Gedränge auf der Treppe wurde. Ich wartete, bis ich an der Reihe war und versuchte, ruhig zu bleiben, als ein durchdringender Schrei mir das Blut gefrieren ließ.

»Helft mir, meine Kinder zu tragen!«

Es war Alice, Mutter von vier Kindern, die sich um ihre Beine drängten, und die versuchte, den Schutzraum zu erreichen, ohne daß sie übereinander stolperten. Ich rannte zu ihr hin, nahm ihr das Baby aus dem Arm und stieg hinter ihr die Treppe hinunter. Die Tür schloß sich.

Durch ein Kellerfenster kam etwas Tageslicht herein. Nervös streichelte ich das Baby und setzte mich auf den Boden zwischen etwa dreißig schweigenden Personen, während Alice rührende Grimassen schnitt, um nicht in Schluchzen auszubrechen. Während des Alarms hörte man kein Wort, nur von weitem die Sirene und die Toilettenspülung, die die Kinder betätigten. Aufrecht und vorsichtig standen sie vor den Toiletten an, um Pipi zu machen.

Eythan, der oben an der Eingangstür geblieben war, erschien.

»Wir können wieder nach oben gehen«, sagte er. Die Sirene war inzwischen verstummt.

Als wir alle wieder draußen waren, kam Alice auf mich zu.

»Danke«, sagte sie. »Und entschuldige bitte, ich kann mich nicht zusammennehmen.«

Sie lachte verkrampft, mit ihren beiden großen Kindern an der Seite und dem Baby an der Brust. Die Älteste trug das kleinste Kind auf dem Arm und spitzte die Lippen.

»Dich entschuldigen, wofür? Daß du Angst vor der Bombardierung hattest?«

Die Härte dieser Menschen nahm mir den Atem. Ich ging in mein Zimmer zurück, legte mich voller Zorn wieder schlafen.

Hier gab es keinen hysterischen Auftritt. Manchmal ging eine Frau in eine Ecke um sich die Nase zu putzen, keiner empfand Mitleid, im Gegenteil.

»Sie kann sich nicht zusammennehmen«, hieß es dann roh.

Der Krieg verwandelte den Kibbuz in eine Frauengesellschaft.

Nach der Arbeit trafen sie sich und verbrachten viele Stunden mit Reden. Gaby übersetzte.

»Sie sind auf ein Mitglied eines benachbarten Kibbuz wütend«, erklärte sie mir eines Tages, als die Diskussion besonders heftig geführt wurde. Da er nicht eingezogen worden war, hat er sich freiwillig gemeldet und ist gleich am ersten Tag getötet worden. Sie beschimpften ihn als Dummkopf, der den Helden spielen wollte. Er hinterließ eine Frau und zwei Kinder.

Eine Frau hatte auf den Boden gespuckt, um ihrem Unmut Luft zu machen. So verhalten sich nur die, die den Krieg lieben.

Genau wie David befürchtet hatte, zog ich mich von ihm zurück. Er aß allein in seiner Ecke, sprach mit niemandem, und überlegte hin und her, welche Folgen seine politischen Entscheidungen nach sich ziehen würden. Eines Abends stand in seinem Gesicht eine solche Not, daß ich Gewissensbisse bekam. David war mutig, zuvorkommend und mir gegenüber immer freundlich. Was hatte er mit mir gemacht? Ich stellte mein Essenstablett neben das seine.

Nicht weit von uns entfernt ertönte ein Schrei. Eine Frau erhob sich blitzschnell von ihrem Stuhl und fiel in die Arme ihres Mannes, der gerade zur Tür hereingekommen war. Alle erhoben sich, um den von der Armee Beurlaubten willkommen zu heißen. Hilare streckte seinen Freunden eine Hand entgegen, während er mit dem anderen Arm die Taille seiner Frau umschlang, die schluchzte, stöhnte, lachte und sich an seinem Drillichanzug festklammerte.

»Schau, Moïshele«, sagte David sanft. »Es geht ihm gut. Er ist glücklich, vierundzwanzig Stunden mit seiner Familie verbringen zu dürfen. Er ist völlig durcheinander, aber es geht ihm trotzdem gut. Es wird über ihn erzählt, daß er, als er aus dem Sechstagekrieg nach Hause zurückkehrte, drei Wochen lang mit niemandem ein Wort gesprochen hat. Heute ist er abgebrüht. Er hat gelernt zu töten.«

»Das ist es, was du nicht werden willst? Ein Killer?«

»Genau.«

»Das ist hart für dich, nicht wahr?«

Er antwortete nicht, aber in seinen grünen Augen, die er leicht zusammenkniff, las ich unendliche Dankbarkeit. Wir gingen zusammen hinaus, und als wir in der Dunkelheit waren, nahm ich seine Hand.

In einer schlaflosen Nacht ging ich zum Haus der Babies, wo Alice Nachtwache hatte. Ich wollte nicht noch einmal eine solche Panik erleben, in der ich, allein in meinem Zimmer, den blutbefleckten Körper Yaïrs mit dem Gesicht nach unten vor mir gesehen hatte, als ob ich dabei gewesen wäre. Ich war wie eine Verrückte im Mondlicht davongelaufen und betete zu Gott, daß es nicht wahr wäre, war aber vom Gegenteil überzeugt. Gaby hatte mich ausgeschimpft: »Eine Vorahnung in so einem Moment ist niemals eine Vorahnung. Bleibe nicht allein, wenn dich solche Vorstellungen überfallen, sprich mit jemandem und vor allem, gräme dich nicht, wenn du keine neuen Nachrichten hast. Solange man keine Neuigkeiten hört, läuft alles gut.«

Alice saß auf dem Fußboden und legte einen großen Schlafsack zusammen. Ich setzte mich zu ihr und half ihr. Das Radio spielte, man hörte, daß eine Tür zugemacht wurde: Die andere Nachtaufsicht war auf ihrem Rundgang durch die Zimmer. Ich liebte die nächtliche Stimmung im Haus der Babies. Wenn das Sortieren der Wäsche, die tagsüber gewaschen wurde, beendet war, wurden hier, zwischen zwei Rundgängen durch die Schlafsäle, Handarbeiten angefertigt. Die Frauen tauschten Strick- und Häkelmuster, Stepptechniken für Patchwork-Decken und Stickmotive aus. Um die Kleinen nicht aufzuwecken wurde geflüstert, was unter den Frauen zu einer vertraulichen Atmosphäre führte. Diese Nacht sprachen sie über die Politik.

»Glaubst du, daß man das von den Arabern vermutet hätte?« fragte Alice. »Wir, die wir sie für Dummköpfe halten.«

»Glaube mir, es wird nach dem Krieg einige Rechnungen zu begleichen geben«, prophezeite Alice.

Nach dem Krieg. Sie hatte die Möglichkeit, »nach dem Krieg«

sagen zu können. Sie hielt den Sieg Israels für ein selbstverständliches Ereignis, eine Frage von Tagen. Ich war zu solch einer Hoffnung nicht fähig. Für mich war ein Morgen nicht denkbar, ich überlebte von Minute zu Minute meine Todesangst.

»Du weißt, wie wir hier sagen? ›Sie haben uns die heruntergelassene Hose weggenommen.‹«

Das Bild war frivol, rief aber Erinnerungen wach: Das ›dominante und selbstsichere‹ Volk mußte den nackten Hintern zeigen.

»Weißt du«, sagte ich zu ihr, »ich habe den Eindruck, daß sich im Augenblick eine Menge Dinge verändern. Nach einer derartigen Bloßstellung wird Israel gezwungen sein zu verhandeln. Sadat hat den Kopf erhoben. Selbst wenn er den Krieg verliert, hat er die Ehre gerettet. Man verhandelt nicht mit jemandem, der am Boden liegt. Mit ihm scheint es mir möglich zu sein.«

»Glaubst du?«

Auf jeden Fall wünschte ich es mir sehr.

Nach achtzehn Tagen der Angst:

»Der Krieg ist vorbei! Der Krieg ist vorbei!«

Meine Eltern hatten mich aus der Katastrophe auf dem Höhepunkt der Hysterie nach Hause zurückgeholt. Ich war in Paris, als die Nachricht eintraf. Die Feuerpause wurde fünf Tage, nachdem ich in Paris eingetroffen war, vereinbart. Ich reiste am selben Tag zurück. In Lod stieg ich mit flauem Gefühl im Magen aus, inmitten einer Menge von unglücklichen Menschen, die sich schluchzend in den Armen lagen. Die Wiedersehen waren überschattet, das Flugzeug war voll mit Vätern, Müttern, Brüdern und Schwestern von an der Front gefallenen Soldaten. Und was war mit uns? Welche Nachrichten gab es für uns? Yaïr, Yaïr, mein Geliebter!

Ich bemerkte in der Menge die prächtige, blonde Mähne von Shirley:

»Alle leben! Alle! Es gibt keine Schwerverletzten. Der Tod hat uns verschont«, schrie sie und lachte vor Glück.

Ich stellte meinen Koffer ab. Er wird zurückkommen.

Auch wenn das Zeigen des Unglücks verboten war, das Glück war es jedenfalls nicht. Jeder Tag begann mit neuen Freudentränen, Frauen, die außer sich waren und unter Weinen lachten und in Freudenschreie ausbrachen.

»*Aba bah! Aba bah!*« heulte ein kleiner Junge.

Ababa?

Papa kommt, Papa ist zurückgekommen.

Das Kind rannte wie ein Verrückter und warf sich gegen seinen Vater, der sich hinhockte und die Arme öffnete.

Und ich? Und er, wie wird er zurückkommen? Ich hatte mit den Frauen die Todesangst während der Abwesenheit der Männer geteilt, und nun sollte es mir nicht erlaubt sein, die Freude der Wiederbegegnung zu teilen.

Endlich, eines Tages, als ich von der Arbeit kam, sah ich eine junge Frau, die auf mich zugelaufen kam:

»*Yaïr bah! Yaïr bah!*« schrie sie.

Er wurde gerade aufgerufen. Er würde in einer Dreiviertelstunde da sein, jemand holte ihn an der Hauptstraße ab.

Ich hatte einen typischen Kibbuz-Reflex: Ich ging in sein Zimmer und machte sauber. Ich legte neue Laken auf, rückte die Möbel zurecht, schüttete Eimer und Seifenlauge über den Boden und schrubbte ihn. Schweißgebadet, mit an den Schläfen klebenden Haaren, stand ich über den Eimer gebeugt und war gerade dabei, ein feuchtes Tuch auszuwringen, als ich hinter mir schwere Schritte hörte. Ich hob den Kopf und schaute in seine Augen.

Schmutzig, zerzaust, seit drei Monaten unrasiert, mit eingezogenen Schultern und dem Blick eines geschlagenen Hundes, versuchte er zu lächeln. Er machte eine Geste, mit dem Putzen aufzuhören, stellte seinen Rucksack ab und tat, was er vor dem Krieg zum letzten Mal getan hatte, er duschte sich.

Ich ging in mein Zimmer zurück. Nach einer langen halben Stunde kam er zu mir. Wir standen voreinander, schauten uns an und schwiegen. Ich machte einen Schritt auf ihn zu. Er nahm mich in seine Arme. Dann ging er hinaus.

Kapitel 8

»Hallo, altes Haus!«

Erschöpft vom Trampen und von der Hitze Anfang November, erschien Mick in Uniform an der Tür.

»Ich hatte dir gesagt, daß ich dich besuchen komme. Es tut mir leid, daß ich mich etwas verspätet habe, aber ich bin auf dem Weg in eine syrische Invasion hineingeraten. Wie geht es dir?«

Mick! Was für ein Glück!

»Gib mir schnell ein Handtuch, damit ich mich duschen kann. Ein Soldat hat nur einen quälenden Gedanken zwischen zwei Schüssen: sauber zu sein.«

»Das habe ich bemerkt.«

»Ah, ja!«

Schon war er unter der Dusche.

Er sagte zunächst nichts. Er wollte erst einmal laufen, die Kinder treffen, denen er Witze erzählte und mit einigen hübschen Mädchen flirten.

»Wer ist dieses zauberhafte Wesen, das so tut, als würde es mich nicht sehen? Schön wie ich...«

»Sie sieht dich schon, aber sie hört nichts, sie ist taub. Wenn du willst, daß sie deine Komplimente hört, artikuliere dich, indem du sie ansiehst.«

Bis zum Abendessen machte er mit seinen Späßen weiter, wurde dann aber immer nervöser. Nach dem Essen setzte er sich mit mir auf eine Bank unter einen Olivenbaum und fragte unvermittelt:

»Hast du Alkohol bei dir?«

»Ja, Whisky.«

Mick gehörte zu der Sorte von Athleten, die in ihren Körper verliebt waren, die weder Alkohol noch Zigaretten anrührten. Seine Frage war sehr ungewöhnlich.

Er saß auf dem Boden, öffnete ein Fläschchen und trank einen kräftigen Schluck, der ihn das Gesicht zu einer Grimasse verziehen ließ, aber dann nahm er noch mal einen Schluck, und seine Augen flimmerten. Ein wenig verblüfft, begann er zu schwanken und berührte langsam mit den Fäusten die Erde. Dann öffnete er die Hände, schaute sie stumpfsinnig an und murmelte:

»Ich habe getötet. Mit diesen Händen habe ich getötet. Ich habe mit der blanken Waffe getötet. Weißt du, wie man das macht? Man geht auf jemanden zu, versucht, den Todesschrecken des Typen, dem man gegenübersteht, zu ignorieren, drückt ab, das Blut spritzt. Der Typ stirbt...«

Seine Stimme brach.

»Du kennst mich, ich bin noch nicht einmal fähig, einer Fliege etwas zuleide zu tun.«

Das stimmte. Ich hatte ihm bei einer schwierigen Rettungsaktion eines Insekts geholfen, das in ein Milchglas gefallen war. Mehr als irgendein anderer respektierte Mick das Leben. Mit offenem Mund und starrem Blick schwieg er einige Sekunden, dann platzte er heraus:

»Ein Mörder! Ich bin ein Mörder geworden! Ich, Mick, bin ein Mörder!« Er schrie es heraus, hielt sich den Magen und trat mit den Füßen um sich.

Still, die Hände auf seinem Kopf, verbrachte ich, neben ihm zusammengerollt, auf den Fliesen meines Zimmerbodens die Nacht und hörte mir die Schrecken an. Tränenüberströmt dachte ich noch nicht einmal daran, mich zu schneuzen.

»Ich habe Soldaten gesehen, deren Bart und lange Haare unter der Mütze Feuer fingen, sie hatten noch nicht einmal Zeit gehabt, sich zu rasieren. Ich habe gesehen, wie ein Syrier ohne Kopf weiterlief. Ich habe etliche meiner Kameraden gesehen, wie sie bei lebendigem Leib verbrannten. Ich habe gesehen, ich habe gesehen... zerstückelte Leichname, Beine auf der einen Seite, der Körper auf der anderen, das... das...«

Er packte sein Geschlecht mit beiden Händen und weinte heiße Tränen. Dann erzählte er weiter, geriet außer sich, sprach immer schneller und wurde immer lauter.

»Wir wurden so schnell mobilisiert, so daß wir nicht genügend Munition hatten.«

Das war ja eine schöne Bescherung, ein jüdischer Soldat, der mit dem modernsten Gewehr ausgerüstet war, aber nichts hatte, mit dem er es laden konnte. Also wurde mit dem Messer getötet, arme Typen, friedfertige Bauern, ohne Zweifel, um an deren Waffen zu kommen.

»Ich habe die schmutzigste Arbeit gemacht, die es gibt. Man nimmt ein Dorf ein, in dem sich nichts rührt, man weiß nicht, ob es leer oder bewohnt ist, man stößt mit dem Fuß eine Tür auf und wirft eine Granate hinein. Nach einigen Sekunden weiß man, ob man umsonst gefeuert hat oder ob man einen Mann mit aufgeschlitztem Bauch oder eine zerfetzte Frau findet...«

Plötzliches Schweigen. Das Bild schien ihn auf eine unerträgliche Art und Weise zu überwältigen, er riß die Augen immer weiter auf, runzelte die Stirn, und seine Augenbrauen hoben sich von neuem. Tränen, die er versuchte zu trocknen, tropften auf meine Beine.

Als er den Kopf hob, gab ich ihm ein Kopfkissen, in das er hineinbiß, und dann rollte er sich erschöpft zusammen, kuschelte sich an mich und erzählte mit rauher Stimme weiter:

»Ich habe zwei Tage unter einem umgestürzten Lastwagen als einziger Überlebender eines Gefechts verbracht.«

»Zwei Tage, ohne zu essen und ohne zu trinken, habe ich gepißt, ohne mich zu bewegen. Die Syrier hatten dieses Gebiet zurückerobert, ich sah, wie sie in ihren Stiefeln vor meiner Nase vorbeiliefen, und ich hielt mir vor Angst die Hoden. Es wurde erzählt, daß sie sie abschneiden und einem in den Mund stopfen. Ich weiß nicht, ob es wahr ist, aber es reichte aus, um mich zu ergeben. Wir hatten klare Anweisungen für den Fall, daß wir gefangengenommen würden: sofort alles zu sagen, überhaupt nicht den Helden zu spielen, der der Folter widersteht. ›Sie haben keine Kenntnis irgendwelcher Geheimnisse, die es rechtfertigen würden, Sie zu töten‹, hatte uns ein Offizier gesagt. Ich war davon überzeugt, daß sie das Land überfallen hatten und alles dem Erdboden gleichmachen würden. Während ich unter dem Lastwagen lag, hatte ich nur einen einzigen Gedanken im Kopf: meinen Kibbuz. Ich wollte nur rauskommen, um zu verhindern, daß sie meinen Kibbuz erreichen. Ich habe mit einem Gefangenen, einem ziemlich einfachen Typen, diskutiert, den ich zusammen mit einem Kameraden bewacht habe, der arabisch sprach. Weißt du, was er uns gesagt hat: ›Du bist kein richtiger Jude, weil du gut aussiehst. Die Juden haben krumme Nasen und Ohren. Und dann sind sie nicht blond.‹

Obwohl er nur die Gesichter der Gefangenen gesehen hatte, hatte er wie ich, wie wir, eine Heidenangst vor ihnen. Die beiden Israelis, die er sah, waren in seinen Augen Ausländer, die hierher gekommen waren, um gegen die arabische Nation ein Komplott zu schmieden. Ein Typ meines Alters!«

Nach einigen Stunden schien es, als ob Mick seinen Sack mit Alpträumen geleert hätte. Ich deckte mein Bett auf und nachdem ich ihn ausgezogen hatte, legte ich ihn hin, glitt dann selbst nackt unter die Decke, drängte mich an seinen Rücken und umfaßte ihn mit meinen Armen.

Ich streichelte ihn sanft, bis seine abrupten Bewegungen, seine Verzweiflung und seine Schluchzer aufhörten. Er schlief an meiner Brust ein, und auch ich sank in Schlaf.

Der Tag brach an.

Er wachte am späten Vormittag auf, war etwas verlegen und leicht verwirrt. Er duschte, trank ein Glas Tee, das ich ihm reichte und kratzte sich am Kopf:

»Haben wir miteinander geschlafen?«

»Nein, haben wir nicht. Aber ich habe dich wie ein Baby gehätschelt. Das schien dir zu genügen, und ich wollte auch nicht mehr.«

»Weißt du, was ich, als ich im Kibbuz zu meinem ersten Fronturlaub eintraf, gemacht habe? Ich suchte jemand zum Bumsen. Jede Nacht, wie ein Hund. Die Mädchen waren sympathisch, sie waren einverstanden.«

»Natürlich machen wir mit. Aus Leidenschaft, aus Solidarität und aus Freundschaft.«

»Das wirst du auch mit Yaïr so gemacht haben.«

»Bei mir war es Liebe.«

Seit seiner Rückkehr war dies die erste Nacht, die ich nicht mit

Yaïr verbrachte. Es waren mühsame Nächte, in denen seine frühere Begeisterung einer Wut wich, die sich entladen mußte, ohne auf mich Rücksicht zu nehmen. Ich ließ ihn machen, unfähig, etwas anderes zu tun, ohnmächtig, ihm auf eine andere Weise zu helfen. Yaïr sagte wie gewöhnlich nichts, wie sollte er auch plötzlich nach solchen traumatischen Ereignissen das Vertrauen und das Vertrauen in andere gefunden haben? Manchmal weckten mich seine ruckartigen Bewegungen, und ich sah, wie er sich aufsetzte, wie ihm der Schweiß herunterlief. Er sah mich und nahm mich, bevor er zähneknirschend wieder einschlief.

»Er hat mir noch nicht einmal gesagt, wo er gewesen ist. Von seinen Freunden wußte ich, daß er an der syrischen Grenze stationiert war. Ich war in dem Moment da, in dem er mich am meisten brauchte, aber er hat mich noch nicht richtig angesehen. Ich glaube, jede andere hätte die Sache genauso gut gemacht. Ich bin nur das Ruhekissen für den Krieger.«

»Also, dann zeig ihn mir mal. Ich kenne die Männer, und ich werde dir sagen, was ich von ihm halte.«

Mick reiste drei Tage später ab. Während er auf das Auto wartete, das ihn zur Hauptstraße zurückbringen sollte, saß er mit mir auf dem Rasen.

»Eines habe ich gesehen: Er ist nicht in dich verliebt. Auf jeden Fall ist er es nicht mehr. Einen verliebten Mann erkennt man an tausend Kleinigkeiten: ein Schauer, wenn du kommst, ein Blick, ein Wort, das er sucht und findet, um es dir zu sagen. Deine Gegenwart scheint ihm völlig gleichgültig zu sein. Deine Analyse ist gut: Du bist das Ruhekissen des Kriegers.«

»Mach nicht so ein Gesicht, Marion. Schau dich um, du hast bestimmt eine Menge heimlicher Verehrer, die du nicht siehst.«

»Nein. Hier gibt's niemanden in meinem Alter. Ein oder zwei junge Leute, aber das ist schon alles. Die anderen Männer sind verheiratet und träumen von einem Seitensprung.«

»Jünger als du, das heißt kleiner als du, stimmt's? Dann hast du keine Chance mehr!«

Ich zuckte mit den Schultern. Die Liebe machte mich so blind, daß ich nichts verstand. Mick schickte mir über mehrere Wochen witzige Briefe, die immer mit Küssen endeten. Ich beantwortete sie alle und erzählte ihm weiterhin von meiner unglücklichen Liebe, die eine Mischung aus Masochismus und Grausamkeit war. Er war quer durchs ganze Land per Anhalter gefahren, um mir sein Herz auszuschütten, weil er mich liebte, mich respektierte, mich für sich wollte. Ich verstand das erst Jahre später.

Mit David ging ich noch grausamer um. Um mich zu trösten und um nicht allein zu sein, schlief ich von Zeit zu Zeit mit ihm, ohne ihm Hoffnung zu machen, und ich mutete ihm das zu, worunter ich selbst litt. Auch er war sehr verliebt in mich und ertrug alles geduldig.

Durch die Kinder habe ich Hebräisch gelernt. Die, auf die ich morgens aufpaßte, nahmen mich nachmittags auf lange Spaziergänge durch die Hügel mit, wo sie mir die Grotten und Höhlen zeigten, die Judäa durchzogen. Niemand auf der Welt war so erpicht darauf, verstanden zu werden wie diese Kleinen mit ihren sieben oder acht Jahren. Sie äfften sich gegenseitig nach, wiederholten jeden Satz und korrigierten geduldig die Fehler. Ich liebte die Kinder, so wie sie mich liebten, weil ich immer von ihnen lernen wollte, weil ich sie respektierte, wie man ihnen beigebracht hatte, mich zu respektieren. Das Netz meiner Freundschaften wurde immer enger; mittlerweile war ich fast Mitglied in Tel-Nir geworden. Ich wurde tatsächlich eines Tages gefragt, ob ich meine Bewerbung einreichen wollte, um dort aufgenommen zu werden, und ich antwortete, daß ich es noch nicht wüßte.

Yaïr verliebte sich erneut in eine Blondine, wieder in eine Dänin, die genauso ruhig und gleichgültig wie die andere war. Er folgte ihr überall hin, traf sie abends in ihrem Zimmer, aus dem er wie ein begossener Pudel wieder abzog. Sie war hinter einem Amerikaner her, bei dem sie vergeblich versuchte, sich bemerkbar zu machen. Ich war immer noch verliebt und eifersüchtig wie eine Tigerin auf diese »semmelblonden, abgeschmackten Schlampen«, die ihn abblitzen ließen. David war unglücklich, und vielleicht fand er hier bei den jungen Mädchen, die im Kibbuz geboren worden waren, eine arme Kleine, die seufzte, wenn sie seinen jungenhaften Körper, seine klaren Augen und seine engelhafte Schönheit sah.

Die Wochen vergingen. Die langwierige Entlassung aus dem Militärdienst fand ihr Ende in der Politik »der kleinen Schritte« des amerikanischen Staatssekretärs Henry Kissinger, der unermüdlich zwischen Kairo und Jerusalem hin und her pendelte.

»Hör mal, ein guter Witz, den mir neulich Shaül erzählte. Ein Leibwächter geht auf dem Flur des Hotels King-David in Jerusalem, in dem Kissinger logierte, auf und ab. Er weiß nicht genau, welches sein Zimmer ist und hört plötzlich Lärm. Er klopft an einer Tür und sieht einen kleinen Mann mit gekräuseltem Haar und Brille, der ihm im Bademantel die Tür öffnet. *Are your Kissinger?* fragte er ihn. *No, I'm fucking her!*«

Die Ankunft des letzten Soldaten wurde im Speisesaal mit donnerndem Applaus begrüßt. Dieser trat verschüchtert einen Schritt zurück, aber seine Frau schob ihn nach vorn. Er wurde im Triumphzug quer durch den Raum getragen. Jeder umarmte ihn, sogar David feierte mit. Erst jetzt war für uns der Krieg beendet.

Der Kibbuz nahm seinen gewohnten Rhythmus wieder auf, es wurden wieder Feste organisiert, bald auch wieder Demonstrationen abgehalten. Shaül, der dabei war, mich als Tochter zu adoptieren, erklärte mir, daß täglich gigantische Redemarathons stattfanden, die sich mit dem Thema der Kibbuzansiedlungen in den besetzten Gebieten befaßten. Ich nahm an den hitzigen Debatten im Speisesaal teil, die während der wöchentlichen Versammlungen stattfanden. Einige sagten, daß man den Arabern nicht trauen könnte und daß man auf keinen Fall die besetzten Gebiete zurückgeben würde. Es wäre besser, ihnen eine Besetzung aufzuerlegen, die nach humanitären Prinzipien abläuft, als zuzulassen, daß sie Israel zerstörten. Andere, wie Shaül, schlugen auf den Tisch und sagten, daß sie nichts gelernt hätten, daß es Frieden geben müßte, sofort und ohne Bedingungen, und daß sie das nur durch die sofortige Rückgabe der besetzten Gebiete erreichen könnten.

Der Kibbuz Haartzi, der die radikalste Position zu diesem Thema vertrat, verlangte von seinen Mitgliedern, daß sie in dieser Sache klar Position zu beziehen hätten und organisierte eine Abstimmung per Handheben. Als eine überwältigende Mehrheit in meinem Kibbuz gegen die neuen Ansiedlungen votierte, spürte ich nicht nur Freude, sondern war stolz, eine der ihren zu sein.

Als ich immer besser Hebräisch verstand, erfuhr ich direkt aus dem Radio von zwei Attentaten in Galiläa. Ein ganzer Wohnblock wurde von Palästinensern, die als Soldaten der Zahal verkleidet waren, beschossen, und eine Schulklasse wurde bei dem darauffolgenden Massaker als Geisel genommen.

»Barbaren, das sind Barbaren«, sagte die Kibbuzmutter, mit der ich zusammenarbeitete, mit Tränen in den Augen.

Die Art und Weise, wie meine Freunde auf diese Ereignisse reagierten, erschien mir ihrer nicht würdig. Konnten sie nicht wenigstens versuchen, die Beweggründe der »Barbaren« zu verstehen und in Frage zu stellen? Eines Tages sprach ich mit Shaül:

»Die arabischen Arbeiter haben ein Wort des Beileids auf die Tafel im Speisesaal geschrieben, um ihren Unwillen über die letzten Attentate zum Ausdruck zu bringen«, sagte ich zu ihm. Ein Mädchen zuckte mit den Schultern und meinte, sie hätten es nur getan, um nicht schlecht dazustehen.

»Das ist dummes Zeug.«

Shaül war immer auf der richtigen Seite, ließ sich zu keinen Gefühlsausbrüchen hinreißen, sondern bewahrte kühlen Kopf.

»Aber warum stellt ihr denn überhaupt arabische Arbeiter ein? Ich dachte, ihr wolltet die Arbeitnehmer abschaffen?«

»Uns fehlen Arbeitskräfte«, hatte er lakonisch geantwortet.

Er war Pessimist. Er war in einem arabischen Dorf Galiäas aufgewachsen und gab niemals der Versuchung nach, alle Araber über einen Kamm zu scheren. Er pflegte zu sagen, daß die radikalen Palästinenser die Verbündeten der rechten Israelis seien, die die Macht beanspruchten.

»Der Terrorismus erzeugt Angst. Und der Haß bedeutet vor allem Angst vor den anderen.«

Eines Tages konnte ich ermessen, was dieses Wort Angst bedeutet.

Kurz nach den Attentaten von Galiäa fanden wir eines Morgens eine Steinbarriere mitten auf der Straße in der Nähe des Kibbuz. Wer konnte die errichtet haben? Zu welchem Zweck? Ein Scherzbold, ein Verrückter, ein Terrorist? Die Wahnvorstellungen, die Galiläa regierten, hatten den Süden noch nicht erreicht, aber vorsichtshalber waren an alle Unterkünfte Waffen ausgeteilt worden. Mein Nachbar kam am Abend, um mich zu benachrichtigen, daß er sein Gewehr unter seinem Bett hatte und daß die Nachtwachen verstärkt worden waren.

Ich schlief ruhig. Die Nachtwache war immer sehr zuverlässig gewesen, und das ganze Jahr über hatte ein Soldat von Sonnenuntergang bis zum frühen Morgen seine Runden durch den Kibbuz gedreht. Bis auf weiteres sollten es jetzt immer zwei Soldaten sein, ich hatte also keinen Grund, eine schlaflose Nacht zu verbringen.

Am nächsten Tag verließ ich um vierzehn Uhr mit einem Auto Tel-Nir, das in Richtung Hauptstraße fuhr. Wir waren auf dem flachen Land, als wir vor uns beobachteten, daß ein Lastwagen anhielt, um uns den Weg zu versperren. Etwa fünfzig Araber stiegen aus. Ich sah sie langsam auf unseren Ford Transit zukommen, und nacheinander stellten sie sich rund um das Auto auf. Einige Sekunden lang sah ich mich vergewaltigt, aufgeschlitzt, in Stücke geschnitten, kalter Angstschweiß sammelte sich unter meinen Haaren. Der Fahrer griff mit der Hand unter seinen Sitz, um seine Waffe herauszuholen, während er mit der anderen das Wagenfenster herunterdrehte.

Unser Auto war von feindlichen Gesichtern umzingelt, ich erwartete betend den Tod.

»Alles aussteigen, sie sind mit dem Lastwagen stehengeblieben und brauchen unsere Hilfe beim Anschieben«, verkündete unser Fahrer lachend.

Die »feindlichen Araber« waren einfache Arbeiter, die sich entschuldigten, daß sie die Straße versperrt hatten, einfach Leute, die in klapprigen Autos herumfuhren und sich bogen vor Lachen.

Vor Schreck wie gelähmt, hätte ich guten Glaubens vor Zeugen geschworen, daß sie aggressiv waren. Und mich fröstelte, wenn ich darüber nachdachte, was ich gemacht hätte, wenn ich eine Waffe zur Hand gehabt hätte.

Zum Sommeranfang feierten wir vier Hochzeiten gleichzeitig. Es wurde gesungen und getanzt, und es gab Barbecues am Schwimmbad; Lagerfeuer, die gelöscht wurden, indem man auf sie pinkelte, und mitternächtliches Schwimmen im Adamskostüm: Die jungen Leute waren von *gar'in* zurückgekommen.

Als mein Vater beschloß, daß meine Eskapaden nun lange genug gedauert hätten, versuchte er mich zur Ordnung zu rufen und zur Rückkehr zu bewegen. Ich konnte ihm nichts als meine unglückliche Liebe entgegensetzen. Ich beschloß nachzugeben.

Kapitel 9

Als ich jung war, verbrachte ich noch keine Zeit damit, den Verband auf meinen aufgeschlagenen Knien zu wechseln. Ich packte das Heftpflaster an einer Ecke, atmete tief durch, und mit einem Ruck riß ich es ab. Wenn ich die Wahl hätte, würde ich lieber kurz und heftig leiden, anstatt mich über lange Zeit zu quälen.

Der väterliche Befehl wurde bald befolgt: Ich kehrte nach Hause zurück.

Nur Gaby wußte, daß ich mir so meine Liebesqual aus der Seele riß; ich war es einfach leid, umsonst hinter Yaïr herzulaufen, immer in der Hoffnung, daß die Zeit die Wunden heilen würde. Die anderen verstanden mich nicht.

Die Neuigkeit traf David wie ein Donnerschlag. Er war seit der Rückkehr seiner Freunde nicht mehr so allein, aber es quälte ihn, daß er mich nicht zurückhalten konnte.

»Ich werde nicht mein ganzes Leben damit verbringen, Kinder zu hüten«, erklärte ich ihm. »Ich habe ein Zuhause, eine Familie, ein Heimatland, oder etwa nicht?«

David war zu feinfühlig, um nicht zu spüren, daß Shaül, wenn er gewollt hätte, mich anders hätte entscheiden lassen. Ich hatte kein Zuhause, verstand mich nicht mit meiner Familie, und eigentlich war es mir gleichgültig, in welchem Land ich lebte.

Dennoch kaufte ich innerhalb einer Woche mein Ticket, schickte meiner Familie ein Telegramm, gab meine Habseligkeiten per Fracht auf und machte bei den Familien, die mich während der zwei Jahre als eine der ihren betrachtet hatten, meinen Abschiedsbesuch.

Die Aktivitäten der letzten Tage hinderten mich daran, nachzudenken. Ganz automatisch putzte ich mit großen Wassermengen mein Zimmer, gab meine Bettwäsche und meine Arbeitskleidung zurück, holte meine eigenen Kleidungsstücke aus der Wäscherei ab, kaufte einige Andenken im Juwelierladen, telefonierte mit Bar-On...

»Ich verstehe dich«, sagte Mick am anderen Ende von Galiläa. »Du hast zweifellos recht. Mach's gut, meine Alte. Ich werde dir in der nächsten Saison einige Äpfel schicken.«

»Was willst du mir schicken?«

»Äpfel! Eine ganze Kiste!«

Mein Koffer stand offen auf meinem Bett, und ich machte mich für den letzten Abend zurecht. Ich zog einen langen Rock im ländlichen Stil mit großen Volants, den die Schneiderin des Kibbuz angefertigt hatte, an, dazu eine kurze, weiße Bluse mit einem weiten Ausschnitt. Ich kniff die Augen zusammen und machte vor dem Spiegel eine Drehung, fand mich sehr schön und hielt Yaïr für einen armseligen Typen.

»Hallo, Marion!« rief eine dünne Stimme von draußen.

Ich zog das Rollo hoch und öffnete Sharon die Tür, meiner kleinen Freundin, die mich auf den Spaziergängen über die blumenbewachsenen Hügel begleitet hatte.

»Was ist denn hier los? Fährst du weg?« fragte sie, als sie meinen Koffer sah.

Ich schämte mich. Bei meinem Aufbruch hatte ich die Kinder

vergessen. Ich stand starr da und sah, wie sich Sharons Augen mit Tränen füllten. Ich wollte sie in den Arm nehmen, sie wich jedoch zurück.

»Warum hast du nichts gesagt?«

Meine gute Stimmung war dahin. Ich setzte mich auf mein Bett, zog die Kleine an mich und fing zu weinen an.

»Ich fühle mich gezwungen. Ich muß. Das ist nicht meine Schuld. Ich verlasse dich nicht. Ich werde dich eines Tages wiedersehen«, erklärte ich so gut, wie ich es in ihrer Sprache konnte.

Sharon rannte hinaus, und ich rollte mich auf meinem Bett zusammen.

Niemand hat mich jemals so gefeiert, wie mein Kibbuz am Vorabend meiner Abreise. Meine Zimmernachbarn hatten Lampions in die Bäume gehängt, Strohballen im Kreis aufgestellt und einen niedrigen Tisch mit einem Tischtuch in die Mitte gebracht. Sie hatten sogar im Speisesaal einen Aushang angeschlagen. Sie kamen einer nach dem anderen, jeder brachte ein Geschenk mit, ein Schmuckstück, ein besticktes Tuch, eine kleine Kerze oder eine parfümierte Seife. Gaby hatte ein Paket mit Cremes und Lotionen für Gesicht und Körper gepackt. Unter den Lampions nahm ich sie alle in den Arm und gab jedem einen Kuß, meine Beine gaben nach: Alle waren sie da, alle. Nur Yaïr hatte an diesem Morgen die Flucht ergriffen, aber das war gut so.

»Du wirst doch trotzdem eines Tages zurückkommen?« fragten sie mich zweifelnd.

»Ganz bestimmt, sicherlich«, antwortete ich mechanisch.

Um vier Uhr morgens hatte ich immer noch die Augen offen, als ich glaubte, durch das Moskitonetz einen Schatten an der Tür zu sehen. Im Licht des anbrechenden Tages erkannte ich David, das Gewehr über der Schulter. Er hatte Wache.

»Sie täten besser daran, in ihren Schutzräumen zu schlafen, als mir ein Gewehr anzuvertrauen«, hatte er am Vorabend angekündigt und versucht, dabei zu lächeln.

Er kam herein.

Noch nie war er so schön gewesen. Er hatte um seine Stirn ein Tuch gewickelt, das seine langen Haare zurückhielt und das gleichzeitig seine Bräune und das Licht seiner Augen betonte. Die Arbeit auf den Feldern, die er schließlich doch durchgesetzt hatte, hatte seinen Körper abgehärtet und seinem Engelsgesicht und seinen Lippen etwas Männliches verliehen. Ich hatte keinen Jungen mehr vor mir, sondern einen Mann, der ebenso litt wie ich. Er machte einen Schritt auf das Bett zu, auf dem ich immer noch saß, und ich erhob mich mit einem Ruck.

»Nein!« sagte ich unerbittlich zu ihm.

Wozu sollte es gut sein, mit ihm noch mal zu schlafen und sich dann hinterher schwere Vorwürfe zu machen? Als ich aus der Dusche kam, fand ich ihn auf dem Bett sitzend, den Kopf zwischen die Schultern gezogen, das Gewehr zwischen den Beinen. Er weinte.

»Ich liebe dich! Marion, ich liebe dich! Warum willst du wegfahren? Warum nur?«

Ich wußte es selbst nicht, und ich brauchte Jahre dazu, um es zu begreifen. Meine Unfähigkeit, ihm eine klare Antwort zu geben, quälte mich. Ich nahm sein Gesicht in meine Hände und gab ihm einen Kuß auf seine zarten Lippen.

»Weil ich fahren muß. Weil das Leben so spielt. Mir geht es auch schlecht, David. Sogar sehr schlecht. Aber ich werde dich nicht vergessen, niemals. Komm nach Paris, wenn du deinen Ersatzdienst abgeleistet hast.«

Er legte seine Arme auf meine Schulter und lehnte sich schluchzend an mich.

Ich trank am nächsten Morgen mit den ersten Arbeitern im Speisesaal einen Kaffee.

»Das mußt schon du sein, damit ich zu so einer Zeit aufstehe. Schau dir mein Gesicht an!« sagte Gaby und legte mir die Hand auf die Schulter.

»Dein Gesicht ist wunderbar«, antwortete ich und rieb meinen Kopf an ihrem Arm.

Als der Ford Transit in die Haarnadelkurve einbog, drehte ich mich noch mal um, kurbelte das Fenster herunter und lehnte mich hinaus, um mich ein letztes Mal mit den Bildern meines unglücklichen Paradieses vollzusaugen, das hinter mir zurückblieb. Das Wasserschloß, der Getreidespeicher, der Hühnerstall, die Ranch, die Aprikosenbäume. Bald verschwand Tel-Nir hinter einem Hügel. Es war vorbei. Mir ging es derart schlecht, daß ich glaubte, ich würde mich auflösen.

ZWEITER TEIL

Der Zweifel

Kapitel 10

Ich war gegen meinen Willen nach Frankreich zurückgekehrt – schlicht unfähig, dem väterlichen Befehl zu widerstehen –, wagte aber nicht, es mir einzugestehen; so lebte ich Wochen, Monate in einer ständigen Zerrissenheit: Ich hatte das Paradies gefunden und es wieder verlassen.

Anstatt erklären zu können, warum ich abgereist war, war ich unerschöpflich, wenn es darum ging, zu erzählen, was sich dort abspielte. Ich hatte so viele Schreckensgeschichten über Israel gehört, bevor ich es kennenlernte, und der Unterschied zwischen dem, was man hört, und dem, was man sieht, war so gewaltig, daß ich begann, nach einem idealen Land, nach einer synthetischen Wahrheit zu suchen, die jeden zufriedenstellen sollte. Und ich sah es als meine Aufgabe an, meine neuen Überzeugungen meinen Angehörigen mitzuteilen:

Der Kibbuz war ein irdisches Paradies, in dem integrierte Demokratie herrschte und kein zwanghafter Kommunismus. Es war ein totaler Erfolg.

Die Israelis ließen sich, grob gesagt, in zwei Lager teilen. Da gab es die einen, die ich kannte, die Guten, Linken, Pazifisten, Sozialisten, Kibbuzbewohner oder Sympathisanten, Antirassisten und Arbeiter. Und die Schlechten, die anderen, diejenigen, die rechts standen, die Eroberer, die Rassisten, die Kriegstreiber, die religiösen Eiferer und die Schwerfälligen.

Die Araber (zu diesem Zeitpunkt sprach ich, wie auch meine Freunde, noch nicht von Palästinensern) täten gut daran, den Unterschied zwischen den einen und den anderen zu begreifen und mit den Guten eine Annäherung zu versuchen, anstatt sie insgesamt abzulehnen.

Der Staat Israel war eine wahre Demokratie, in der die Menschenrechte respektiert wurden, vielleicht mehr als anderswo.

Die Zahal war keine Armee wie jede andere. Die Befehle wurden dort diskutiert, der einzelne Soldat respektiert. Ein jüdischer

Soldat war kein Kanonenfutter, von seiner Person wurde viel Aufhebens gemacht. Und die Feinde wurden human behandelt.

Auf die Reaktionen war ich nicht gefaßt. Die überraschendste kam von meinen alten Freunden, den Linken und Feministinnen. Vor meiner Abreise waren Kommunen in Mode, die Aufgabenteilung, die antiautoritäre Erziehung und die Emanzipation der Frau. Das, was ich im Kibbuz erlebt hatte, war genau das, wovon wir gesprochen hatten. Aber anstatt Neugierde und Interesse zu erregen, löste mein Bericht nur verächtliche Wut aus.

»Und noch dazu, sie haben noch nicht einmal das Recht, ihre eigenen Unterhosen zu waschen!« hatte eine kämpferische Feministin wütend herausgeschrieben, die immer die erste war, die über die Eintönigkeit der Hausarbeit stöhnte.

»Und ich glaube sowieso nicht an Aufgabenteilung!« regte sich eine andere auf, als ob man von Gott oder vom Teufel sprechen würde.

Einige erklärten mir, daß die Kibbuzbewohner durch die Armee finanziert würden, andere meinten, daß Israel mit amerikanischer Unterstützung Meerwasser destillierte; einer war der Meinung, daß die Kinder ihren Müttern entrissen würden, um sie in Kindertagesstätten abzustellen, andere fanden es idiotisch, sich zur Arbeit auf die Felder pfeifen zu lassen... Jeder hatte seinen Kommentar dazuzugeben, um etwas zu kritisieren, was er nicht kannte.

Die Linke argwöhnte den verhaßten Arm des Imperialismus, die Rechte fürchtete den Schatten von Big Brother, der jede Erfahrung mit dem Kommunendasein zunichte machte.

»Du weißt, daß alle Welt gegen uns ist«, hatte mir Gaby eines Tages gesagt.

Ich glaubte allmählich, daß sie recht gehabt hatte.

Angesichts des unwahrscheinlichen, oft haßerfüllten Unsinns, den die einen wie die anderen über Israel erzählten, verschloß ich mich schließlich gegenüber jeder Kritik. Aber nicht einer der dummen Kommentare, die ich zu hören bekam, ließ mich angesichts der grauenhaften Realität in Israel nachdenklich werden.

Ein erster Zweifel beschlich mich in dem Augenblick, als ich zum dritten Mal in weniger als zwei Jahren eine kurze Zeit in Tel-Nir verbrachte. Als der Kampf gegen die Apartheid die europäische Jugend zu mobilisieren begann, kehrten viele meiner Freunde aus Südafrika zurück und waren ganz einfach begeistert von dem Lebensstil, der dort herrschte. Ich wagte eine Bemerkung über die Lebenssituation der Schwarzen zu machen:

»Man muß verstehen«, sagte mir ein ganz junges Mädchen, die gerade einen Traumaufenthalt am Kap verbracht hatte. »Die Weißen haben dieses Land kultiviert, und wenn sie anfangen, etwas an diese Neger abzugeben... Übrigens haben wir das gleiche Problem wie bei uns: Wohin sollen sie denn gehen?«

Ich fand diesen Vergleich wenig passend und sprach mit Shaül:

»Glaube nur ja nicht, daß ich stolz darauf wäre, daß mein Land mit dem Apartheidregime vorzügliche Beziehungen unterhält«, erklärte er mir. »Aber was willst du, wenn man wie wir von Feinden umzingelt ist, schaut man nicht besonders genau auf die Eigenarten der wenigen Freunde.«

Er hatte wie immer das letzte Wort; er, den ich brauchte, um weiterhin das alles zu lieben, ohne mir Fragen stellen zu müssen. Es gab schließlich auch in Israel gute und schlechte Menschen.

Ein Jahr später mischte eine radikale politische Bewegung die Karten neu.

Zwanzig Jahre lang hatten sich die sephardischen – oder orientalischen – Juden schikanieren, unterdrücken und mit DDT desinfizieren lassen, wenn sie ins »Gelobte Land« kamen. Sie hatten sich in Wohnsilos, die außerhalb der Städte wild gebaut wurden, zusammenpferchen lassen, waren arbeitslos und wurden zum Vorteil der russischen, polnischen und deutschen Aschkenasim von allen einflußreichen Ämtern ferngehalten. Sie waren für kleinere Arbeiten in dieses Land gekommen, das sich im ständigen Aufbau befand. Sie rächten sich empfindlich an der Arbeiterpartei der Aschkenasim, indem sie 1977 Menachem Begin, dem Anführer, der Rechtskonservativen, zur Macht verhalfen.

Er war zwar auch ein Aschkenasim, aber ein anderer Typ. Begin war ein brillanter Redner, seine einfachen Worte gingen den Menschen zu Herzen. Traditionsbewußt verurteilte er die linksgerichteten Juden, deren Töchter mit Ausländern schliefen. Populär prangerte er das skandalöse Leben der Kibbuzbewohner an und verglich es mit dem der Arbeitslosen, die die Neubausiedlungen im oberen Galiläa oder die Grenze zur Negev-Wüste bevölkerten. Als glühender Nationalist stachelte er den Stolz der kleinen Leute an, indem er ihnen ein großes und starkes Israel versprach.

Und um zu dokumentieren, daß nichts mehr so war wie vorher, brachte Menachem Begin etwas zustande, das keinem seiner Vorgänger gelungen war: Er schloß Frieden.

An einem Herbsttag war ich mit David, der einen Monat zuvor bei mir eingetroffen war, in Paris. Wir saßen vor meinem kleinen Schwarzweißfernseher. Es klingelte an der Tür.

»Shaül!«

Er nahm sich noch nicht einmal die Zeit, mich zu umarmen, sondern stürzte in mein Wohnzimmer und schrie: »Mach schnell den Fernseher an.«

Er war auf Geschäftsreise und war wie ein Verrückter gelaufen, um rechtzeitig zu kommen. Er setzte sich auf meine kleine Bank, und wir sahen gemeinsam, wie sich das Unmögliche direkt vor unseren Augen abspielte. Präsident Sadat beendete seine Rede, Menachem Begin folgte ihm auf die Rednerbühne der Knesset. Die Kamera zeigte eine Großaufnahme ihrer beiden Hände, die so aussahen, als würden sie sich nicht mehr loslassen können.

»Das ist nicht wahr! Das ist nicht wahr, ich träume!« sagte Shaül und brach in Tränen aus. Ich lehnte meinen Kopf an seine Schulter, schob meinen Arm unter seinen und weinte mit ihm.

Während der nächsten Tage wurde ich das Opfer der stärksten gefühlsmäßigen Erschütterung meines Lebens. Ich wußte weder, wer ich war, noch was ich hier sollte. Die Schlagzeilen der Zeitungen und die Aushänge an den Kiosken, die Informationen über Radio und Fernsehen, die Kommentare der Pariser Bürger, denen ich begegnete, dies alles ließ mich erschaudern und machte mich traurig, nicht bei ihnen sein zu können, mit ihnen Freudentänze in den Straßen aufzuführen, meine Freunde zu umarmen und zu schreien: »Frieden, es gibt Frieden mit Ägypten.«

»Die Sache beginnt uns langsam zu langweilen«, sagten mehrere meiner Kollegen im Büro, die endlich wieder ihr gewohntes Fernsehprogramm sehen wollten.

Nach Shaüls Abreise gab es niemand mehr, dem ich mitteilen konnte, was ich empfand, denn für David war dieses Ereignis nicht der Rede wert.

»Welche Art von Friedensabkommen, glaubst du, kann dieser Faschist Begin schon unterzeichnen?« fragte er. Er hatte das Image der Linken demontiert, die nur den Krieg angezettelt hatten, während die Rechten begonnen hatten, Frieden zu schließen. Aber niemand hat ihn je ein Wort über die Palästinenser sagen hören.

Ich konnte es nicht leiden, wenn er das Ereignis herabwürdigte und meine Freude trübte.

»Und dennoch muß man schließlich mit irgend etwas anfangen. Ägypten ist die erste arabische Macht, ein Friedensabkommen mit diesem Land ist schon mal ein Anfang.«

David verzichtete auf eine Antwort.

Jahrelang setzte ich keinen Fuß mehr auf israelischen Boden. Aber ich erhielt in Paris von einigen Besuch, von Shaül, der dabei war, in Europa die ersten Produkte aus Tel-Nir (mit einem benachbarten Kibbuz hatten sie eine Fabrik für Obstsäfte eröffnet) zu verkaufen, von Gaby, deren Eltern am Stadtrand von Paris wohnten, von jungen Leuten, die ihren Militärdienst absolviert hatten und in Paris ihre Rundreise durch Europa antraten, dann von dem einen oder anderen Paar, dem einst der Kibbuz Urlaub im Ausland angeboten hatte.

Eines Tages, im Frühjahr 1981, nach vier langen Jahren der Abwesenheit, stieg ich wieder ins Flugzeug nach Tel-Aviv. Gaby und Rami erwarteten mich und lachten.

»Weißt du schon das neueste? Das wirst du nie erraten.«

Die wunderbaren schwarzen Augen von Gaby funkelten im Licht des Flughafens. Rami betrachtete sie verliebt.

»Ich habe jetzt einen kleinen Sohn!«

Sie hatte jahrelang vergeblich alle gynäkologischen Abteilungen der besten israelischen Krankenhäuser konsultiert und sich schließlich resigniert zur Adoption entschlossen. Ihre Tochter war fünf Jahre alt, das zweite Baby sollte demnächst kommen...

Ich traf meinen Kibbuz unverändert an. Ich ließ mich durch den Geruch der Bäume und des Bodens betören, der nachts seine duftenden Essenzen ausströmte, ich sah mit Zärtlichkeit die erleuchteten Terrassen am Rande des großen Rasens, traf auf den Straßen meine Freunde wieder, die mich begrüßten, als gehörte ich zur Familie. Ich schwor mir, sie alle zu besuchen, und machte mich auf, die jungen Leute zu treffen, die ich vor sieben Jahren betreut hatte.

Sharon hatte sich hervorragend entwickelt. Sie ging auf die vierzehn zu, ihre Kräusellocken hatten sich in einen dichten, wunderschönen Haarschopf verwandelt, und sie fiel mir wie früher um den Hals.

»Du sprichst richtig gut hebräisch. Nimmst du Unterricht?«

»Nein, eigentlich nicht. Ich habe in Paris Gelegenheit zu reden. Wenn ich nicht in den Kibbuz fahre, kommt er eben zu mir.«

Sie zeigte mir ihr Haus mit den Fotos ihrer Idole, die an die Wand gepinnt waren, und stellte mir ihre neue Freundin vor, die gerade angekommen war.

Cyril legte seinen jüngsten Sohn im nahegelegenen Kinderhaus schlafen. Er packte mich am Arm und lachte.

»Wir haben geglaubt, daß du verschwunden seist, aber du kommst immer wieder, nicht wahr?«

Er gab mir einen kleinen Klaps auf die Wange.

»Ins Bett, Kinder«, rief die Kibbuzmutter, die diese Woche für die Betreuung verantwortlich war. »In fünf Minuten mache ich das Licht aus.«

Sie ertappte einen kleinen Jungen, der in sein Zimmer kam:

»Du hast deine Zähne noch nicht geputzt, ich hab's gesehen. Los, mach schon, ich warte auf dich mit dem Lichtausmachen.«

Das Paradies war intakt.

Die vierzehn Tage im Kibbuz waren so, wie ich sie mir vorgestellt hatte, lustig, sorglos, voller Zuneigung.

»Marion, weißt du schon, daß Abie ein Haus hat«, kündigte eines Tages Jiuk an, bei dem ich zum Tee eingeladen war.

Abie, sein Sohn, ein eigenes Haus?

»Ja, dort in Dar Jabrin, auf dem Hügel. Frage ihn doch, ob er es dir nicht zeigen möchte.«

Abie war nicht mehr der kleine Junge von einst, der mich bei der Hand nahm und mir die Blumen und die Vögel auf den Hügeln zeigte. Er war ein junger Mann von sechzehn Jahren, der sicher auf beiden Beinen stand, der die Kasse am Schwimmbad betrieb, einen Traktor fuhr, und der einen geheimnisvollen Gesichtsausdruck bekam, wenn die Mädchen an ihm vorbeigingen. Ein hübscher Junge.

»Hättest du etwas dagegen, wenn ich ihn bei Gelegenheit zufällig aufkläre?«

Jiuk lachte.

»Schau es dir mit ihm an. Es ist schön, dieses Dar Jabrin.«

Abie fuhr einen Traktor aus der Garage, überwand dann einige Stacheldrahtbarrieren, bevor er in die blühenden Hügel vordrang. Im Frühling ist die Vegetation hier überaus üppig, sofern der Winter regenreich gewesen war – eine Traumlandschaft.

»Paß auf, daß du nicht vom Weg abkommst«, rief er mir zu, als er sah, daß ich einen Satz machte, als er den Traktor anhielt, »hier sind lauter Löcher.«

Ich folgte ihm an einer Baustelle entlang, die mit wilden Kräutern überwuchert war, mit Kakteen und mit Thymian, und dann kamen wir zu einem Haus, das mit einer kleinen Mauer umgeben war.

»Ist das Dar Jabrin?«

»Das ist es.«

Das Schäferhaus stand schräg an einem kleinen Hang.

Das Dach war in gutem Zustand, der Fußboden war aus Lehm. Im Innern gab's einen Kamin, auf dem Tisch lagen einige Essensreste vom letzten Fest.

»Mein Vater sagt, dies sei mein Haus, weil ich oft hierherkomme und es instandhalte. Wir kommen von Zeit zu Zeit her, um hier zu übernachten oder ein Picknick zu machen.«

Er nahm einige Zweige, zündete sie an, setzte sich auf den Boden und versuchte, eine Kolonne von Ameisen mit einem Stück Brot zu ärgern.

»Das ist mein wahres Zuhause«, schwärmte er träumerisch. »Das ist mein Land, das ist meine ganze Welt, ich komme hierher, seit ich ein ganz kleiner Junge war.«

Wovon träumte Abie bei Sonnenuntergang? Ich dachte mir, daß er gute Chancen hatte, eine solche Welt zu bekommen.

»Komm«, sagte ich zu ihm«, es wird bald Nacht werden. Dar Jabrin ist ein sehr schöner Ort.«

In Tel-Nir hatte ein neuer *gar'in* den Platz des alten eingenommen, der entweder integriert worden oder aber verschwunden war. Ihre Feste verdrängten die Freitagabend-Feiern. Aber diese jungen Leute kamen aus dem Ausland, sie waren eine belgische Gruppe der Hashomer Hatzaïr, der zionistischen Bewegung, die Tel-Nir angeschlossen war. Alle fanden sie wunderbar, nur ich konnte sie nicht ertragen.

»Warum sprichst du schlecht über sie?« hatte mich eines Abends Gaby gefragt. »Sie sind süß, alle miteinander.«

»Sie gehen mir auf die Nerven. Sie lieben Tel-Nir nicht so, wie ich es tue. Sie lieben nur ihre Träume.«

Dieser Eindruck war in dem Moment entstanden, als ich sie kennengelernt hatte.

»Du sagst selbst, daß hier das Paradies ist«, gab mir Gaby zur Antwort. Der Unterschied bestand darin, daß ich es gefunden hatte, ohne darauf zu hoffen, während sie einforderten, was ihnen versprochen worden war.

»Das ist absoluter Quatsch«, beklagten sie sich, »wir wurden angelogen, als man vorgab, daß wir keinen Chef hätten. Wenn man uns sagt, wir hätten hierher zu kommen, anstatt irgendwo anders hin, dann sind wir gezwungen, daher zu kommen.«

Sie hatten sich vorgestellt, daß »kein Chef« bedeutete, daß sie tun konnten, was ihnen gerade in den Sinn kam, und die unvorhersehbaren Realitäten machten sie zornig.

Dies ertrug ich nicht, das war ganz einfach der Zionismus. Der Kibbuz existierte, lebte, drückte den an seine Brust, der sich integrieren wollte. So war das. Aber daß man es für notwendig erachtete, Botschafter ins Ausland zu entsenden, die beauftragt waren, bei den jungen Juden Werbung zu machen, damit sie nach Israel kämen, erschien mir ziemlich lächerlich.

Die Zukunft gab mir hinsichtlich der Belgier und einer weiteren Gruppe von Italienern, die später ankamen, recht: Keiner von ihnen blieb. Ich traf sie dennoch wieder, in Paris oder andernorts, wo sie alles und jedes, was von Israel ausging, demonstrativ unterstützten und rechtfertigten. Unfähig, dort zu leben, betäubten sie ihr schlechtes Gewissen, daß sie es nicht einmal versucht hatten, dort zu bleiben, indem sie sich zu Befürwortern einer Demokratie machten, die sie weder verstanden noch unterstützt hatten.

Aber es sollte noch Jahre dauern, bis auf diesen kleinen Schritt in Richtung Erkenntnis weitere folgten.

Die bedingungslose Liebe, die ich meinem Kibbuz und diesem Land gegenüber hegte, sollte mich noch lange Zeit blenden. Und ich hatte auch einen triftigen Grund, warum ich nichts sehen wollte: Der endgültige Bruch mit meiner Familie zeichnete sich unausweichlich ab. Ich brauchte Tel-Nir und Israel, sie waren meine Familie.

Massada

Hoch über dem Toten Meer, auf einem Felsvorsprung gelegen und der brütenden Hitze ausgesetzt, liegt die Festung von Massada, eine der eindrucksvollsten Stätten, die es gibt. Zur Zeit der römischen Besatzung flüchteten sich etwa tausend unbeugsame Juden mit ihren Frauen und Kindern auf diese gigantische Plattform, die König Herodes in eine uneinnehmbare Festung verwandelt hatte, und traten von dort oben den Eindringlingen entgegen.

Die Belagerer mußten gewiß größere Not ertragen als die Belagerten. Während die Römer ihre Nahrungsmittel von weit her in sengender Hitze über steinige Wege transportieren mußten, verfügten die Juden über alles: riesige Zisternen mit Trinkwasservorräten vom Winter; die Regale der Geschäfte quollen über von jahrealten Vorräten, die fachmännisch gelagert und konserviert worden waren. Die Juden hatten also genug zum Essen und Trinken, und ihre Widerstandsfähigkeit schien bis in alle Ewigkeit dauern zu können.

Die Festung war mit herkömmlichen Mitteln nicht zu erobern. Sie lag mehrere hundert Meter über dem Meeresspiegel, und der Gipfel war nur über unwegsame Ziegenpfade zu erreichen. Doch Rom konnte den Widerstand einiger hundert Menschen nicht tolerieren. Flavius Sylvia, Legat von Judäa, nahm sich Zeit: Er ließ Erde aufschütten an der Seite des Gipfels, die am flachsten war. Als schließlich vier Kampfwagen die letzte Bastion jüdischen Widerstands gegen die Römer erreichten, fanden sie nur eine alte Frau und fünf Kinder vor, alle übrigen hatten sich im Laufe der Nacht selbst umgebracht, anstatt sich dem Feind zu ergeben. In Freiheit leben, oder sterben.

Es gibt gewiß kein einziges Kind in diesem Land, das nicht irgendwann einmal in seinem Leben zu diesem Nationalheiligtum pilgert. Ganze Scharen von Jugendlichen übernachten in der Jugendherberge, die sich am Fuß der Festung befindet. Wenn die Sonne aufgeht, stürmen sie gegen vier Uhr morgens den Gipfel, bevor die brütende Hitze jegliche Unternehmungen dieser Art verhindert. Massada ist der Stolz aller Juden Israels.

»Wie alle anderen machte auch ich den Ausflug nach Massada, als ich noch jung war«, erzählte mir 1982 ein Reservist der Zahal. »Wie alle Jugendlichen ließ ich mich vom Mut, der Opferbereitschaft und der Heldenhaftigkeit dieser tapferen Widerstandskämpfer mitreißen, und ich habe geschworen, daß Massada kein zweites Mal fallen würde.«

Also, die einzige Lehre, die wir aus dieser Geschichte ziehen sollen, ist: lieber sterben als sich ergeben.

Alle diese nationalistischen Bewegungen, die sich weigern, mit der PLO Verhandlungen aufzunehmen, würden uns lieber hochgehen lassen, als auch nur einen Quadratzentimeter Land zurückzugeben. Die Geschichte von Massada ist fest in unserem kollektiven Unterbewußtsein verankert und schwebt über unserem Land wie ein Damoklesschwert.

Ich ziehe das Leben vor. Ich habe Angst.

Der Massada-Komplex? Ein kurioser wissenschaftlicher Begriff für Selbstmord als einzig mögliche Lösung.

Kapitel 11

Als ich im Juni 1982 auf einer Bank an der Place de Ternes saß, fühlte ich mich sehr unglücklich. Vor Kummer und Einsamkeit, vor Haß und ohnmächtiger Wut. Überleben, den Aufstand überleben, die Wut, die schändlichen Verleumdungen und Drohungen überleben, die mein Vater aussprach, um mich von der Außenwelt abzuschneiden, um mich zu zerstören, mich zum Nachgeben zu zwingen, um meinen Willen zu brechen.

»Beirut! Bis Beirut! Stell dir das vor!«

Ich blickte auf und sah zwei schwarzgekleidete Juden, die sich vergnügt und triumphierend über eine jiddische Zeitung beugten.

Wo hatte ich meine Gedanken? Israel war im Libanon einmarschiert.

»Liebste Gaby!« schrie ich ins Telefon.

»Eine Heimkehrerin!« schrie die geliebte Stimme am anderen Ende. »Wann kommst du uns besuchen?«

Das war es, was ich hören wollte. Es gab einen Ort, wo ich geliebt wurde. Auf der Weltkarte befand sich ein klitzekleiner Winkel, wo der Haß meines Vaters mich nicht erreichen konnte, wo seine Haßtiraden ihre Wirkung verloren.

»So bald wie möglich. Aber sag mir lieber, wie es dir geht? Ist alles in Ordnung?«

»Wie im Krieg. Du weißt doch Bescheid, nicht wahr?«

»Du bist ja ganz schön aufgekratzt...«

»Rami ist soeben aus der Armee entlassen worden.«

Ich beschloß, meinen einmonatigen Urlaub dort zu verbringen.

Der erste Mensch, der mir über den Weg lief, als ich zum fast leeren Speisesaal kam, war Yaïr, der gerade den Geschirrabwasch vom Abendessen beendet hatte.

»Hew! Motek!« begrüßte er mich fröhlich und nahm mich in die Arme.

»Du bist nicht im Krieg!«

»Aber nein! Diesmal nicht! Diesen Krieg werden sie ohne mich führen müssen. Glücklicherweise haben sie mich nicht eingezogen, ich wäre desertiert. Einer unserer Jungs sitzt übrigens im Gefängnis. Als er an die Front kam, sprang er von dem Lastwagen herunter und weigerte sich, auch nur einen Meter weiterzufahren.«

Ich strich ihm mit der Hand über seine beginnende Glatze. Yaïr, meine einstige große Liebe. Dann lief ich los, um mich mit Gaby zu treffen.

Innerhalb kürzester Zeit fühlte ich mich wie zu Hause, als sei ich nie weggewesen. Gaby strich mir immer wieder übers Gesicht; gutgelaunt erzählte Shaül die Geschichte, wie ich meinen Koffer am Flughafen einfach stehengelassen hatte, um ihn in die Arme zu schließen, und wie wir dann eine Runde drehen mußten, um ihn wiederzufinden. Meine Augen glänzten erregt. Ich saß auf Gabys und Ramis ausklappbarem Schlafsofa und hatte die Arme um Shoshanna, Shaüls Frau beziehungsweise meine »Adoptivmutter«, und Edna, Gabys Freundin, gelegt.

Ednas Mann, Ron, eröffnete die Diskussion.

»Ich habe keine andere Wahl«, sagte er. »Die Frage der Fahnenflucht stellt sich mir gar nicht. Ich bin Offizier dieser Armee, es herrscht Krieg, und ich muß hin. Der Widerstand gegen den Krieg im Libanon muß auf politischer, nicht auf militärischer Ebene laufen.«

»Der Tag wird kommen, an dem wir feststellen, daß es die Militärs sind, die die Politik bestimmen. Und dann ist es zu spät«, sagte Shaül.

»Und was willst du heute dagegen unternehmen?«

»Wir haben noch genügend Zeit, darüber nachzudenken, was man hätte tun müssen und noch nicht getan hat.«

Als sie sich spät nachts trennten, faßte Rami zusammen:

»Ben Gurion hatte recht. Er sagte, die Arbeiterpartei würde von Faschisten ersetzt, wenn sie nicht mit den Arabern im vorgegebenen Zeitrahmen Frieden schließt.«

Ich seufzte erleichtert auf, als ich hörte, wie sehr sie gegen diesen Krieg waren, den ich so verabscheute.

Sonja gab mir Bettzeug und zog das Schlafsofa aus.

»Du hast schon ein eigenes Zimmer, ich habe es für dich saubergemacht. Willst du wirklich lieber hier schlafen?«

Nach dem, was ich seit Paris mitgemacht hatte...

»Für heute nacht, gern. Ich möchte nicht allein sein. Ich erzähl's dir später.«

Gegen vier Uhr in der Früh wurde laut gegen die Haustür geklopft.

»Rami, steh auf. Hier ist die Wache! Rami, hörst du?«

»Ja doch!« tönte es schlaftrunken aus dem kleinen Zimmer.

»Rami, die Militärverwaltung hat gerade angerufen. Sie haben dich wieder eingezogen. Du mußt zurück.«

Das Laken bis zum Kinn gezogen, sah ich, wie Rami zitternd

sein Zimmer verließ, auf einen Hocker stieg, um seine Uniform aus dem Schrank hervorzuholen, die er noch vergangene Woche sorgfältig gebügelt und weggeräumt hatte. Dann schnell unter die Dusche. Er kam splitternackt aus dem Bad, zog langsam Hemd und Hosen an, schnürte die hohen Militärstiefel zu, öffnete einen anderen Schrank und holte sein Maschinengewehr heraus. Neun Jahre zuvor hatte ich dasselbe bei Yaïr erlebt; ich sah ihn vor mir, blutüberströmt im staubigen Sand im Sterben liegen. Ich fröstelte. Er betrat Gabys Zimmer, umarmte sie und verließ unverzüglich den Raum. Die Haustür schlug zu. An die Wand gelehnt, weinten wir still vor uns hin.

»Dreckskerl! Miststück! Abschaum! Sieh dir dieses große Stück Scheiße an mit seinen militärischen Auszeichnungen auf der Brust, der uns weismachen will, es sei alles in Ordnung.«

Gabys Augen sprühten Funken, sie ballte die Faust in Richtung Schwarzweißfernseher, der auf ihrem Bücherregal stand.

»Er heißt nicht Sharon, sondern Charogne, Arike Charogne. Und meinem Mann und mir geht es auch gut, vielleicht. Bring mir erst meinen Mann zurück, Dreckskerl, und dann erzählst du uns, daß alles gut verläuft.«

Niemals zuvor hätte ich Gaby derartige Haßtiraden gegen den Staat zugetraut. Ihre Augen waren voller Tränen.

»Du kennst mich«, sagte sie schließlich und wischte sich mit dem Handrücken über die Augen. »Ich verstehe nichts von Politik. Aber hier, also wirklich... Als sie uns mitteilten, ›ein Vorstoß von vierzig Kilometern zur Entwaffnung von Terroristen‹, sagte ich ›einverstanden‹. Kein Land der Welt würde ohne ein Wort des Widerstands das Zusammenziehen von so vielen Soldaten an seiner Grenze hinnehmen, noch dazu, wenn die Waffen auf das eigene Land gerichtet sind. Aber jetzt Beirut! Beirut! Was hat Rami in Beirut zu suchen? Dieser Sharon ist nicht nur wahnsinnig, sondern er ist ein Lügner. Alle scheinen bereit zu sein, bis zum äußersten zu gehen. Selbst Begin würde davor nicht zurückschrecken.«

Sie beruhigte sich wieder, als ihre Tochter das Zimmer betrat.

»Weißt du, warum man in diesem Land Kinder auf die Welt bringt? Um sie als Kanonenfutter einzusetzen.«

An jeder Ecke und jedem Tisch im sonst so friedlichen Speisesaal kam der Haß zum Ausbruch, und ich konnte meinen Wortschatz mit einer Reihe von abscheulichen Flüchen bereichern. Kein Anschlag, kein Krieg hatten der Regierung bisher Anlaß gegeben, sich den Arabern gegenüber so verabscheuungswürdig zu verhalten.

Eines Nachmittags war ich bei Hanna, mit der ich früher zusammen Kinder betreut hatte, zum Tee eingeladen. Ihr Mann war von der Front noch nicht heimgekehrt, und die Kleinen spielten draußen. »Beirut!« Der Name der verhaßten Stadt klang aus ihrem Mund ebenso hart wie bei Gaby.

»Mein Sohn, mein Sohn spielt jetzt auch schon den Aufpasser für Gemayel in Beirut! Aber er ist doch noch ein Kind, nur ein Kind! Soll er mich doch am Arsch lecken, dieser Idiot von Sharon.«

Sie wandte mir den Rücken zu und machte sich in der Küche zu schaffen, als der Teekessel zu pfeifen begann.

»Hanna! Hanna, das Wasser kocht, was ist denn los?«

Sie erwiderte nichts, blieb wie angewurzelt stehen. Ich ging auf sie zu und drehte sie zu mir um. Ihre schwarzen Augen waren gerötet. Ihr Blick war voll Bitterkeit und Rachsucht.

»Mein Kind! Mein Sohn! Ich will meinen Sohn wiederhaben!« stieß sie hervor und mußte sich setzen.

Ehad, Steim, Shalosh, Arba, lo rotzim od milkhama.

Vier Jugendliche skandierten die Parole wie Kinder ihren Abzählreim. Sie hatten sich an den Armen gefaßt und tanzten in wiegenden Schritten von rechts nach links.

»Was singen sie? Ich kann nicht alles verstehen«, wollte ich von Shaül wissen.

»Sie sagen: ›Eins, zwei, drei, vier, wir wollen keinen weiteren Krieg mehr.‹ Es sind junge Araber dabei, da, in der Mitte.«

Die Demonstration war zwar nicht so groß wie diejenige, die die

Bewegung »Frieden jetzt« seit Beginn der feindlichen Auseinandersetzungen organisiert hatte, doch die Regelmäßigkeit, mit der es der Bewegung gelang, ihre Anhänger zu mobilisieren, war für Shaül ein Zeichen dafür, daß sich aktiver und vom Volk ausgehender Widerstand entwickelte. Wir marschierten gemeinsam bis zum großen Platz vor dem Rathaus von Tel-Aviv, wo eine Kundgebung abgehalten wurde. Ich hatte plötzlich Lust, die Initiatoren dieser Bewegung kennenzulernen.

»Das sind wir, ›Frieden jetzt‹«, versicherte mir Shaül.

»Wer, wir?«

»Wir, die Linken. Der Kibbuz Haartzi, die Mapam, die Kibbuzniks.«

Trotz allem! Plötzlich wurde mir klar, daß ich die vertraute Umgebung meines Kibbuz hinter mir lassen mußte, um zu erfahren, was anderswo geschah. Ich würde zurückkehren und mir Zeit lassen.

Eines Abends, während einer Filmvorführung im Speisesaal, hörte ich, wie getuschelt wurde, man suche jemanden, um eine Freiwillige ins Krankenhaus zu fahren.

»Wenn sie arbeiten muß, ist sie krank; und die Nächte tanzt sie durch. Niemand traut ihr und will sie hinbringen«, erklärte mir der Nachtwächter.

»Ich begleite sie gern«, sagte ich. »Ich habe den Film schon gesehen, er ist ein Blödsinn; außerdem habe ich Lust, Auto zu fahren.«

Auf den Stufen saß ein blendend aussehender Soldat, der die Hand der jungen Freiwilligen hielt: Eial. Er war einer der ersten Kinder aus dem Kibbuz, aber ich hatte ihn während meiner Stippvisiten nicht heranwachsen sehen. Mittlerweile war er groß und stark geworden. Er lächelte mir zu.

»Danke«, sagte er nur und drückte mir die Autoschlüssel in die Hand. »Ich kann nicht fahren. Du tust mir einen großen Gefallen.«

»Woher kommst du so plötzlich? Ich habe dich nicht gesehen...«

»Aus dem Libanon natürlich, was glaubst du, woher heute ein Soldat kommt?«

Während die junge Frau im Kaplan-Krankenhaus untersucht wurde, lernten wir uns kennen. Eial berichtete vom Krieg, von seinen gefallenen Kameraden, von Besuchen bei jungen Soldaten, die zu Krüppeln wurden und voller Verzweiflung waren. Er zitterte und schüttete mir sein Herz aus, als wären wir alte Freunde.

»Wie alt bist du?« wollte ich schließlich von ihm wissen.

»Zwanzig, und du?«

»Zwölf Jahre älter.«

Auf dem Rückweg im Wagen schwiegen wir. Ich drehte das Radio an und warf einen Blick zur Seite. Er hielt die Hand seiner Freundin, doch er musterte mich offen im Halbdunkel, und ein spöttisches Lächeln glitt über seine Lippen. Ein Refrain aus der Zeit vor dem Oktoberkrieg kam mir in den Sinn.

»*Yeled mizdaken*, das Kind wird erwachsen«, stimmte ich an.

»*Yeled mizdayen*, das Kind küßt«, sang er im Takt.

Ich errötete und schaute mich selbst schnell im Rückspiegel an. Zweiunddreißig Jahre! Verdammt alt!

»Aber natürlich bist du hübsch!« sagte er und lachte.

Ich hatte das Licht ausgeschaltet und war schon beinahe eingeschlafen, als jemand an die Zimmertür klopfte.

»Wer ist da?«

»Ich bin's, Eial!« antwortete er und betrat das Zimmer, ohne eine Aufforderung abzuwarten.

Er setzte sich auf mein Bett.

»Ich hätte Lust auf einen Tee. Ich setze Wasser auf. Willst du auch einen?«

Mick! Es war genau dieselbe Situation, das gleiche Bedürfnis, eine schlaflose Nacht bei einer guten Freundin zu verbringen. Zum zweiten Mal war ich bereit, diese Rolle zu übernehmen. Was Eial mir anvertraute, ließ mich vor Angst und Schrecken erzittern. Diesmal handelte es sich nicht um Soldaten, die bei lebendigem Leib verbrannten oder unter einem Panzer eingeklemmt waren, sondern um ganze Wohnblocks, die man in die Luft jagte, und um das Töten von Kindern, kleinen Dreikäsehochs, deren Waffen größer waren als sie selbst. An manchen Stellen brach Eials Stimme ab.

»Sieh dir die Umgebung an, in der ich aufgewachsen bin. Sieh dir diese prachtvolle Landschaft an, die uns umgibt, und versuch dir vorzustellen wie es ist, von einem Moment zum anderen seine Kindheit zu verlieren und Kinder zu töten! Kinder!« schluchzte er verzweifelt.

»Glaubst du etwa auch, daß die Palästinenser ihre Kinder mit Absicht an vorderster Front einsetzen, um sich hinter ihnen zu verschanzen?« wollte ich von ihm wissen. So wie es Shirley früher einmal erzählt hatte. Gaby argumentierte ebenso. In die Enge getrieben, wußte ich nicht, was ich erwidern sollte.

»Das ist abgeschmackt! Fadenscheinige Lügen, Scheißpropaganda, wie alles andere auch. Das sagt man uns nun schon seit Jahren nach jeder Bombardierung! Aber sollen die Palästinenser nicht das Recht haben, im Kreise ihrer Familie zu leben? Hast du schon einmal Kibbuzbewohner an der Grenze erlebt? Was tun sie denn? Die Kinder der Palästinenser verteidigen sich, wie ich es tun würde, wenn Tel-Nir eingekesselt wäre. Und wenn man auf Frauen und Kinder schießt, heißt das, die Männer sind schon tot oder kämpfen an anderer Stelle. Auf jeden Fall, wenn man einen Wohnblock umzingelt, was erwartest du, was man darin vorfindet, etwa Soldaten? Mitten im Krieg!«

Er äußerte sich ausgesprochen heftig gegen Israel.

»Dieses Land ist so rassistisch wie kein anderes. Und alles gründet sich auf üble politische Indoktrinierung und ideologische Irreführung. Alles!«

Er schilderte mir, wie er eines Tages während einer Waffenruhe mit den anderen der Truppe Radio hörte. Er erfuhr, daß der Feind die Feuerpause genau dort gebrochen hatte, wo sie sich aufhielten. Eine Stunde später wurde ihnen der Befehl erteilt, den Kampf wiederaufzunehmen. Und im Hinterland waren alle im Glauben, die Araber seien Anstifter dieser militärischen Übergriffe.

»Aber deine Kameraden und du, ihr wehrt euch nicht in einem solchen Fall?«

Er zuckte mit den Schultern.

»Wenn du den Mund aufmachst, wird dir mitgeteilt, es sei ein strategischer Schachzug, und die Mehrzahl der Soldaten ist einverstanden.«

Eials Schilderungen von Israel erinnerten mich an Davids Vorbehalte. Er erzählte mir, wie man die Jugend dieses Landes davon überzeugen wollte, die Araber seien im Jahre 1948 freiwillig gegangen, und wie man ihr vorenthielt, wie viele umgebracht wurden, um die anderen in Angst und Schrecken zu versetzen.

»Ich bin auf dem laufenden«, informierte ich ihn, »ich habe etwas über Deir Yassin gelesen. Doch niemand verschweigt etwas...«

Nein, niemand verschwieg den Kindern, daß die Rechtsextremen eines Tages während einer Hochzeit in ein Palästinenserdorf eingerückt waren und alle Einwohner ohne großes Federlesen umgebracht hatten. Was verschwiegen wurde, das waren weniger aufsehenerregende Verbrechen, die von der Linken verübt wurden, um das gleiche Ziel zu erreichen: den Abzug der Araber.

Für Eial war gezielte Desinformation ein grundlegender Bestandteil des Systems. Der Zweck war, die Araber als Ungeheuer darzustellen und die Israelis als Opfer, die sich zwangsläufig gegen sie verteidigen mußten.

Seine Ausführungen trafen mich wie Faustschläge ins Gesicht. Ich wollte an dem Glauben festhalten, daß die, die ich liebte, sich nicht so verhielten, und rief mir die Bewegung »Frieden jetzt« in Erinnerung.

»Glaubst du das etwa, was dir diese Scheißpazifisten aufschwatzen?« brüllte er. »Weißt du denn nicht, daß sie nur losheulen, weil ihre Kinder getötet werden? Es ist ihnen scheißegal, ob nicht auch arabische Kinder dabei draufgehen. Sie sind alle gleich, alle, verstehst du?«

Das konnte nicht mehr hingenommen werden. Ich hatte mir im Laufe der Jahre ein wunderschönes Netz gesponnen, man konnte sie nicht alle in einen Topf werfen. Ich war bestürzt darüber, daß Eial Shaül als »Scheißpazifisten« bezeichnete. Immerhin gab es den Kibbuz noch, den Kibbuz...

»Nein«, sagte er unnachgiebig«, im Kibbuz ist es egal. Bei Gelegenheit zeige ich dir ein Schulbuch, mit dem ich hier Lesen gelernt habe. Du wirst dich wundern über die Darstellungsweise der Araber in diesen ABC-Fibeln.«

Eial schien einerseits von dem Wunsch beseelt zu sein, mir die Augen für eine Wirklichkeit zu öffnen, die mir entglitt, andererseits tat es ihm leid, meine Träume zu zerstören. Ich hatte ihm von meinem Familiendrama erzählt, er wußte, wie wichtig Tel-Nir für mich war. Er lenkte ab:

»Ach übrigens, sieh, was ich dir aus dem Libanon mitgebracht habe...«

Aus seiner Tasche zog er ein riesiges Paket Haschisch hervor und drehte mir einen Joint, so groß wie eine dicke Zigarre. »Die Palästinenser sind schlau. Mit diesem Zeug hier werden sie noch den Krieg gewinnen: Sie versorgen die Soldaten mit Drogen. Glaub mir, Nachfrage ist vorhanden und wird befriedigt.«

Am Morgen lagen wir fest umschlungen im Bett. Eial erhob sich, umarmte mich und ging zurück in sein Zimmer. Die folgende Nacht verbrachte ich auch an seiner Seite, lauschte angespannt und innerlich zerrissen seinen Schilderungen bis zum bitteren Ende. Er erzählte mir von Abenden, die er mit Beduinen aus der näheren Umgebung verbracht hatte, bevor sie umgebracht wurden. Er erzählte von der Abscheu seiner Schulkameraden auf dem Gymnasium, wenn es darum ging, Arabisch zu lernen. Von seinem grenzenlosen Haß auf die Armee.

»Warum hast du nicht versucht zu verweigern?« wollte ich von ihm wissen und mußte dabei an David denken.

»Nicht gewußt und auch nicht sofort begriffen. Doch die wollen mich sowieso nicht mehr. Sobald ich meinen Militärdienst abgeleistet habe, werden sie mich nicht mehr einziehen.«

»Und was willst du tun?«

»Was weiß ich. Wenn ich meinem Gewissen folgte, würden mich

alle ablehnen und ich müßte ins Gefängnis, das möchte ich auf keinen Fall. Die einzige Lösung wäre, wegzugehen und das Land zu verlassen. Aber wohin? Ich bin hier geboren, ich kenne niemanden im Ausland. Nein, ich glaube, das beste wäre, wenn ich mich so bald wie möglich vom Militärdienst befreien ließe und meinen Dickschädel durchsetze. Der einzige Grund, der mich wieder zu den Waffen greifen lassen würde, wäre, wenn diese Dreckskerle von Oberstleutnants verhinderten, daß die besetzten Gebiete zurückgegeben werden. In diesem Fall bin ich bereit zu schießen.«

Er drehte sich einen Joint.

»Hier flippen sie gleich aus, wenn es um Drogen geht. Ich falle ihnen auf den Wecker und mache noch nicht einmal einen Hehl daraus. Sogar der Generalsekretär hat mich aufgesucht und befahl mir, damit aufzuhören. Ich habe ihm erwidert, daß ich, wenn ich gut genug für den Krieg sei, mit Sicherheit auch all die anderen Dinge selbst entscheiden könne. Wenn sie mit mir nicht zufrieden sind, sollen sie mich doch aus dem Kibbuz rausschmeißen. Aber ich bin hier geboren; deshalb würden sie das niemals tun.«

Unvermittelt verzog er das Gesicht:

»Morgen, morgen früh gehe ich zurück... Mein Gott!«

Sehr früh am Morgen traf ich mich mit Gaby in der Kos, um ihr ein wenig zur Hand zu gehen. Ich hatte ein Jahr lang einen Abendkurs besucht, um diese neue Tätigkeit zu lernen, die mehr Hobby als Beruf war. In Tel-Nir bot sich mir die ideale Gelegenheit, dieser Beschäftigung nachzugehen.

»Bist du so lieb und machst mir einen Tee, während ich die Bestellungen bearbeite, mein Schatz«, bat mich Gaby.

»Bestellungen bearbeiten« bedeutete, verschiedene kleine, mit Namen der Mitarbeiter beschriftete Plastikdöschen mit Cremes abzufüllen. So war das eben im Kibbuz. Wenn eine Frau keine Schönheitslotion oder Creme gegen Falten mehr hatte oder ihr gerade die Nährcreme ausgegangen war, gab sie der Kosmetikerin einfach ihr leeres Töpfchen zum Nachfüllen. Ohne wegfahren zu müssen, und vor allen Dingen kostenlos.

Gaby hatte sich an einen Resopaltisch gesetzt, der direkt vor dem riesigen Glasfenster stand. Das »Kosmetikinstitut« lag im Herzen des Kibbuz, direkt an der großzügig angelegten Grünfläche in einem Meer von Blumen und Pflanzen. Der Morgennebel löste sich nach und nach auf, und Bäume und Häuser nahmen langsam Gestalt und Farbe an. Wir zuckten zusammen, als im Radio die Sieben-Uhr-Nachrichten kamen; was würde es heute wieder geben?

Gaby drehte am Knopf. Die einzig interessante Nachricht für sie konnte nicht per Radio übermittelt werden.

Sie stand vor dem Fenster. Ich lehnte mich gegen die Scheibe und schlürfte meinen Tee in kleinen Schlückchen. Mein Herz krampfte sich zusammen, als ich sie ansah. Eial tauchte an der Wegkreuzung auf. Die Haare makellos gekämmt, frisch rasiert, seine Uniform saß wie angegossen, er trug sein Gewehr über der Schulter. Ich konnte seine Augen nicht erkennen, denn er hatte eine schwarze Sonnenbrille auf, doch als er mir den Kopf zuwandte, konnte ich die Verzweiflung an seinen zusammengepreßten Lippen erkennen. Ich hob kaum merklich mein Teeglas zum Zeichen des Abschieds. Er erwiderte den Gruß und hob die Hand. Ich seufzte laut.

»Weinst du?« fragte mich Gaby behutsam und warf einen Blick hinaus.

Sie erkannte Eial und begriff.

»Du hast die Nacht mit ihm verbracht, stimmt's?«

Ich stand bewegungslos da, Tränen liefen mir über die Wangen. Ich erwiderte nur:

»Israel frißt seine eigenen Kinder.«

Es versetzte mich immer wieder in Erstaunen, welche Kräfte mein Kibbuz entwickelte, den Alltag in dieser stürmischen Zeit normal zu gestalten. Aus Gedankenlosigkeit, oder war es einfach ihre Art zu leben? Ich versuchte gar nicht erst, eine Antwort darauf zu finden. Ich wußte, daß ich sie alle gerade deshalb so liebte, gleichgültig, warum sie so lebenshungrig waren. Trotz Mobilmachung feierte Tel-Nir mit großem Aufwand den fünfundzwanzigsten Jahrestag seines Bestehens. Ein riesiges Picknick wurde auf dem Rasen des Schwimmbads organisiert, außerdem fand eine Fotoausstellung statt, ein Chor sang Lieder, die von Mitgliedern komponiert und vertont worden waren, geehrt wurden die Abwesenden.

»Das folgende Lied widme ich ganz besonders meinem Gady«, kündigte eine Sängerin ihr nächstes Lied an.

Als sie ihre Darbietung beendet hatte, nahm der Leiter für kulturelle Angelegenheiten das Mikrofon in die Hand:

»Ich möchte nur noch etwas richtigstellen: Gady ist nicht nur dein Gady, sondern er gehört zu uns.« Die Zuhörer klatschten zustimmend Beifall.

»Noch einen kleinen Tee?« fragte mich Gaby niedergeschlagen, als wir uns nach dem Fest bei ihr trafen. Unvermittelt änderte sie ihre Meinung:

»Ach nein, einen Whisky.«

Es war selten, daß die Mitglieder des Kibbuz Alkohol zu Hause hatten. Ihr monatliches Taschengeld reichte kaum aus, um sich teure Lebensmittel zu leisten, doch Gaby hatte ihre Verwandten in Frankreich, die wußten, mit welchen Geschenken sie ihr eine Freude machen konnten.

Sie holte zwei Gläser und füllte sie randvoll.

»Auf dein Wohl, mein Schatz«, seufzte sie, ihre Augen waren gerötet. Als die Tür aufging, war ich die einzige, die erkennen konnte, wer hereinkam. Doch Gaby erriet es an meinem Lächeln.

»Ist er es?« wollte sie wissen und in ihren Augen glomm ein Hoffnungsschimmer.

Mit einem Satz war Rami bei ihr und umarmte sie. Ich ging leise hinaus, mein Herz schlug mir bis zum Hals, und mir kamen die Tränen.

Kapitel 12

Die Körper aufgequollen, mit durchschnittener Kehle, völlig verstümmelt, vergewaltigt, mißhandelt; Körper von Männern und Frauen, von Kindern und alten Menschen. Zu Hunderten, zu Tausenden.

Über das unsägliche Leid der Palästinenser war auf allen Titelseiten der Weltpresse zu lesen. Denn dieses Massaker hatte unter Aufsicht und höchstem Schutz der »humanistischen, pazifistischen und demokratischen« Armee stattgefunden, kurz: der berühmten Verteidigungsarmee Israels.

Nachdem seit eineinhalb Jahren die wöchentlichen Sitzungen der sozialistischen Partei in Paris nur noch langweiliges Geschwätz waren, rüttelten die Massaker von Sabra und Chatila alle Welt wach. Die Schreckensnachricht erreichte mich in meinem Ortsverein vier Tage nach der furchtbaren Tragödie.

»Trotzdem kann man Israel nicht dieses Massakers wegen beschuldigen, das einzig und allein von Libanesen verübt wurde«, rief eine alte Aktivistin durch Stimmengewirr. »Daß uns der Krieg im Libanon in eine mißliche Lage bringt, ist offensichtlich, doch wir haben nicht das Recht, immer wieder die gleichen Menschen zu verurteilen.«

Während der Wahlkampagne im Jahre 1981 war ich Mitglied der sozialistischen Partei geworden und hatte beschlossen, festen Fuß in einer politisch konstruktiveren Gruppe zu fassen, als es das linke und nihilistische Umfeld nach dem Mai 1968 war. Die Positionen der sozialistischen Partei bezüglich Israel schienen mir im allgemeinen dem gesunden Menschenverstand zu folgen und vertraten gemäßigte Anschauungen. Doch jetzt kochte ich vor Wut.

»Warum hier Partei für diese Faschisten ergreifen?« warf ich ein, als es mir endlich gelang, zu Wort zu kommen. »Israel verteidigen, das bedeutet, wen zu verteidigen? Im Augenblick versucht ihr, Begin in Schutz zunehmen und nicht die Arbeiterbewegung der Internationalen, die unsere Regierung dafür verantwortlich macht.«

Sobald man den Staat Israel angriff, funktionierte keine vernünftige Argumentation mehr. Für oder gegen etwas zu sein bedeutete, alle in einen Topf zu werfen und alles vollkommen unzusammenhängend zu rechtfertigen oder zu verurteilen. Dieser Irrsinn wurde durch das Massaker von Sabra und Chatila wieder deutlich.

»Ich werde euch sagen, was geschehen wird. Innerhalb von acht Tagen wird das Volk Israels euch vom Gegenteil überzeugen und der Weltöffentlichkeit vor Augen führen, daß man sie nicht einfach, ohne nachzudenken, verteidigt. Ihr werdet die größte und schönste Friedensdemonstration erleben, die je ein kriegsführendes Volk ins Leben gerufen hat.«

Den ganzen Tag über an diesem Samstag hing ich am Radio. Zu Beginn waren es fünfzigtausend, dann hundert-, dann zweihunderttausend Teilnehmer. Am Abend wurde in den Medien die Zahl von dreihunderttausend Demonstranten verbreitet, die gegen das Massaker von Sabra und Chatila auf die Straße gegangen waren. Ich hockte auf dem Boden vor dem Fernseher, hob mein Glas und prostete der Menge zu.

»Vorwärts, ihr Kleinen«, grüßte ich sie und war leicht beschwipst. »Ich liebe euch alle. Ich wußte es von Anfang an, daß ihr am lautesten schreien würdet.«

Ich sah sie alle vor mir: Shaül, Ron und Rami, wie sie mitmarschierten und ihre Transparente schwangen, wie sie ihre Abscheu und Ablehnung hinausbrüllten.

»Diese Demonstration des Volkes Israel ist ein Akt der Menschlichkeit gegen das Massaker an einem anderen Volk, das nicht das unsrige ist, und gegen ein Blutbad, das wir nicht angerichtet haben. Am heuten Tag bin ich stolz, ein Bürger Israels zu sein«, erklärte ein Demonstrant in einem Fernsehinterview.

Ich hatte einige heftige Auseinandersetzungen mit jüdischen Freunden in Paris. Dieselben, die gegen antijüdische Hysterie und Manipulationen gewettert hatten, erklärten sich auf einmal solidarisch mit diesem Ausbruch von Menschlichkeit, den sie weder vorausgeahnt noch in ihren kühnsten Träumen erhofft hatten.

Sie gingen mir schrecklich auf die Nerven. Für sie ging es ums Prinzip, Israel war ein mythisches Gebilde und hatte oberste Priorität. Für mich war es ein Land, in dem Menschen aus Fleisch und Blut lebten mit individuellen Namen und individueller Persönlichkeit; ein Land, von seinen inneren Kämpfen zerrissen, mit Humanisten und Faschisten, mit rechten und linken Gruppierungen, Kriegsbefürwortern und Pazifisten. Ich hatte den Eindruck, die einzige zu sein, die die Probleme Israels verstand und für meine eigenen Freunde eintrat.

»Wenn man Kritik an Israel übt, so stellt man seine Existenz an sich in Frage, und die Sicherheit der Juden in der Welt ist bedroht«, erklärte mir eines Tages Samy, ein guter alter jüdischer Freund, der aus Nordafrika stammte. »Ich kann Begin nicht leiden, aber er wurde auf demokratischem Weg von der Mehrheit der israelischen Staatsbürger gewählt, also unterstütze ich ihn.«

»Aber du könntest genausogut seine Gegner unterstützen! Zum Beispiel die Bewegung ›Frieden jetzt‹. Sie ist kein Feind Israels!«

Für Israel und gegen Israel. In unserer Sprache heißt es Frankreich, die Vereinigten Staaten, Deutschland, doch Israel hat personifizierenden Charakter. Israel greift an, Israel will Frieden, Israel führt Krieg, Israel glaubt, beschließt, wünscht. Wer ist Israel? Ich versuchte vergeblich, dem Irrationalen auf die Spur zu kommen.

»Du kannst das nicht verstehen«, sagte mir mein Freund abschließend. »Du bist keine Jüdin.«

Seine Bemerkung traf mich wie ein Schlag ins Gesicht.

Ich zuckte mit den Schultern. Für mich war die Diskussion beendet. Schließlich konnte das Leben auch gut ohne mich weitergehen. Ich hatte meine Zweifel. Nach und nach kam mir mein leidenschaftliches Engagement kindisch, naiv und neurotisch vor. Für ein Land, das nicht mein eigenes war, Frieden zu fordern in einem äußerst unsicheren und explosiven Teil der Welt. Ich mußte erkennen, daß auch mein Engagement vom Irrationalen beeinflußt war, was mich befangen machte und mit Scham vor mir selbst erfüllte. In diesen Phasen versuchte ich an andere Dinge zu denken und konzentrierte mich auf meinen Alltag.

Eines Abends war ich bei algerischen Freunden eingeladen. Wieder setzte ich mich mit einer solchen Leidenschaft für friedliche Beziehungen zwischen Israel und seinen Nachbarn ein, daß ein Gast mich nach meiner Motivation fragte.

»Du engagierst dich, als ginge es um deine eigene Familie, und behauptest, keine Jüdin zu sein. Für uns Algerier ist die palästinensische Frage ein integraler Bestandteil unseres Kampfes für die Befreiung der arabischen Nation. Aber für dich?«

Ich wußte nicht, was ich sagen sollte. Die Liebe, die ich für meinen Kibbuz empfand, in dem ich nicht mehr lebte, erschien mir nicht ausreichend als Antwort. Ich war sprachlos.

»Warum trittst du nicht zum jüdischen Glauben über?« fragte mich Samy eines Tages.

Ich hatte mir diese Frage auch schon gestellt und daher eine Antwort parat:

»Wozu? Die Menschen, die ich liebe, akzeptieren mich so, wie ich bin. Niemand im Kibbuz hat mich jemals dazu aufgefordert, nur du redest mir ein, ein Wechsel des Glaubens könne etwas bewirken.«

Zu dem Zeitpunkt, als ich mir eine Zukunft im Kibbuz vorstellen konnte, hatte ich mit dem Gedanken gespielt; Shaül hatte mich vom Gegenteil überzeugt.

»Wenn du mit uns zusammenleben willst, wird dich niemand dazu zwingen, deshalb zu konvertieren. Und wenn du jemanden von hier heiraten willst, genügt es, wenn du es in Frankreich tust. Das ist alles.«

Er hatte mir erklärt, daß das Innenministerium, verantwortlich für den Familienstand, von Anfang an in den Händen der orthodoxen Juden war, die gemischte Ehen nicht akzeptierten, sondern ausschließlich die kirchliche Hochzeit für gültig erklärten. Im Kibbuz gingen diejenigen, die ihre Ehe nicht vor dem Rabbi schlossen, einen Ehevertrag ein, der jedoch nicht vom Staat anerkannt wurde, oder sie ließen es ganz bleiben. Allen war es ziemlich egal, jeder lebte nach seinem Gutdünken.

Ich hatte nicht die Absicht, jemanden zu heiraten oder dort zu leben, doch der Gedanke zu konvertieren begann langsam Gestalt anzunehmen. Eines Tages fühlte ich mich so einsam und verlassen von meinen Freunden, meiner Familie, von allen. Ich hatte eine Gruppe, an der ich mich festhalten konnte (die Sozialisten langweilten mich zu Tode). Mir kamen die Tränen.

»Wer bin ich eigentlich? Ich weiß noch nicht einmal, was mich dazu bewegt. Ich will es einfach, doch niemand versteht mich.«

»Versuch es«, meinte Samy. »Studiere wenigstens ein bißchen. Es gibt sicher eine Menge Dinge, die du dann besser begreifen wirst.«

Seine Frau Hélène stimmte dem nicht zu. Sie war eine magere polnische Jüdin, streng orthodox erzogen, die jegliches religiöses Leben als unerträgliche Entfremdung ansah.

»Du willst wegen Israel konvertieren, doch es ist der Kibbuz, den du liebst. Du wirst dich dem Willen von Rabbinern beugen müssen, die von dir eine strenge Haltung zum Glauben fordern und erwarten, daß du eine Fülle religiöser Gebote und Verpflichtungen achtest und erfüllst. Ich glaube nicht, daß das dein wirkliches Anliegen ist. Wir lieben dich so, wie du bist, und wenn du mit uns leben willst, genügt uns das.«

Doch mir genügte es nicht mehr. Ich verabredete mich mit einem Rabbiner.

Im eieni li, mi li?

Wenn ich nicht zu mir stehe, wer wird es dann tun?

Als ich diese Losung las, begann ich zu verstehen, was ich liebte und warum.

»Wen hast du um Rat gefragt?« wollte mein Vater jedes Mal

wissen, wenn ich mich zu einer Entscheidung durchgerungen hatte, gleichgültig zu welcher. Für ihn lag der Ursprung von Gut und Böse immer bei »den anderen«, die wichtiger waren als ich.

»Du hast immer getan, was du wolltest«, brüllte er wutentbrannt und brach mit diesem Vorwurf jedes Gespräch ab.

»Liebe bedeutet, sich opfern«, hieß es im Religionsunterricht. Anteilnahme am Nächsten steht immer vor den eigenen Bedürfnissen. Der Glaube, in dem ich erzogen worden war, predigte die ständige Verleugnung des eigenen Ich.

Die Moral des jüdischen Glaubens postulierte genau das Gegenteil. Die Gebote, in tausendjähriger mosaischer Tradition formuliert, bildeten einen strengen Rahmen, in dem die Freiheit zur Selbstentfaltung nicht nur ein Recht war, sondern heilige Pflicht.

Im eineni li, mi li?

Meine mich erschütternde Auseinandersetzung mit dem Judentum konnte in diesem kurzen Satz zusammengefaßt werden.

Die Existenz Gottes? Für mich ergab sich sich von selbst, sie ist innere Gewißheit, unabhängig von Religionszugehörigkeit und Glauben. Eine Gewißheit, über die ich nicht gern spreche. Es wäre ebenso schamlos wie die Enthüllung meiner intimsten Schlafzimmergeheimnisse. Doch ich habe eine grundsätzliche Abneigung gegen jegliche Machtausübung der Kirche. Ich war und blieb dem Ideal der Republik treu, die Staat und Kirche trennte und Gleichheit garantierte. Staatsreligion ist der Ursprung schlimmster Schreckensherrschaft. Bleibt Religion die persönliche Angelegenheit des einzelnen, wird sie zum Ursprung der Moral. Ich wollte wissen, welche Art von Moral. Eine journalistische Dokumentation über die letzten Bastionen des Machismo in Frankreich half mir herauszufinden, was ich an der Moral meiner Kirchenväter so haßte.

»Der Herr Pfarrer? Ja, Sie finden ihn am Ende des zweiten Hofes«, wies man mir in Val-de-Grâce den Weg.

Er war ein Pfarrer wie jeder andere. Sein Gesicht ähnelte der grauen Farbe der Anstaltsmauern.

»Ich bin Studentin einer Journalistenschule und bereite eine Dokumentation über die Position der Frau in der Religion vor«, erzählte ich ihm.

Er hielt sich am Türrahmen fest und bemühte sich, den Blick vom Ausschnitt meines dünnen Polohemdes abzuwenden. Als ich sah, wie verlegen er wurde, zog ich den V-Ausschnitt nach oben. Er ließ mich eintreten, anstatt mich hereinzubitten. Ich erschauerte und erschrak vor der abgeschirmten Welt der Presbyterianer. Mein Blick blieb einige Sekunden auf dem Gekreuzigten an der Wand haften. Wie konnte man sich nur diesem Abbild des Leidens zu Füßen werfen!

»Ich habe einige aktive katholische Frauen aufgesucht, die mir versicherten, daß sie sich von der Kirche nichts mehr erhofften hinsichtlich der Möglichkeit, eines Tages Priesterinnen zu werden. In den Vereinigten Staaten gibt es weibliche Rabbiner; die Protestanten haben seit einigen Jahrzehnten Offiziantinnen; im Islam gibt es keine Priester, die Frage stellt sich also gar nicht erst. Können Sie mir erklären, warum die Kirche den Frauen die Priesterweihe verweigert, wo sie doch zu den zahlenmäßig meisten Kirchengängerinnen gehören und ihren Wunsch so deutlich formulieren?«

»Jeder, wo er hingehört«, erwiderte der Priester. »Die Frauen benötigen keine Priesterweihe, um zu wissen, wo sie hingehören.«

Aber wer sonst konnte darüber ein Urteil fällen?

»Das ist es gar nicht, was sie wollen.«

Er biß sich auf die Lippen. Vor sich hatte er eine überzeugte Feministin, die nicht sehr katholisch war und mit der zu diskutieren ihn nicht besonders interessierte. Doch ich hakte nach.

»Wie rechtfertigen Sie dieses Verbot?«

»Die Priester sind die Nachfolger Christi, der ein Mann war. Diese Aufgabe fällt also den Männern zu.«

Hätte er ein Zwitterwesen sein müssen, um die Hälfte der Menschheit nicht auszuklammern?

Ich verabscheute diesen Mann und alles, was er repräsentierte; Pfarrer, die aussahen wie altgewordene Junggesellen, sex- und frauenfeindlich und dann auch noch den Frauen vorschreiben, was gut für sie zu sein hat.

»Welches ist das wichtigste Gebot für einen Katholiken?« fragte ich ihn schließlich.

»Das ist ganz einfach«, sagte er. »Zusammengefaßt heißt es: Du sollst deinen Nächsten lieben wie dich selbst.«

Ich hatte ihn in der Hand.

»Aber das Evangelium hat nichts hinzugedichtet! In der Bibel und in der Thora, genauer gesagt im Kapitel 23 des dritten Buch Mose, steht das bereits geschrieben!«

Er wurde rot. Diese böse Sünderin mit tief ausgeschnittener Bluse und kessen feministischen Sprüchen kannte die Heilige Schrift. Er öffnete den Mund und wollte etwas erwidern, doch ich schnitt ihm das Wort ab.

»Die Kirche behauptet, Nachfolgerin der Bibel zu sein und einen Zusatz zur Thora zu liefern. Nennen Sie mir den Zusatz in bezug auf dieses Gebot, von dem die Juden behaupten, es sei die ganze Thora wert?«

Mein Gott, hüte mich davor, wütend zu werden.

»Jesus Christus hat verkündet ›Liebet einander, so wie ich euch geliebt habe.‹ Er hat sein Leben aus Liebe geopfert. Das ist der Zusatz.«

»Wenn ich Sie richtig verstehe«, sagte ich spöttisch, »bedeutet es, seinen Nächsten zu lieben, für ihn zu sterben. Wenn ich glaube, was Sie sagen, so gründet sich das Reich Gottes auf Bergen von Leichen.«

Er setzte mich vor die Tür.

Es war die Ethik von Leiden und Tod, die ich strikt ablehnte. Ich war in der absoluten Ablehnung des eigenen Ich und im Haß auf das Leben erzogen worden.

Im eineni li, mi li? Das war etwas anderes.

Je weiter ich mit meinen Studien der Schrift und den Begegnungen mit Gläubigen und Rabbis kam, desto besser fühlte ich mich.

Natürlich war es beschwerlich, Türen zu öffnen, an den Vorstand der jüdischen Gemeinde zu schreiben und mit einer Ablehnung der Konvertierung, mit welcher Begründung auch immer, zu rechnen. Doch ich mußte diesen Kampf gewinnen, um mich selbst zu finden. Manchmal saß ich mutlos da, doch ich wollte mich nicht der Hoffnungslosigkeit ergeben, sondern benützte jeden abschlägigen Bescheid, um in den Schriften ein Gegenargument zu finden.

Bereits zweimal hatte ich auf meine schriftliche Eingabe eine ablehnende Antwort erhalten, als ich erfuhr, daß Ruth die erste war, die konvertierte, und daß ihr dreimal die Aufnahme verweigert worden war. Zunächst muß jeder Antragsteller drei Ablehnungen akzeptieren, bis er aufgenommen wird. Nichts war also unüberwindbar.

»Was mich an den orthodoxen Juden überrascht, ist, wie frei sie über ihr Privatleben entscheiden«, sagte ich eines Tages zu Hélène. »Ich habe zwei Rabbiner getroffen, die geschieden sind. Das ist wirklich unglaublich.«

»Ach ja! Warum?«

Diese einfache Antwort, als Gegenfrage formuliert, freute mich. Sie hatte recht, warum eigentlich? Die jüdische und die christliche Moral standen wirklich nicht auf demselben Fundament.

Nach und nach stellte ich fest, daß ich mir das Wesentliche der Gebote, die ich vom Religionsunterricht her kannte, gemerkt hatte. Ich entdeckte etwas, was für mich vor Beginn der Studien unvorstellbar war: das Recht, sein eigenes Leben zu führen. Das Modell der Christen stellte den Menschen als Gemarterten und Sterbenden dar, der die schlimmsten Folterungen erleidet. Welch größeren Genuß könnte der Masochismus sich noch vorstellen?

»Der Masochismus ist die schwerste aller Sünden für einen Juden«, erklärte mir ein Rabbi. »Unsere Rabbiner behaupten, daß das Fasten am Vorabend vom Jom-Kippur-Fest eine schwerere Sünde sei, als am Tag selbst zu essen. Erlaubte Freuden des Lebens zu genießen, das ist weniger schlimm, als unerlaubten Genüssen zu frönen. Man widersetzt sich nicht diesem Geschenk Gottes.«

Nun begriff ich, warum ich meinen Kibbuz so sehr ins Herz geschlossen hatte: dort war alles für das Wohlbefinden des einzelnen geschaffen. Recht auf Glück. Lebensfreude. Das hatten sie mir beigebracht.

Als ich in den Ferien für einige Wochen nach Tel-Nir zurückkehrte, wurde ich von ihnen kritisiert:

»Du wirst das doch nicht wirklich tun!« schrie Shaül.

»Aber ich bin gerade im Begriff, es zu tun. Du weißt nicht, was es bedeutet, mit allem zu brechen. Du hast deine Familie, deinen Kibbuz, deine Umgebung, deine Erziehung. Ich habe niemanden mehr außer euch.«

»Du kannst dich doch nicht dieser Bande von krankhaften Eiferern anschließen! Wenn du nach ihren Gesetzen Jüdin wirst, kann ich dich nicht mehr einladen, an unserem Tisch zu sitzen. Und du hättest auch keine Lust mehr zu kommen. Die orthodoxen Juden bleiben unter sich. Wenn du alles genau studiert hast, solltest du wissen, daß alles so organisiert ist, daß eine Vermischung vermieden wird: spezielles Geschirr, spezielle Ernährung, spezielle Kleidung und einen strikten Zeitplan, der genau vorschreibt, wann gebetet werden darf.«

»Aber ich hatte nie die Absicht, unter diesen Bedingungen Jüdin zu werden!«

»Na also, aber erzähl das bloß nicht deinen Rabbinern! Sie werden deine Konvertierung nur unter der Bedingung akzeptieren, daß du dich verpflichtest, alle Vorschriften zu befolgen. Kreuz am besten die Finger, wenn du schwörst!«

Das war der springende Punkt. Ich konnte nicht lügen. Würde ich meiner Umgebung gegenüber intolerant werden oder einfach so tun als ob? Beide Lösungen waren für mich gleichermaßen unerträglich.

Im Augenblick hatte ich keine Antwort parat. Aber wie ich es in den vergangenen Jahren oftmals getan hatte, stellte ich mir die Frage: Soll ich einfach alles aufgeben? Diese Möglichkeit kam nicht in Betracht. Ich beschloß weiterzumachen und zog mich zu Esther nach Jerusalem zurück. Sie war eine Freundin von Hélène und lud mich für einige Tage zu sich nach Hause ein.

Esther war fünfundzwanzig Jahre alt, eine hübsche Brünette mit schmaler Taille und beachtlicher Oberweite. Sie hatte ein reizendes Lächeln und ein glucksendes Lachen. Seit mehreren Jahren Witwe, zog sie allein unter Einhaltung der Gebote die drei Kinder auf.

»Ich warte auf die große Liebe, bevor ich noch einmal heirate«, erklärte sie mir. »Ich habe meinen Mann leidenschaftlich geliebt und möchte nicht mit einem anderen zusammenleben, der mir weniger Liebe entgegenbringt. Außerdem bin ich mir nicht sicher, ob ich meinen Kindern einen Stiefvater aufzwingen kann...«

Ich wußte schon genügend, um den Widerspruch in ihrer Aussage auf den Punkt zu bringen.

»Und was ist der wahre Grund? Der erste oder der zweite?«

Esther lachte.

»Der erste. Ich brauche nicht die Erlaubnis meiner Kinder, um mein Leben wieder neu zu gestalten. Es ist mein Leben.«

Ich hatte sie sofort ins Herz geschlossen.

An Esthers Seite lernte ich den Alltag jüdischer Familien kennen: sanft, fröhlich, schwungvoll und melodisch. Freitag abends ging ich zusammen mit ihren Kindern in die Synagoge. Ich lernte koschere Mahlzeiten zubereiten gemäß den strengen Vorschriften und hieß singend den Sabbat willkommen. Alles war so wunderschön, so liebevoll. Die Illusion von zeitlosem Glück.

»Ihr seid wunderbar«, sagte ich eines Abends. »Du stellst alles in Frage, was ich über das religiöse Leben gelesen habe. Niemals hätte ich das gedacht.«

»Du bist uns immer willkommen.«

Sich zugehörig fühlen. Teil eines Volkes sein, einer Kultur, einer alten und lebendigen Tradition. Ich brauchte dieses Gefühl wie die Luft zum Atmen.

Esther begleitete mich im Wagen zum Kibbuz.

»Komm mit mir zum Schmuckgeschäft«, forderte ich sie auf. »Sie stellen phantastische kleine Schmuckstücke aus Gold und Silber her. Ich möchte dir gern etwas schenken.«

Esther stellte den Wagen vor der Mif'al, genauer gesagt vor der Fabrik, ab. So bezeichnete man das große Atelier für Kreativität und die Gießerei.

»Seht mal! Da kommt Marion zurück!« schrie Yankelé, der Leiter, überschwenglich.

»Darf ich dir meine Freundin Esther vorstellen, bei der ich drei Wochen gewohnt habe«, sagte ich und trat neben meine neue Freundin.

Esther kannte die Haltung der Kibbuzbewohner gegenüber praktizierenden Juden sehr genau; ihre haßerfüllte Abneigung, die schon an Hysterie grenzte.

»Ja, das bin ich«, sagte sie mit einem Lächeln, das alle zum Schmelzen brachte.

»Ich bin die jüdisch-orthodoxe Freundin. Und ich mache keine halben Sachen! Die einzige Freiheit, die ich mir dem Gesetz gegenüber herausnehme, ist, daß ich keine Kopfbedeckung trage. Davon abgesehen halte ich mich hundertprozentig an die Vorschriften.«

»Also dann kann ich dich leider nicht zum gemeinsamen Mittagessen einladen, um mich bei dir für deine Gastfreundschaft Marion gegenüber zu bedanken«, sagte Yankelé und lächelte herausfordernd.

»Ihr werdet doch wohl ein paar Früchte haben, oder?«

Der unversöhnliche Haß, mit dem sich weltliche und orthodoxe Juden Israels begegneten, ist nicht einfach das Ergebnis einer Auseinandersetzung über Begriffe. In diesem Konflikt spiegelt sich der Alltag der gesamten bürgerlichen Gesellschaft wider, der so alt ist wie der Staat selbst.

Die ersten Zionisten hatten jede überlieferte Tradition einer Gesellschaft zurückgewiesen, die ihr Leben nach dem mosaischen Gesetz ausrichtete. Obwohl Ben Gurion vollkommen überzeugt vom weltlichen Judentum war, verfolgte er die gefährliche Taktik, die Rabbiner in seine Regierung aufzunehmen, um sie nicht als

Gegner zu haben. Unter anderem gestand er ihnen das Innenministerium zu. Damit überließ der strengste Verfechter eines nichtorthodoxen Staates den Rabbinern das uneingeschränkte Recht zu entscheiden, wer ein Jude war und wer nicht.

Der Krieg an den Grenzen trieb die erste Regierung Israels in die Enge und zwang sie, die Ausarbeitung einer Verfassung auf einen späteren Zeitpunkt zu verschieben.

Seit Jahrzehnten hatten die orthodoxen Juden, obwohl sie nur knapp zehn Prozent der Bevölkerung vertraten und im Parlament nur eine Blockpartei in der Minderheit waren, die Wahlsieger in ihrer Gewalt. Es gab nicht eine Regierung seit Ben Gurion, die sich nicht dem Joch ihrer Forderungen zu beugen hatte. Als die israelische Regierung im Jahre 1985 einige tausend Falaschen aus Äthiopien einreisen lassen wollte, weigerten sich die Orthodoxen, sie als vollwertige Juden anzuerkennen und forderten sie zur Konvertierung auf, indem sie sich rituellen Waschungen zu unterziehen hatten.

Die radikalen Orthodoxen – niemand würde sie als Fanatiker bezeichnen – waren und blieben zutiefst antizionistisch. Sie fasten am Tag der Unabhängigkeit, weigern sich, Steuern zu zahlen, und leisten selbstverständlich auch keinen Militärdienst. Der jüdische Staat ist für sie ein Sakrileg, ein gotteslästerlicher Vorgriff auf die Mission, die einzig und allein der Messias erfüllen kann.

Zwischen diesen Extremen spannt sich ein breiter Bogen verschiedenster Anschauungen, die mit den Forderungen und Ansprüchen konkurrieren. Tauben oder Falken, Sephardim* oder Aschkenasim**, Kolonisten oder Verfechter von Verhandlungen mit den Arabern. Die orthodoxen Juden fordern die Schließung aller Freizeiteinrichtungen, das Verbot öffentlicher Verkehrsmittel am Sabbat, die Eingliederung der Söhne von neuen Einwanderern in Rabbinerschulen. Sie schreien alles nieder, was sich die bürgerliche Gesellschaft an Freiheit zubilligt und nicht strikt durch

* Sephardim: orientalische Juden; aus Nordafrika, dem Nahen Osten, Georgien, Griechenland, Türkei, Afghanistan.

** Aschkenasim: Juden aus West- und Osteuropa.

die Thora erlaubt ist. Ihre politischen Erfolge gestatten ihnen eine gewisse Dreistigkeit. Zum Beispiel zündete eines Tages eine Gruppe sittenstrenger Fanatiker in Jerusalem ein Dutzend überdachter Bushaltestellen an, auf denen eine Schönheit aus der Werbung in aufreizender Weise zur Schau gestellt war. Als sich die Wasserfontänen wolkenbruchartig über die Stadt ergossen, kam in zahlreichen Einwohnern Jerusalems, die naß bis auf die Haut wurden, plötzlich der Haß hoch. Wenige Tage später ging eine Synagoge in Flammen auf.

Zwischen Esther und dem Kibbuz war keine Verständigung möglich. Nur ich allein wußte, was sie gemeinsam hatten: Ich brauchte die eine ebenso wie alle anderen.

Bei meiner Rückkehr nach Paris fand ich den sehnlichst erwarteten Brief des Vorstandes der jüdischen Gemeinde vor. Man schlug mir vor, meine Studien fortzusetzen; dann hätte ich gute Aussichten auf Anerkennung der Konvertierung. Die dritte Absage war überstanden. Ich wurde akzeptiert. Ich hatte gewonnen.

Ich bin niemals Jüdin geworden.

Nachdem die Konvertierung allmählich näherrückte, stieß ich auf ein letztes unüberwindbares Hindernis: mein Gewissen. Es war meine letzte Instanz.

»Aus Liebe zu konvertieren ist kein ausreichender Grund«, hatte mir ein ruhiger und brillanter Rabbi zu verstehen gegeben, der der Meinung war, ich wolle einen Juden heiraten.

»Auch nicht aus Liebe zu den Juden?«

Alle hatten schließlich vor meiner finsteren Entschlossenheit kapituliert. Doch ich selbst war es, die vor meiner eigenen letzten Instanz kapitulierte.

Eines Tages besuchte ich den Unterricht, der über der Synagoge stattfand. Plötzlich spürte ich ein Gefühl der Ablehnung. Eine Gruppe von etwa zehn Personen machte sich Notizen zum »Mitzvot«, zum sozialen Engagement der Juden, das heißt zu den Pflichten gegenüber der Gesellschaft. Die Frau des Rabbi erklärte, wie Solidarität mit Notleidenden auszusehen hat.

»Es gibt Juden, die in ziemlich armseligen Verhältnissen leben, im Gegensatz zur vorherrschenden Meinung vieler. Die Arbeitslosigkeit betrifft jeden, und es gibt Stadtteile, wo es den Kindern sehr schlecht geht. Das dürfen wir nicht dulden«, sagte sie.

Ich ergriff das Wort.

»Nicht nur Juden leben in Armut. Darf sich unsere Solidarität denn nur auf sie beziehen?«

»Die anderen brauchen sich nur mit ihrer Gemeinde in Verbindung zu setzen«, hatte die Lehrerin erwidert.

»Aber die Heilige Schrift sagt ›Du sollst deinen Nächsten lieben wie dich selbst‹.«

»Der nächste eines Juden ist vor allem ein Jude.«

Das war für mich unannehmbar.

»Es ist ganz klar, daß das so läuft«, erklärte mir Hélène. »Die Gläubigen träumen davon, die jüdische Gemeinde in eine Art Ghetto zurückzuverwandeln. Die übrigen wollen die Eingliederung in die Gesellschaft. Deshalb können sie sich nicht verstehen. Die Ideale von Demokratie und Sozialismus, die zur Entstehung revolutionärer Bewegungen in Mitteleuropa zu Anfang dieses Jahrhunderts beigetragen haben, haben ihren Ursprung in einer allumfassenden Auslegung der Thora. Dein Nächster ist der Mensch an sich. Bei den meisten religiösen Bewegungen ist die Auslegung, die man geboten bekommt, natürlich die richtige.«

»Dann kann und will ich nicht mehr.

»Aber du bist nicht gezwungen, alles zu akzeptieren, was sie vorgeben. Bei uns gibt es keinen Papst. Niemand schreibt dir vor, was du glauben sollst, jeder ist frei. Du kannst problemlos konvertieren und dein eigenes Leben führen...«

»Du hast recht. Aber zuerst muß ich die Unwahrheit sagen, um ans Ziel zu kommen, und dazu bin ich nicht imstande.«

»Es gibt reformistische Bewegungen, die weitaus aufgeschlossener sind, warum willst du sie nicht aufsuchen?«

»Ich kenne sie. Ich habe sie bereits getroffen, es sind ganz außergewöhnliche Leute. Doch die Konvertierung von ihrem Vorstand wird in Israel nicht anerkannt; nur die Entscheidung des Vorstandes der jüdischen Gemeinde zählt.«

Mir wurde klar, daß einer der wesentlichen Gründe für meinen Vorstoß der Wunsch war, eines Tages in Israel zu leben, um dort auch politisch Einfluß zu nehmen. Die Faszination Israels machte mir angst. Ich wollte an Ort und Stelle wirken und konnte nichts ausrichten, solange ich nur eine verwöhnte Touristin in einem kleinen Kibbuz war. Was hätte ich als Nichtjüdin im Vergleich zu einem Kanaaniter schon zu sagen?

Die mit donnernder Stimme vorgetragenen Erklärungen des amerikanischen Rabbi, der gerade durch einen aufsehenerregenden Auftritt in die Knesset einzog, machten mich krank.

»Wovon du träumst, ist unmöglich«, sagte mir Hélène. »Wenn du dich ihnen entgegenstellst, wissen sie genau, daß du nur eine Konvertierte bist, die das Gesetz der Heiligen Schrift nicht achtet. Deine wirkliche Heimat ist der Kibbuz. Und sie scheren sich einen Teufel darum, ob du Jüdin bist oder nicht. Die übrigen werden dich niemals in ihren Reihen aufnehmen, wenn du reformistische oder revolutionäre Auffassungen vertrittst.«

Mir blieben nur noch wenige Wochen bis zur endgültigen Entscheidung: Ich gab auf.

Doch ich hatte das Wichtigste gefunden: mich selbst, meine Bedürfnisse, meine Gefühle, meine Persönlichkeit. Ich hatte gute Gründe dafür finden wollen, ihnen einen Beweis meiner Liebe zu liefern. In meiner Erziehung hatte es keinen Platz dafür gegeben, was man im allgemeinen mit Leidenschaft und Engagement bezeichnet.

Beinahe drei Jahre hatte mich der letztendlich gescheiterte Glaubenswechsel gekostet. Ich brauchte Zeit, dies zu verarbeiten, mich nicht ständig dafür zu rechtfertigen und mich vor mir selbst zu schämen. Zu dieser Zeit starb mein Vater. Ein neues Leben begann.

Kapitel 13

Von meiner Angst befreit und mit dem Abschluß der Journalistenschule ausgestattet, konnte ich mich nun ohne Hemmungen allem widmen, was ich so sehr liebte: meinem Interesse für Israel und dem Wunsch, die Oppositionsbewegungen kennenzulernen. Und ich freute mich, wieder bei meinen Freunden zu sein. Eines Tages im April 1986 bestieg ich das Flugzeug Richtung Tel-Aviv.

Von Shaül erfuhr ich von einem Treffen zwischen Israelis und Palästinensern, das in einem großen Hotel in Hebron stattfinden sollte. Noch nie zuvor hatte ich einen Fuß in die besetzten Gebiete gesetzt. Dies war die beste Gelegenheit.

»Versuch, vor Einbruch der Dunkelheit wieder zurück zu sein«, riet mir Gaby. »Es ist nicht gut, die Gebiete nach Sonnenuntergang zu durchqueren.«

»Mach dir keine Sorgen! Ich habe vor niemandem Angst.«

»Genau das ist es, was mich beunruhigt. Du scheinst keine Ahnung zu haben, wie hier die Stimmung ist.«

Ich hatte es satt, immer wieder zu hören »Nimm dich in acht vor Arabern« und vor allem, keinen von ihnen per Anhalter mitzunehmen.

»Hör doch auf, ich bin nur zwanzig Kilometer von hier entfernt unterwegs. Ich fahre schließlich nicht in den Dschungel.«

»Du begreifst es erst, wenn dir etwas zustößt, und dann ist es zu spät.«

Ich teilte ihre Bedenken nicht und zuckte mit den Schultern.

Den Unterschied zwischen Israel und den besetzten Gebieten konnte man nicht genau beschreiben, doch er fiel mir sofort ins Auge. Wie soll ich es ausdrücken? Es waren dieselben steinigen Hügel, dieselbe Vegetation, dieselbe Sonne und dennoch fehlte etwas, um sich heimisch in Israel zu fühlen, zumindest in dem Israel, das mir vertraut war. Es gab weder Weizensilos noch Wassertürme noch einen neunarmigen Kerzenleuchter, der schon von weitem auf die Existenz eines Kibbuz hinwies; die Felder waren sehr klein. Die arabischen Bauern bauten kleine Parzellen an, wohingegen sich auf der anderen Seite Felder bis zum Horizont erstreckten.

Als ich am Rande eines Dorfes ankam, mußte ich mit dem Wagen in einer Reihe von Lastwagen und Pkws warten, die ihren Motor abgestellt hatten. Ich stellte ihn ebenfalls ab und ging zu Fuß auf Erkundungstour. Ich traf auf einige Soldaten, die ratlos vor einer Sperre aus brennenden Reifen standen:

»Was ist hier los?«

»Eine Sperre«, erwiderte ein Soldat.

»Das sehe ich, aber zu welchem Zweck?«

Der Soldat wollte etwas erwidern, wurde jedoch von einem anderen Kameraden abgehalten.

»Wir kommen nicht durch.«

»Aber ich muß nach Hebron!«

»Nimm eine andere Straße.«

Ich hatte mein Ziel schon fast erreicht und sollte nun zurückfahren und einen unsinnigen Umweg in Kauf nehmen. Was für ein Mist! Und warum machte die Armee die Straße nicht einfach frei?

Ich kehrte um und drehte das Radio an, um zu erfahren, daß die Anhänger Großisraels mit Gewalt vorgegangen waren, um das Treffen zu vereiteln. Was für eine Bande von Faschisten!

Ich mußte fast fünfzig Kilometer Umweg fahren, um dasselbe noch einmal zu erleben: alle Einfallstraßen von Hebron waren total verstopft. Über Radio erfuhr ich von gewaltsamen Auseinandersetzungen zwischen Pazifisten und Nationalisten: die Polizei mußte wiederholt eingreifen, und das Treffen wurde abgesagt. Ich wetterte gegen meinen Kibbuz, der es nicht für nötig befunden hatte, an der Demonstration teilzunehmen, und ärgerte mich über mich selbst: Ich hätte an diesem Vormittag an einer Gruppenfahrt des benachbarten Kibbuz teilnehmen können. Alle wollten beim großen Marsch in Jerusalem mit dabeisein, doch ich hatte es vorgezogen, meinen Mietwagen zu nehmen.

Unverrichteter Dinge machte ich mich auf den Weg zurück zum

Kibbuz und hatte eine gute Chance verpaßt. Scheiße! Ich wendete auf einer schmalen Straße, die ein kilometerlanger Stau unpassierbar machte. Mitten auf der Fahrbahn klopfte jemand an die Fensterscheibe. Ein junger Mann machte mir Zeichen, und ich kurbelte die Scheibe herunter:

»Was ist?« fragte ich auf hebräisch.

»Nimm mich mit, bitte. Ich wohne sehr weit weg von hier, und alles ist verstopft. Ich muß unbedingt nach Hause, und es fährt kein Bus«, sagte er schnell.

Nimm dich in acht vor Arabern.

»Wo wohnst du?«

»Da hinten«, erwiderte er ausweichend und zeigte in die Ferne.

Wenn dir etwas zustößt, ist es schon zu spät.

Ich hatte nur wenige Sekunden Zeit, um einen Entschluß zu fassen, die Zeit, um den Wagen in Fahrtrichtung zu manövrieren. Dann öffnete ich die rechte Wagentür.

»Steig ein«, forderte ich ihn auf.

Er hieß Yussuf und sprach sehr schlecht hebräisch mit typisch arabischem Akzent.

»Was ist in Hebron los?«

»Demo. Polizei. Schlägereien.«

»Und was hast du dort zu suchen?«

»Ich arbeite dort auf dem Bau.«

»Du arbeitest? Aber wie alt bist du denn?«

»Vierzehn.«

Er sah dünn und schwächlich aus, blickte trübsinnig vor sich hin und wirkte angespannt. Er runzelte die Stirn.

»Woher kommst du?« wollte er wissen.

»*Tzarfat*«, erwiderte ich.

»*Tzarfat?*«, wiederholte er verständnislos.

»*Tzarfat!* Frankreich«, übersetzte ich in meine Sprache.

»Ach, Faransa!«

Rief er sich mein Heimatland in Erinnerung, oder war er einfach nur aufgeregt über unser Zusammentreffen. Unvermittelt wurde er hitzig wie ein kleines Kind, das er noch war.

»Komm mit mir«, lud er mich ein. »Komm auf einen Tee zu meinen Eltern. Ich bitte dich, sag nicht nein. Dort ist mein Dorf, du biegst hier rechts ab, fährst den Hügel hinunter, fährst drüben wieder hoch. Unser Haus ist am Ende der Straße.«

Ich konnte nicht widerstehen.

Am Ortseingang kreuzte ich einige Militärlastwagen, die mich kaum beachteten, und einen Schwarm von Kindern.

Das Haus war zweistöckig, wobei der obere Stock zur Hälfte als Terrasse diente. Mein Gastgeber ließ mich dort Platz nehmen. Es war karg eingerichtet, doch tadellos sauber. Yussuf verschwand einen Moment und kehrte mit einer freundlichen, dicken Frau zurück. Ein Mann, der sein Großvater hätte sein können, begleitete sie.

»Ich bleibe bei dir«, sagte er. »Mein Vater versteht kein Hebräisch.«

»Auch kein Englisch?«

»Nur Arabisch.«

Sein Vater ging am Stock und sah müde aus. Auf dem Kopf trug er ein Tuch mit schwarzer Borte. Sein langer Kaftan war kastanienbraun. Er wandte sich an seinen Sohn, der übersetzte.

»Er möchte wissen, was du hier zu tun hast?«

Zum ersten Mal war ich froh, etwas anderes erwidern zu können als »auf Urlaub«.

»Ich bin Journalistin und schreibe.«

Der Alte nickte zögernd mit dem Kopf.

»Was macht dein Vater?«

»Nichts. Er wurde verwundet und kann nicht mehr arbeiten. Ich gehe jetzt arbeiten.«

»Du ernährst die ganze Familie?«

»Ja, alle.«

»Wie viele seid ihr?«

»Zehn. Ich habe fünf Schwestern und zwei Brüder. Sie sitzen im Gefängnis.«

Im Alter von vierzehn Jahren hatte er eine zehnköpfige Familie zu ernähren.

Die Nacht brach herein, und ich durfte mich nicht zu lange aufhalten. Unter diesem Vorwand wollte ich mich von ihnen verabschieden. In Wirklichkeit war ich niedergeschmettert und wollte allein sein. Ich nahm mir trotzdem noch die Zeit, mit ihnen ein Glas Tee zu trinken und von den Süßigkeiten zu kosten, die seine Mutter auf einem großen Tablett auftrug.

Ich schüttelte gerade die Hand des Familienoberhauptes, als eine Gruppe junger Mädchen auftauchte, die mir lächelnd einen riesigen Plastiksack in die Hände drückten.

»Hier hast du Mandeln und Zitronen aus unserem Garten, und den Kuchen hat meine Mutter gebacken«, sagte Yussuf.

Ich wußte nicht, was ich sagen sollte.

Ich nahm an. Etwas verwirrt schloß ich die Mutter in die Arme, um mein Gefühle zu verbergen.

Yussuf begleitete mich bis zum Wagen, und als ich ihm zum Abschied die Hand geben wollte, öffnete er die Autotür und nahm Platz auf dem Beifahrersitz.

»Ich kenne den Weg bis zur Hauptstraße«, sagte ich. »Mach dir keine Sorgen.«

»Doch, doch. Ich will dich begleiten«, erwiderte er.

Ich fuhr los und begriff nicht, was los war. Yussuf lehnte sich zum Fenster hinaus, winkte mit den Händen einer Gruppe von Kindern zu, die uns am Weiterfahren hindern wollten.

»Sie werfen mit Steinen, verstehst du«, erklärte er. »Dein Wagen hat eine jüdische Nummer.«

Am Fahrzeug war die gelbe Plakette Israels befestigt und nicht die blaue der besetzten Gebiete; ohne die blaue lief ich Gefahr, mit Steinen beworfen zu werden.

Yussuf stieg am Ortsausgang aus. Ich wollte ihn in die Arme nehmen, doch schließlich drückte ich ihm nur sehr herzlich die Hand zum Abschied.

»Was ist das da oben?« wollte ich von ihm wissen und zeigte mit dem Finger auf einen Hügel ganz in der Nähe, wo sich Umrisse moderner Wohnanlagen abzeichneten.

»Von Juden«, erwiderte er.

Sein Dorf war von Wohnsiedlungen umzingelt.

»Komm uns doch wieder besuchen«, sagte er freundlich, bevor er nach Hause zurückkehrte.

Ich habe mir noch nicht einmal den Namen seines Dorfes gemerkt. Vierzehn Jahre nach meinem ersten Aufenthalt in Israel war dies mein erster Abstecher in die besetzten Gebiete.

»Hier, liebste Freundin«, sagte ich zu Gaby, »ein Geschenk von deinen Vettern.«

»Meinen Vettern?«

»Ob Juden oder Araber, ihr seid doch Vettern, oder?« sagte ich und breitete den Inhalt der Plastiktüte auf dem Tisch aus.

Aharon, der Elektriker in Tel-Nir, war von oben bis unten rund. Sein Gesicht war rund, sein Mund war rund, seine Augen, seine Nase und sein Bauch. In seinem Leben gab es drei Dinge, die er gleichermaßen heiß und innig liebte: seine Frau, seine Kinder und gutes Essen. Sich an den gedeckten Tisch zu setzen bedeutete dreifaches Glück am Tag. Sorgfältig wachte er über seine Beutelchen, die mit verschiedensten Gewürzen gefüllt waren und streute dies übers ganze Essen bis zum letzten Salatblatt. Seine Liebe zum Essen war so ausgeprägt, daß er demjenigen, den er in sein Herz geschlossen hatte, sein marokkanisches Nationalgericht kochte. Ich liebte seine Herzlichkeit, seine Großzügigkeit, seine fröhliche Ausgeglichenheit, kurz, seine heitere Lebensart.

»Hast du Lust, etwas wirklich Schönes zu sehen?« fragte er mich eines Morgens. Die Sonne strahlte, und es versprach ein schöner Tag zu werden. »Wenn wir deinen Wagen nehmen können, hole ich dich nach der Arbeit ab.«

Wir starteten gegen fünfzehn Uhr in Richtung Norden: Nach etwa fünfzig Kilometern hatte ich vollkommen die Orientierung verloren. Dennoch kam mir die Umgebung bekannt vor...

»Wo sind wir?«

»Nicht weit entfernt vom Haus meines Bruders. Ich habe ihn kurz angerufen, er erwartet uns. Sieh, da oben«, sagte er und wies mit dem Finger zu einem Hügel, auf dem ein supermodernes Dorf angelegt war.

Am unteren Hang trafen wir auf einige arabische Arbeiter, die den Berg herunterkamen, um in ihre armseligen Hütten zurückzukehren.

»Wohnen sie da drin?«

»Ja, es sind Araber«, erwiderte er, als sei dies eine ausreichende Erklärung.

Die Steigung war so stark, daß ich die Handbremse anziehen mußte, um den Wagen vor einer Baracke mit bewaffneten Sicherheitspolizisten zum Stillstand zu bringen.

»Was ist denn das hier?«

»Die Wache. Die Dörfer werden rund um die Uhr bewacht.«

Aharons Bruder hätte sein Zwillingsbruder sein können. Ebenso rundlich, liebenswürdig und überschwenglich.

»Ach, da seid ihr ja«, schrie er ganz aufgeregt und umarmte Aharon, als hätten sie sich seit Jahren nicht gesehen. »Hereinspaziert, hereinspaziert, der Imbiß ist zubereitet. Das Haus ist beinahe fertig, ihr werdet das Wunderwerk gleich zu Gesicht bekommen.«

Das war noch milde ausgedrückt. Dies war kein Haus, sondern ein richtiger Palast mit vier Stockwerken, Rundterrassen auf jeder Etage, amerikanisch eingerichteter Küche, Badezimmer à la Hollywood und offenem Kamin.

»Den Garten nehme ich nächsten Monat in Angriff«, erzählte Yossi und bot uns einen Platz auf der weichgepolsterten Couch an. Sobald wir mit dem Verlegen des Steinfußbodens im Kinderzimmer fertig sind, greife ich zur Hacke.«

Nie zuvor hatte ich Wohnkomfort von solchem Ausmaß für nur fünf Personen gesehen.

Während wir vom orientalischen Gebäck kosteten, das auf einem Kupfertablett serviert wurde, begann Yossi zu erzählen:

»Endlich habe ich Arbeit gefunden. Ich verkaufe im Dorf Felafeln und muß nun nicht mehr in die Stadt zur Arbeit fahren. Ich stelle sie zu Hause her und verkaufe sie auf der Straße.«

Felafeln sind kleine, in Fett herausgebackene Teigtaschen, mit Kichererbsen gefüllt, und tagtäglicher Imbiß der Israelis; die Imbißbuden sind auf allen Busbahnhöfen und in den Arbeitervierteln zu finden. Felafeln kosteten nur wenige Pfennige. Yossi war also kein Millionär, sondern Felafelverkäufer. Plötzlich wurde mir alles klar.

Als wir auf dem Rückweg an den Hütten der Arbeiter vorbeifuhren, hielt ich den Wagen an und sagte:

»Was soll das heißen?«

»Was denn?« fragte Aharon und stellte sich dumm.

»Die Arbeiter, die hier in diesen Bruchbuden leben, haben, wie ich annehme, das Haus deines Bruders gebaut, nicht wahr?«

»Warum nicht? Sie haben dadurch Arbeit, oder etwa nicht?«

»Und du findest es normal, wenn sie in diesen Baracken hausen müssen, nachdem sie einen Palast da oben gebaut haben?«

Aharon stammelte eine Entschuldigung.

»So ist das eben hier in den besetzten Gebieten. Als man meinem Bruder angeboten hatte, sich hier kostenlos mit seiner Familie niederzulassen und seine Sozialwohnung in einem Vorort von Tel-Aviv zu verlassen, konnte er nicht widerstehen.

»Das ist ja bescheuert!« platzte ich heraus.

Er lenkte vom Thema ab:

»Kommst du heute abend zu uns zum Essen? Ich koche dir ein Chakchouka.«

Und er kam auf sein Lieblingsthema zu sprechen: die Vorbereitungen für das Abendessen, das er immer öfters bei sich zu Hause einnahm und nicht mehr im gemeinsamen Speisesaal.

Mir war nicht ganz klar, wie die isrealische Linke noch hoffen konnte, die kleinen Leute auf der Straße für ihre Sache zurückzugewinnen. Die Siedlungspolitik in den besetzten Gebieten war ein gut durchdachtes Unternehmen, das die Überzeugungen der Menschen geschickt manipulierte. Was mich am meisten schockierte, war die gutmütige Unwissenheit Aharons und seines Bruders. Ihre Einfältigkeit und Selbstzufriedenheit erschien mir noch abstoßender und bedrohlicher als die Haßtiraden aus dem Mund religiöser Nationalisten. Diese sanfte Siedlungspolitik von aufrechten Familienvätern, denen man die Wahl ließ zwischen Baracke oder Palast, schuf einen Zustand, der die Rückgabe der Gebiete immer unwahrscheinlicher werden ließ. Wie lange würde diese Wolf-im-Schafspelz-Politik noch andauern?

Shaül teilte meinen Pessimismus.

»Stell dir vor, diese Leute gewinnen von Tag zu Tag mehr an Bedeutung. Zwischen uns und den Kolonisten herrscht der nackte Haß.«

»Aber ihr seid auf dem Weg zum Bürgerkrieg!«

»Das war uns ab dem Moment klar, als rechtsgerichtete Demonstranten eine Handgranate in die Menge schleuderten und ein Demonstrant von ›Frieden jetzt‹ starb. Er hieß Emil Grunzweig. Erinnerst du dich?«

Es war beinahe wie Staatstrauer gewesen. Israel stellte die Grenzen des Konsenses klar.

»Unsere Partei, die Mapai, verliert Sitze bei jeder Wahl. Bald werden wir nicht mehr in der Knesset vertreten sein. Shimon Peres traue ich nicht über den Weg. Er ist korrupt, und seine linke Partei ist keine wahre Linke«, sagte er trübselig.

»Hör zu, Shaül, ich möchte überzeugte Aktivisten kennenlernen, nicht nur Leute, die gelegentlich an Demos teilnehmen. Davon muß es doch welche geben, oder?«

Er hätte gekränkt reagieren können, aber er erwiderte nur:

»Selbstverständlich. Und es sind Leute mit hohen Ansprüchen. Bitte Ron, daß er dich mitnimmt. Er leitet im Moment unser Kulturzentrum Givat Haviva. Wir nennen es der Einfachheit halber Giva.«

Kapitel 14

Zwei Tage vor Urlaubsende fuhr ich mit dem Wagen Richtung Norden und folgte Rons Wegbeschreibung. Am Ortsausgang von Tel-Aviv folgte ich der Küstenstraße bis nach Hedera, eine dieser aus dem Boden gestampften Städte, die Israels Küsten verunzierten. Am Ende des Ballungsgebietes fuhr ich nach Osten in Richtung Afula und dann weiter ins Landesinnere.

»Drei Kilometer nach der großen Fabrik biegst du in eine kleine Straße nach rechts ab, und schon bist du da. Das Zentrum ähnelt einem Kibbuz.«

Als ich auf meinen Kilometerzähler sah, merkte ich, daß ich die Kreuzung verpaßt hatte. Ich wollte bereits umkehren, als ich eine junge Frau mit Kind allein am Straßenrand entlanglaufen sah. Ich hielt an.

»Wohin gehst du denn zu Fuß bei dieser furchtbaren Hitze?« wollte ich wissen und lehnte mich aus dem Fenster.

»Nach Umm-el-Fahem«, erwiderte die Frau.

Sie war eine junge Araberin, fast noch ein junges Mädchen, und hielt einen kleinen, knapp drei Jahre alten Jungen auf dem Arm.

Sie schwitzte, und der Kleine begann zu quengeln.

»Los, steig ein, ich nehme dich mit.«

Eine Frau ist bei dieser Hitze gezwungen, den kilometerlangen Weg zu Fuß zu gehen, weil in dieser Gegend kein Bus fährt!

»Mein Junge ist krank«, sagte die junge Frau. »Ich bin auf dem Weg zur Krankenstation. Umm-el-Fahem liegt dort drüben.«

Weit und breit war keine Straßenbeschilderung zu sehen. Nur ein Schild auf dem Dach einer großen Tankstelle zeigte an, daß wir unser Ziel erreicht hatten.

»Das Dorf ist noch weiter weg«, sagte die junger Mutter, als ich anhielt.

Tatsächlich lag es noch gute drei Kilometer von der Hauptstraße entfernt. Der Weg fiel steil ab. Als ich auf den Marktplatz des Dorfes fuhr, mußte ich anhalten, am Berg wieder anfahren, um zu wenden, so groß war die Steigung. Ich ließ den Motor mitten auf einem verdreckten Platz ohne Asphalt abkühlen, der mit uralten Taxis überfüllt war.

»Dort hinten rechts, fahr in diese Straße rein.«

Die »Straße« entpuppte sich als enges Gäßchen voller Schlaglöcher, in der kaum zwei Wagen parallel durchfahren konnten. Ich wähnte mich in einer Einbahnstraße, als plötzlich ein alter Peugeot vor mir aufkreuzte, der auf eine Ausweichstelle zurückstieß, um mich vorbeizulassen.

»Wir sind da«, sagte die junge Frau. »Hier ist es.«

Es gelang mir, den Wagen in einer Mauereinbuchtung einzuparken, und ich half der Frau auszusteigen. Gemeinsam gingen wir die schmutzige Treppe zu einem schmalen Gebäude hinauf. Im ersten Stock betraten wir einen kahlen, unfreundlichen Raum mit lackierten Wänden und gebohnerten Linoleumfliesen.

»Alles klar«, sagte ich und gab ihr die Hand.

Sie drückte scheu meine Hand und setzte sich auf einen Plastikstuhl zu einer Gruppe von Frauen, die niedergeschlagen dahockten, verschleiert die einen, in trostlosen Kleidern die anderen.

»Vielen Dank, daß Sie sie vorbeigebracht haben«, sagte eine Krankenschwester liebenswürdig, als sie mich zur Tür begleitete.

»Aber ich bitte Sie!« stieß ich hervor. »Wer läßt denn schon eine Frau mit krankem Kind bei dieser Hitze zu Fuß laufen!«

Die Krankenschwester war eine zarte junge Frau. Sie hatte ein schönes Gesicht, umrahmt von hübschen schwarzen Locken. Sie hätte eine Kusine von Gaby sein können.

Sie warf mir schweigend einen langen Blick zu, und ich ging die rissigen Betonstufen der Krankenstation hinunter. Welch harter Zug in diesem Engelsgesicht.

Das Dorf hatte weder Straßennamen, noch verfügte es über irgendwelche Verkehrsschilder, und es war keine leichte Sache, ohne fremde Hilfe wieder hinauszufinden. Ich fuhr im ersten Gang durch Sträßchen voller Schlaglöcher. Rinnsale schmutziger und übelriechender Abwässer flossen am Rand entlang. »Mein Gott, hier stinkt es ja erbärmlich.« Ich bemerkte ein Kind, das seinen Ball aus der Pfütze holte und schnell davonlief.

Schließlich wandte ich mich an einen ärmlich gekleideten jungen Mann.

»Die Hauptstraße liegt hinter dir. Nach der Kreuzung hältst du dich links«, erklärte er mir in einwandfreiem Hebräisch.

»Nach Umm-el-Fahem? Das ist genau der Ort, den ich dir zeigen wollte«, sagte Schmulik, der Verantwortliche für jüdisch-arabische Begegnungen in Giva. Er war ein kräftiger Bursche und hatte rötliche Haut. Ron hatte ihm meine Ankunft angekündigt.

Sein Büro befand sich in einem der Gebäude von Giva, das wie ein großer Kampus wirkte: großer Hörsaal, Bibliothek, Speisesaal für die Gemeinschaft, quadratisch angelegte Blocks mit Klassenzimmern und am Ende des Geländes die Zimmer. Schattenspendende Pflanzen überwucherten das gesamte Areal.

»Erzähl mir doch ein bißchen, was ihr hier so treibt«, bat ich ihn. »Danach, wenn du Lust hast, kannst du mir ein wenig von dir erzählen.«

Wir befanden uns hier im Hauptsitz von Hashomer Hatzair –, den jungen Pionieren – das heißt der Jugendbewegung, die ursprünglich die ersten Kibbuze ins Leben gerufen hat und deren Schlachtruf »Zionismus und Sozialismus« war. Aus ihr ging die politische Partei Mapai hervor.

»Unsere Aktivitäten sind sehr abwechslungsreich und vielfältig«, erklärte er mir. »Wir halten für unsere Kibbuzmitglieder verschiedene Kurse ab, zum Beispiel lehren wir linken Zionismus, Hebräisch für neu eingereiste Einwanderer, Arabisch...«

»Arabisch?«

»Wir sind eine der angesehensten Schulen für gesprochenes Arabisch der Palästinenser und für die Schriftsprache. Wir organisieren Kolloquien zur politischen Lage in den besetzten Gebieten und zu verschiedenen Problemen der Gemeinschaft; wir haben sogar ein ausgezeichnetes Informationszentrum über den Mittleren Orient mit angeschlossener Bibliothek. Das Zentrum funktioniert wie eine Universität. Das nächste Semester beginnt im Oktober.«

Schmulik kam aus einem Kibbuz im Norden und hatte um Versetzung gebeten, um Begegnungen zwischen Juden und Arabern unten im Süden zu organisieren.

Nachdem dieses Apartheidprogramm in die Knesset von Kapernaum Einzug gehalten hatte, hielten die linksgerichteten Aktivisten Jugendbegegnungen für dringend erforderlich. In einem

Land, wo Juden jüdische Schulen besuchen und Araber in arabische Schulen gehen, treffen sie noch nicht einmal aufeinander.

Schmuliks Aufgabe bestand darin, in die verschiedenen Gymnasien zu gehen und den Lehrkörper davon zu überzeugen, ihre Schüler in Gruppen zu zwanzig Prozent für drei Tage nach Giva zu schicken.

»Du kannst dir nicht vorstellen, wie man Überzeugungen und Meinungen in nur drei Tagen verändern kann«, sagte er lächelnd.

»Erzähl!«

»Am ersten Abend setzen wir sie in ein Klassenzimmer vor die Tafel und teilen sie in zwei Gruppen ein. Die Juden werden gefragt, was sie von den Arabern halten und umgekehrt. Ein Gesprächsleiter (ein von uns sorgfältig ausgewählter Profi) notiert gewissenhaft alles, was die Jugendlichen erzählen. Zu hören ist ›dreckig, faul, arglistig, brutal, Mörder‹ von seiten der Juden, und ›Mörder, Wüstlinge, Lügner, Diebe‹ von seiten der Araber. Dieses Verfahren ist der erste Begrüßungsschock. Zum einen, weil sie zum ersten Mal ihre schrecklichen Vorurteile schwarz auf weiß an der Tafel stehen sehen, zum anderen, weil es ausgesprochen traumatisch wirkt, wenn diese Äußerungen einem Menschen direkt ins Gesicht gesagt werden. Darüber hinaus ist es genau das, was sie denken. Es kommt vor, daß die Jugendlichen in lautes Gelächter ausbrechen, wenn sie diese ungeheuerlichen Beleidigungen hören, andere brechen in Tränen aus. Einige entschuldigen sich, andere stottern herum, wieder andere verlassen fluchtartig den Raum.«

»Und weiter?«

»Unsere Seminare sind auf die Minute genau durchorganisiert. Sie essen dann im Speisesaal, und du kannst da bereits feststellen, daß sich die Gruppen aufzulösen beginnen. Dann wird ein bißchen Sport getrieben, um den körperlichen Kontakt zu fördern. Wir verlangen von ihnen, gemeinsam auf Stühle zu klettern, und nach und nach werden einzelne Stühle entfernt, so daß sie gezwungen sind, sich aneinander festzuhalten. Im Laufe des Spiels hängen sie dann wie Kletten aneinander. Wir haben nie erlebt, daß ein Jude unter dem Vorwand, der andere sei Araber, diesen fallengelassen hätte und umgekehrt. Zusammen spielen ist der Beginn für gemeinsames Zusammenleben.«

Schmulik erläuterte mir noch die Diskussionen, in denen die Jugendlichen ihr Leid klagten sowie ihre Ängste und ihren bedrükkenden Alltag zum Ausdruck brachten: Bei den Juden ist es der Vater, der mitten im Jahr zum Militär eingezogen wird; oder die quälende Angst vor Anschlägen; oder die Ableistung des dreijährigen Militärdienstes, anstatt sein eigenes Leben zu führen. Bei den Arabern beherrschen die Themen Enttäuschung, Armut, Verhaftungen und Ausweisungen das Gespräch.

»Und warum kümmerst du dich darum? Wer bist du?« wollte ich schließlich von ihm wissen.

»Ich bin ein einfacher Kibbuzbewohner, der sich engagiert und extrem links ist. Und wenn ich extrem links sage, meine ich nicht die Mapai. Ich bin schon lange nicht mehr dabei. Schon immer war ich ein Verfechter des binationalen Staates, so wie es die Mapai ursprünglich auf ihre Fahnen geschrieben hatte. Aber nach 1967 haben die Parteimitglieder der Mapai im Namen des ›Realismus‹ beschlossen, dieses politische Ziel nicht weiter zu verfolgen, sondern sich der Idee vom jüdischen Staat anzuschließen. Ich halte nichts davon.«

»Du bist also kein Zionist?«

»Doch, natürlich! Ich möchte, daß die Juden ihr eigenes Land erhalten, aber ich will andererseits nicht, daß die Araber weggejagt werden oder dort als Bürger zweiter Klasse leben. Ich bin für Frieden mit den Arabern, die mit uns zusammenleben wollen.«

»Aber es herrscht doch kein Krieg zwischen Arabern und Israelis im eigenen Land.«

»Wann mußt du zurück zum Kibbuz?« fragte er mich und schien meiner Bemerkung keine Beachtung zu schenken.

»Ich habe Zeit bis morgen.«

»Dann komm, ich werde dir einige Dinge zeigen.«

Hinter der Tankstelle bog er rechts ab und fuhr auf eine Straße, die steil bergauf führte und an einem großen Betonklotz endete: dem Gymnasium von Umm-el-Fahem. Während der Schulferien stand es leer, und wir konnten uns umsehen, ohne belästigt zu werden. Schmulik drückte gegen eine kaputte Tür, die nur noch lose in den Angeln hing, und führte mich in die Turnhalle, deren Wände von oben bis unten vollgekritzelt waren.

»Verstehst du, was hier zu lesen ist?« wollte ich von ihm wissen.

»Nein, aber ich weiß, was es bedeutet. Es sind hauptsächlich nationalistische Parolen.«

Das Gebäude war schmutzig und vollkommen verwahrlost.

»Sieh dir den Pausenhof an. Ich kann dir natürlich nicht die Klassenräume zeigen, aber komm und sieh dir wenigstens an, wo die Jugend des Dorfes ihre Freizeit verbringt.«

Entsetzt verzog ich die Mundwinkel. Es war ein quadratisch angelegter Hof mit festgestampftem Lehmboden, an dessen Ecke ein Wasserhahn tropfte und eine schmutzige Pfütze bildete.

»Das ist ja ekelhaft.«

»So ist es«, sagte er einfach.

Bevor wir uns wieder in den Wagen setzten, wies Schmulik mit der Hand auf die andere Seite der Straße, wo sich eine sanfte Hügellandschaft ausbreitete.

»Die städtische Müllhalde«, erklärte er. »Heute steht der Wind günstig. An den Tagen, wenn der Wind aus nördlicher Richtung kommt, weht der Gestank direkt in die Ebene.«

Wir fuhren mit dem Wagen bergab und kreuzten eine kurvenreiche Straße, die zum Ortseingang führte.

»Wie viele Einwohner hat Umm-el-Fahem?«

»Man schätzt, zwischen zwanzig- und fünfundzwanzigtausend. Es ist eigentlich kein Dorf mehr, sondern die zweitgrößte arabische Stadt des Landes.«

Und kein einziges Schild weist darauf hin.

»Im Französischen würde man es ›Marktflecken‹ nennen.«

»Umm-el-Fahem war einmal ein Dorf. Im juristischen Sinn ist es voll und ganz zur Stadt geworfen.«

Als er in die letzte Haarnadelkurve einbog, bewunderte ich, wie geschickt er auf dem schmierigen Straßenpflaster dieses unglaubliche Gefälle meisterte, das zum Hauptplatz führte. Der Motor stotterte, doch der Wagen erreichte mühelos den Gipfel.

»Glücklicherweise sind die Straßen hier nicht vereist. Man riskiert ja Kopf und Kragen bei diesem Höhenunterschied.«

»Man kann hier auch ohne vereiste Straßen umkommen. Bei Regen ist es die reinste Rutschpartie. Siehst du diese Rinnsale, die die Straße hinunterlaufen; das kommt von den überlaufenden Klärgruben. Umm-el-Fahem hat keine Kanalisation.«

Ein widerlicher Geruch breitete sich aus.

»Und die Kinder spielen darin. Die Gemeindeverwaltung kämpft schon seit Jahren um notwendige Kredite, um die Kanalisation auszubauen. Umsonst.«

Er stellte seinen Wagen vor einem kleinen Café ab, vor dem uralte Taxis standen. Kaum war er ausgestiegen, als ihn auch schon einige Männer aller Altersgruppen überschwenglich begrüßten:

»Ahlan Schmulik!«

Er stellte mich als französische Journalistin vor und nahm mich mit in die Innenstadt.

»Würde es dir etwas ausmachen, einen Moment zu warten? Ich hole jemanden ab.«

Ich bestellte mir einen kleinen Kaffee.

»Eine Frau darf sich niemals allein in der Öffentlichkeit hinsetzen«, warnte er mich.

»Dann werden sie eben eine zu sehen bekommen.«

»Wie du willst.«

Ich hatte an einem Tischchen Platz genommen und war gerade dabei, Tee aus einem nicht allzu sauberen Glas zu trinken, als er zurückkam, um mich abzuholen.

»Ich wollte dich dem Bürgermeister vorstellen, aber er ist im Moment beschäftigt. Er ist ein alter Freund und hat mir ausrichten lassen, daß ich dich mitbringen kann.«

»Wohin?«

»Auf das Dach des Rathauses.«

Ich folgte meinem Führer in ein altes Haus, das etwas größer war als die anderen. Stufe um Stufe kletterten wir eine ausgetretene Holztreppe hinauf und begegneten einigen Herren mit Aktenmappen unterm Arm; kaum einen, den Schmulik nicht begrüßte, ohne ihm die Hand zu schütteln.

»Du kennst wirklich jeden hier, oder? Und sie scheinen sich ehrlich zu freuen, dich zu sehen.«

»Ich glaub auch«, erwiderte er bescheiden und versuchte seinen Stolz zu verbergen.

»Diese Kontakte kommen doch sicherlich nicht nur von der Organisation von Seminaren für Jugendliche...«

Schmulik lachte schallend.

»Nein, wirklich nicht.«

Er öffnete eine kleine Tür, und wir betraten eine große Terrasse, von der aus man den Ort gut übersehen konnte.

»Da wären wir«, sagte Schmulik und lehnte sich gegen das Geländer. »Das ist Umm-el-Fahem. Diese Hügel waren vor nicht allzulanger Zeit noch Felder, doch nach und nach werden immer mehr Häuser gebaut. Ursprünglich hatte auch noch jeder einen Garten, heute bleibt kein Platz mehr dafür, und alle leben Tür an Tür. Schau, Baustellen, wohin das Auge blickt. Sie arbeiten den ganzen Tag, um unsere Wohnhäuser fertigzustellen, und abends bauen sie ihre eigenen...«

»Und sie legen keine Kanalisation an?«

»Dafür benötigen wir Kredite, die uns der Staat verweigert.«

Mehr als eine Stunde spazierten wir durch die Straßen dieses Dorfes, das ein Opfer seines eigenen Wachstums war, trafen auf Hunderte von Frauen in armseligen Kleidern und Kinder, die in Pfützen herumplanschten.

»Ach!« rief Schmulik, als ein kräftiger Typ auf uns zukam. »Ich wollte, daß du ihn kennenlernt. Hast du Lust, einer Freundin aus Frankreich deinen neuen Kindergarten zu zeigen, Muhammad?«

Muhammad war so um die dreißig Jahre alt und ärmlich angezogen. Er grüßte mich, ohne mich wirklich zu sehen.

»Wir sind hier gleich um die Ecke, folgt mir.«

Er öffnete die Tür zu einem Haus und führte uns in ein dunkles Zimmer, in dem etwa vierzig kleine Kinder unter Aufsicht von zwei jungen Frauen spielten. Ich rümpfte die Nase.

»Ja, hier stinkt es«, sagte Muhammad (ich wurde rot), »doch das ist das beste, was wir für unsere Kinder finden konnten.«

Er klappte einen Fensterladen am hinteren Ende des Zimmers auf und lehnte sich hinaus. Ich tat es ihm gleich und erkannte, in welchen Räumlichkeiten sich der Kindergarten befand: in einem ehemaligen Stall.

»Glaub nur nicht, daß es uns gefällt. Wir haben uns hier niedergelassen, weil nirgendwo anders Räumlichkeiten zur Verfügung stehen.«

Schweigend durchquerten wir den Ort, um zu unserem Wagen zu gelangen. Ich war deprimiert, und Schmulik spürte es.

»Willst du immer noch alles sehen?« wollte er wissen.

»Ja. Alles.«

»Na gut. Sieh nach oben, und du wirst auf dem Dach des Rathauses...«

»Eine rote Fahne.«

»Ja, der Gemeinderat ist kommunistisch. Die Kommunistische Partei ist die einzige Partei in der Knesset, die charakteristisch ist für die Gemeinschaft der Araber. Dies gilt selbstverständlich nicht für alle Araber, aber im allgemeinen wählen sie die Kommunisten. Und das bedeutet hier Krieg zwischen Kommunisten und Mohammedanern. Letztere erhalten finanzielle Unterstützung aus dem Ausland, um den Unzulänglichkeiten von staatlicher Seite abzuhelfen: kulturelle Verbände, Schulen und Krankenstationen. Die Krankenstation, die du kennengelernt hast, wird von Israelis unterhalten; du hast ja gesehen, über welche Mittel sie verfügen... eines Tages werden die Mohammedaner über die Kommunisten einfach hinwegfegen und, meiner Meinung nach, jegliche Fortschrittsbewegungen unterbinden... Der Fehler liegt natürlich bei uns...«

»Bei uns...«

»Ja, bei uns Juden, die wir diese Menschen für unbedeutend halten und sie dementsprechend behandeln. Das ist reiner Wahnsinn!«

Am Ortsausgang lud uns der Direktor einer Kleiderfabrik zum Kaffee ein. Zweifellos wollte er mich beeindrucken und führte mich in seine Werkstatt, wo etwa zwölf Näherinnen über ihre Maschinen gebeugt saßen und kilometerlang Ärmel, Krägen und Knopfleisten absteppten. Industrie am Ort?

»So ist es«, erklärte mir stolz der Unternehmer. »Wir stellen hier Kleidung her, die dann in Tel-Aviv verkauft wird.«

»Und wer entwirft die Modelle?«

»Das Modegeschäft, das uns den Auftrag gibt.«

Tatsächlich also Industrie am Ort, die als Zulieferer fungiert und Frauen als Arbeitskräfte für Handarbeit beschäftigt. Dieses Land braucht keine Gastarbeiter aus dem Ausland. Sie sind längst vorhanden.

»Ahlan Schmulik!«

Hassan erschien uns fröhlich zu sein, und sein Lächeln war ehrlich. Er war von Beruf Anwalt, etwa dreißig Jahre alt, dunkler Typ mit lockigem Haar und sah sehr gut aus.

Er empfing uns in seinem geräumigen und komfortabel eingerichteten Haus außerhalb des Ortes. Er freute sich sehr, Schmulik zu sehen.

»Ich wollte zwar gerade gehen, aber bleibt doch ein paar Minuten. Ich hole nur eben Kaffee«, sagte er und bot uns einen Platz an.

»Wir sind hier im Herzen der nationalistischen Bewegung von Umm-el-Fahem«, erklärte mir Schmulik, als Hassan in die Küche verschwunden war. »Ihre Gruppe nennt sich ›Abna El Bald‹ oder ›Söhne des Landes‹ und ist gewiß die radikalste antizionistische Organisation.«

»Aber du...«

»Ich respektiere sie, und sie respektieren mich. Das ist alles.«

Hassan kehrte mit dem Kaffee zurück, als zwei Männer hereinkamen, um ihn abzuholen. Sie schüttelten uns höflich die Hand, als mein Blick am Schlüsselbund von einem der beiden hängenblieb: Ich erkannte ein Porträt Lenins.

»Ja, stimmt. Es ist Lenin. Der große Lenin«, sagte er und schaute mich fragend an. Ich lächelte.

»Ich bin auch Leninistin«, erwiderte ich.

Ich wußte nicht mehr, woran ich war.

»Kennst du die ›Keren Kayemet‹?« fragte mich Schmulik, als wir uns von Hassan und seinen Freunden verabschiedet hatten.

»Ich glaube, es ist eine Organisation, die Bäume pflanzt...«

»Genauer gesagt verwalten sie Grundstücke, um sie allen Juden, die sich in diesem Land niederlassen wollen, zur Verfügung zu stellen. Sie sind sehr stolz darauf, hier Tausende von Bäumen angepflanzt zu haben.«

»Ich habe davon gehört. Bäume auf unberührtem Land.«

Er schwieg, die Reifen kamen quietschend in einer schmutzigen Pfütze zum Stehen. Er hob den Arm zum Gruß, und einige Freunde winkten zurück. Wir fuhren den Hügel hinunter. Unvermittelt bog er nach Osten ab, und wir fanden uns in riesigen Apfelplantagen auf dem Gipfel eines Hügels wieder.

Mir waren die frischgepflanzten jungen Bäume vertraut, die hier so spärlich wuchsen. Die Kinder hatten mich früher zum Pilzesammeln in den Tannenwäldern mitgenommen. Es hatte mich damals amüsiert, wenn sie von »Wald« sprachen, denn ich kannte von Frankreich her nur üppige Laubwälder.

Schmulik hielt direkt vor einem großen Schild oben auf dem Hügel an.

»Du kannst hebräisch lesen, nicht wahr?«

»Ja. Hier steht ›Keren Kayemet Israel‹«, entzifferte ich stolz.

»Schau genau hin. Was siehst du?«

»Bäume. Was denn sonst?«

Mir wurde klar, daß er mir etwas Bestimmtes zeigen wollte, doch ich wußte nicht, was.

»Gut«, erwiderte er. »Hier direkt vor deinen Augen, was ist das?«

»Eine Kiefer. Und daneben noch eine Kiefer und dann noch eine. Sonst noch was?«

»Der Straße entlang nichts mehr. Aber weiter hinten?«

Die Bäume waren alle noch sehr klein; es sah aus wie eine Baumschule.

»Ach!« entfuhr es mir plötzlich, denn endlich hatte ich weiter hinten etwas entdeckt. »Ein Olivenbaum. Und noch mehr. Noch mehr.«

Er erklärte mit sanfter Stimme:

»Wir befinden uns hier im ehemaligen Olivenhain von Umm-el-Fahem. Die Einwohner des Dorfes, die du gerade kennengelernt hast, haben hier auf allen Hügeln Olivenbäume angepflanzt und Oliven geerntet. Sie wurden enteignet, um Bäume anzupflanzen, die niemanden ernähren. Nun komm, ich zeige dir noch etwas anderes.«

Wir stießen auf eine moderne Wohnsiedlung. Sie war wie ausgestorben, und man hätte sie für ein Ferienlager in der Nachsaison halten können. Hübsche Villen, gepflegter Rasen, buntbemalte Briefkästen, Kamine aus Stein, Straßenbeleuchtung... Fünf arabische Dörfer wurden enteignet, um diese Wohnanlage zu bauen. Lebensraum für Juden. Neue Einwanderer aus den Vereinigten Staaten wurden dort angesiedelt, doch sie sind einer nach dem anderen wieder fortgezogen, weil sie sich langweilten. Was hatten sie dort zu suchen? Zwei Autostunden bis Tel-Aviv, ohne Arbeitsstelle vor Ort, ohne Freizeitangebot... Die aus ihrem Heimatdorf vertriebenen Bewohner lebten zusammengepfercht wie Tiere in Umm-el-Fahem oder anderswo.

Schweigend setzte er sich wieder ans Steuer; es wurde dunkel. Auf der Straße Richtung Giva bog er noch einmal ab, ohne ein Wort zu sagen. Der Wagen holperte über einen steinigen Pfad, und Schmulik hielt vor dem Gärtchen eines Hauses an. Die Terrasse war beleuchtet.

»Hallo, Sliman!« rief er.

Ein großer Mann von etwa fünfundvierzig Jahren kam aus dem Haus; er trug eine schwarze Hose und ein offenes weißes Hemd. Er war schlank und fühlte sich offenbar wohl in seiner Haut, er wirkte entspannt und lächelte fröhlich.

»Ach, mein Freund Schmulik stattet seinem alten Freund Sliman einen Besuch ab. Und wen bringst du heute abend mit?« fragte er und musterte mich von oben bis unten. Ich wurde bis über beide Ohren rot.

Es war offenbar eine echte Männerfreundschaft, die sie miteinander verband. Schmulik, rothaarig, korpulent, nackenlanges dichtes, helles Haar, hellen Teint und feingeschwungene Lippen; und Sliman mit schwarzem lockigem Haar, das ihm in die Stirn fiel, dunkelgebräuntes, glattrasiertes Gesicht.

Er ließ uns auf der Terrasse Platz nehmen und ging für einen Moment ins Haus, aus dem das Gekreisch spielender Kinder nach draußen drang. Als er zu uns zurückkehrte, setzte er sich in einen bequemen Gartenstuhl.

»Und du hast gerade einer Jüdin unsere phantastische Hauptstadt gezeigt«, sagte Sliman und lachte.

»Nun, dieses Mal irrst du dich! Marion ist weder Israelin noch Jüdin. Sie kommt aus Frankreich.«

»Und du sprichst hebräisch?« fragte er mich.

»Ich komme schon seit langer Zeit in den Ferien in einen Kibbuz, den ich sehr liebe.«

»Ach ja! Die Kibbuzim, Wunder der Wunder! Dank ihrer Existenz besitzt mein Vater keinen einzigen Quadratzentimeter Land mehr. Er war einer der größten Pächter in dieser Gegend, heute gehört ihm nichts mehr, und mir bleibt nur noch das Grundstück für mein Haus.«

»Und es sind die Kibbuzim, die euch das Land weggenommen haben?«

»Natürlich! Wer bestellt denn in dieser Gegend die Erde, wenn nicht die Kibbuzim? Wo selbstverständlich Nichtjuden kein Recht zu leben haben.«

»Das stimmt nicht. Ich bin der beste Beweis.«

»Aber du bist keine Araberin, meine Liebe.«

»Übertreib nicht«, unterbrach ihn Schmulik. »Du hast nicht alles verloren, du hast studiert, du bist Anwalt, es fehlt dir an nichts.«

»So kann man es auch sehen. Es stimmt, ich habe genug, um meine Familie zu ernähren, aber ich werde nie die Jahre vergessen, als ich während des Studiums unter Hausarrest deiner Regierung stand. Als ob das ein Zufall war.«

Forschend blickte ich Schmulik an, um zu erkennen, wie er diesen Vorwurf aufnehmen würde, doch er zeigte nur sein breites Lächeln.

Plötzlich erschien eine Frau auf der Terrasse, die ganz offensichtlich wesentlich jünger war als ihr Mann. Sie trug ein Tablett mit Kaffeekanne und kleinen weißen Kaffeetassen. Sie stellte es ab und verschwand wieder.

»Bleibt deine Frau nicht bei uns?«

Er erriet meine Gedanken.

»Sie arbeitet in der Krankenstation von Umm-el-Fahem«, erzählte er, wie um mir zu beweisen, wie frei sie war.

»Ich kenne die Station, ich habe heute morgen eine junge Mutter per Anhalter mitgenommen und dort abgesetzt.«

»Also, daran sieht man, daß du nicht von hier bist!« rief Sliman und wurde sofort von Schmulik unterbrochen:

»Du übertreibst.«

»Hör mal«, sagte Sliman. »Ich kenne dich doch, Schmulik, ich vertraue dir, ich weiß, daß du der erste wärst, der hundert Kilometer Umweg in Kauf nehmen würde, um jemand von uns nach Hause zu bringen. Aber wie viele haben diese Einstellung in deinem Kibbuz, kannst du mir das sagen?«

»Doch, ich kenne einige«, erwiderte er. »Du kennst sie nicht und tust auch nichts dafür, sie kennenzulernen.«

»Sie sollen auf mich zukommen. Ich bin doch der Unterdrückte, oder?«

Es war ein kleiner Schlagabtausch unter Freunden. Die beiden Männer schienen sich wirklich zu mögen. Die aggressive Haltung des Palästinensers zielte nur darauf ab, den Israeli, der ruhig und entschlossen wirkte, aus der Reserve zu locken.

»Ich bin dein guter Jude, Sliman. Gib zu, daß du uns verabscheust.«

»Ich verabscheue meine persönliche Situation und die meines Volkes. Ich kämpfe für meine Rechte, das ist alles. Leute wie du sind in der Minderheit, Schmulik. Du bist der einzige, den ich kenne, der Umm-el-Fahem anderen Leuten zeigt, die diesen Ort noch nicht einmal finden, wenn sie eine Landkarte anschauen. Und du weißt genau, wenn alle Juden so wären wie du, würde sich alles vollkommen anders abspielen.«

Als wir uns verabschiedeten, begleitete uns Sliman zum Wagen und hakte sich bei seinem Freund unter.

»Ach! Schmulik, wenn doch alle so wären wie du!« Dann wandte er sich an mich:

»Ich habe meine Anwaltspraxis in Hedera. Komm mich besuchen, wann du Lust hast, wenn du etwas erfahren willst. Ich könnte dir einige Gesetzestexte zeigen. Ich habe jetzt leider keine Visitenkarte bei mir, aber frag Schmulik, er weiß genau Bescheid.«

»Ich fliege morgen nach Frankreich zurück.«

»Aber dann hast du nichts gesehen!«

»Das Leben liegt noch vor mir«, erwiderte ich. »Ich werde zurückkommen.«

»Ahlan wa Sahlan!«

»Das bedeutet ›Sei herzlich willkommen‹«, übersetzte Schmulik, bevor er sich ans Steuer setzte. »Bis zum nächsten Mal, Sliman.«

»Wann immer du willst!«

Nachdem ich fast die ganze Nacht kein Auge zugetan hatte, traf ich Schmulik zum Frühstück im großen gemeinsamen Speisesaal. Er schnitt gerade eine Tomate und Gurke in kleine Stücke, um sich einen Salat zu machen.

»Ich habe sehr schlecht geschlafen«, sagte ich und stellte mein Tablett ab.

»Das kann ich mir vorstellen«, erwiderte er freundlich. »Am Anfang ist das immer so...«

Was für ein komischer Kauz, so sanft und ruhig, der versucht, dir mit Samthandschuhen die knallharte Wirklichkeit vor Augen zu führen.

»Besuchern die Augen öffnen, tust du das oft?«

Er brach in Gelächter aus.

»Ich tue das andauernd. Aus diesem Grund habe ich die Stelle in Giva angetreten. Es ist nur wenige Schritte von Umm-el-Fahem entfernt.«

»Hör zu, Schmulik«, sagte ich und mein Blick verdüsterte sich. »Es tut mir weh, dies alles zu sehen. Aber ich will alles wissen, alles erfahren.«

»Aber du fährst heute abend...«

»Diese Arabischkurse...«

»Interessieren sie dich?«

»Ja. Ich könnte am Sabbat in meinem Laden freibekommen. Nichts hält mich in Frankreich, ich würde gern hierher zurückkommen, dich wiedersehen, und ich will...«

»Sahlan wa Sahlan!« sagte er und lachte.

»Sprichst du gut arabisch?«

»Nein, aber ich verstehe fast alles.«

»Ich werde zurückkehren. So bald wie möglich.«

DRITTER TEIL

Die Forderung

Kapitel 15

Ich traf alle notwendigen Vorbereitungen, um »Palästina am eigenen Leibe zu erfahren«. Ich vermietete meine Wohnung, erhielt von meinem Arbeitgeber Urlaub, gab meine Sachen per Schiffsfracht auf und kaufte mir ein undatiertes Rückreiseticket.

Im Kibbuz verlief alles bestens. Man wies mir ein Zimmer zu, wohin ich während der Wochenenden zurückkehrte, und bot mir an, jeden Freitag bei der Kosmetikabteilung zu arbeiten. Gaby war Englischlehrerin geworden. Die Vorsehung meinte es gut mit mir, denn ihre Nachfolgerin hatte ihre Ausbildung noch nicht beendet, so daß ihr Platz frei war.

Ron war mir schon seit langem sehr zugetan und ganz begeistert von der Idee, mich für sechs Monate in Giva als Mitbewohnerin aufzunehmen. Eines Morgens um fünf Uhr nahm er mich in seinem Dienstwagen mit und erklärte mir unterwegs, daß die Arabischkurse in zwei Gruppen aufgeteilt waren: Ein Kurs bestand aus Erwachsenen, die die Sprache aus ideologischen Gründen lernen wollten (hauptsächlich Mapai-Aktivisten), der andere aus Jugendlichen, die noch nicht zur Armee eingezogen worden waren.

»Wir möchten, daß sie die Araber früh genug kennenlernen, sonst laufen sie Gefahr, sie nur vor ihrem Zielgewehr im Visier zu haben!« machte er deutlich. Die Armee wird für alle Kontakte mit der Bevölkerung mit Vorliebe Kenner der arabischen Mentalität nehmen, und wir möchten, daß ein Großteil von uns kommt, um das Feld nicht den Rassisten zu überlassen, die nur Klischeevorstellungen vom arabischen Volk in ihren Köpfen haben.

Givat Haviva war nicht einfach nur ein Ausbildungszentrum, sondern ein Ort von besonderer politischer Bedeutung. Das war genau das, was ich suchte. Bei einer Kurve der Straße begegnete ich Schmulik, der unvermittelt stehenblieb, als er mich erkannte.

»Na, so was, wen haben wir denn da!«

Er drückte mich an sich wie eine alte Freundin. Ich klopfte ihm liebevoll auf den Rücken.

»Heute abend fahre ich nach Umm-el-Fahem, um einen nicht gerade alltäglichen Typen zu besuchen. Kann ich dich mitnehmen?«

Genau deshalb war ich gekommen.

Der Mann hieß Walid. Er war eine Mischung aus Dieb, Schmuggler und Rumtreiber aus den heruntergekommenen Vierteln von Tel-Aviv. Nach einigen Jahren Gefängnis hatte er plötzlich beschlossen, ein ordentlicher Mensch zu werden. Er hatte geheiratet, Kinder in die Welt gesetzt und einen Beruf ausgeübt, was für einen Araber aus seinem Milieu bedeutete, daß er beim Bau beschäftigt war. Wie viele andere auch hatte er sich sein eigenes Haus gebaut. Schmulik erklärte mir das alles auf der Straße nach Umm-el-Fahem. Kurz vor der Kreuzung bog er nach links ab.

Der Ort wurde Ein Ibrahim genannt und war aus purem Anarchismus dort gebaut worden. Der Wagen holperte über einen steinigen Weg, bevor er vor einem großen Trümmerhaufen anhielt, der nur schwach von den Lampen der nahegelegenen Straße erhellt wurde.

»Was ist denn das hier?«

»Das ist Walids Haus. Es wurde letzte Woche in die Luft gesprengt. Sie haben der Familie zehn Minuten Zeit gegeben, um den Ort zu verlassen. Dann haben sie das Haus in die Luft gejagt. Wohnhaus ohne Baugenehmigung.«

Meine Kehle zog sich zusammen.

»Er muß hier irgendwo in der Gegend sein.«

Wir gingen ein Stück im Schatten und erreichten eine Ölmühle, wo trotz fortgeschrittener Stunde emsige Betriebsamkeit herrschte. Während der Saison drehte sich die Mühle Tag und Nacht, und die Arbeiter kippten Karrenladungen von Oliven, die von der Bevölkerung geerntet wurden, in die große Presse. Der Betriebsleiter kam uns entgegen.

»Hallo Schmulik! Wie geht's dir?« begrüßte er uns.

Zusammen setzten wir uns an einen niedrigen Tisch, auf dem einige Tassen standen.

»Guten Abend, Madame. Tee oder Kaffee?« Wir nahmen auf Kisten Platz.

»Ich mag ihn nicht besonders. Er ist ein Arschkriecher«, flüsterte Schmulik mir zu. »Er stellt sich mit allen Israelis gut, um für sich einen Vorteil herauszuschlagen. Die Leute im Dorf mögen ihn nicht.«

Am Ende des Gebäudes stand ein kleiner Mann mit Schirmmütze, den Schmulik kannte. Er winkte ihm zu, und der Mann kam näher.

»Darf ich dir Walid vorstellen?« fragte er.

Der Mann hatte herausgebrochene Zähne, war nervös und zappelig – das reinste Nervenbündel. Er setzte sich auf einen der Körbe.

»Wo konntest du denn deine Familie unterbringen?« erkundigte sich Schmulik mit ruhiger und einfühlsamer Stimme.

»In einem Schuppen«, antwortete Walid haßerfüllt.

»Erzähl doch unserer Freundin, wie sich alles zugetragen hat.«

Walid musterte mich eindringlich und sprudelte los. Sein Hebräisch war vulgär und gespickt mit Kraftausdrücken.

»Natürlich haben sie mir vorher Bescheid gegeben: Ich hatte eine gerichtliche Vorladung erhalten, mein Haus selbst zu zerstören. Aber Häuser, die ich gebaut habe, die zerstöre ich doch nicht! Ich habe mich geweigert, und sie haben mich ins Gefängnis gesteckt. Meine Familie hatte praktisch nichts mehr zu essen. Also habe ich ihnen, um rauszukommen, versprochen, das Haus selbst zu zerstören. Aber ich konnte es nicht tun. Sie sind mit der Armee angerückt und haben alles in die Luft gesprengt. Diese Scheißkerle! Verdammtes Judenpack! Hurensöhne! Eines Tages werde ich mich rächen. Von wegen Wohnungsbau ohne Genehmigung! Sie geben ja gar keine Genehmigungen hier; und trotzdem muß man doch bauen, oder?«

Walid wurde von einem nervösen Zittern erfaßt, seine Augen sprühten vor Haß. Er mußte sich zusammennehmen, um nicht loszuschreien.

»Als ich mich entschloß, wieder auf den rechten Weg zu kommen, wollte ich wirklich ein ehrlicher Mensch werden. Ich schwor bei Allah, niemals wieder zu stehlen und mich mit den Juden anzulegen. Ich wollte versuchen, mit ihnen in Frieden zu leben. Tja! Ich werde euch sagen, was dabei für euch herausgesprungen ist: Ich hasse euch! Jawohl, euch alle! Und bis zu meinem letzten Atemzug werde ich euch hassen und alles daran setzen, euch zu zerstören. Euch, eure Söhne, eure Väter, eure Frauen, alle Juden dieser Welt sind ab heute meine Feinde.«

Ich war nicht gekommen, um das zu hören.

»Gilt das auch für Schmulik?« wagte ich zu fragen.

»Natürlich nicht. Für mich ist er kein Jude.«

»Ich bin aber Jude«, sagte Schmulik ruhig.

Wütend blickte ihn Walid aus zusammengekniffenen Augen an. Wäre er nicht ein abgebrühter Typ gewesen, wäre er sicher in Tränen ausgebrochen.

»Sogar das Fernsehen ist bei mir gewesen, als sie den Film über Umm-el-Fahem gedreht haben. Und ich habe ihnen das auch klipp und klar gesagt, was ich gerade gesagt habe. Ich HASSE euch! Du bist ein guter Mensch, Schmulik, aber du bist naiv. Je öfter du uns besuchst, desto weniger kannst du es ertragen, in diesem Scheißland Jude zu sein. Du merkst gar nicht, wie sie dich ausnutzen, nur um zu sagen, daß sie etwas Gutes tun. Aber auf welcher Seite stehst du?«

Sliman hatte ihn dasselbe gefragt, und auch jetzt verlor Schmulik nicht die Fassung.

»Kann ich etwas für dich tun?« fragte er und legte seine Hand auf Walids Schulter.

»Klar! Macht, daß ihr wegkommt! Alle! Zum Meer! Und zwar schnell!«

Er sah meine Schachtel Zigaretten und streckte schüchtern seine Hand aus.

»Darf ich?«

»Aber natürlich«, erwiderte ich und hielt ihm mein Feuerzug hin.

Wir fuhren mit einem unguten Gefühl im Bauch zurück.

»Das ist erst der Anfang«, sagte Schmulik. »Du hast noch nichts gesehen.«

Ich verzog mein Gesicht.

»Warum machst du das alles?«

»Ich habe es dir schon gesagt. Und ich glaube, ich bin ein guter Jude. Ich setze nur das um, was ich gelernt habe: Liebe deinen Nächsten wie dich selbst.«

»Und wer ist dein Nächster, Schmulik?«

»Die ganze Welt. Und hier hält man mich für naiv.«

»Glaubst du, daß es wahr ist?«

»Wenn ein Gewissen zu haben naiv sein bedeutet, dann ja. Aber ich bin eher der Meinung, daß die anderen blind sind.«

Ich wurde in einem kleinen Zimmer im Stil der Studentenwohnheime untergebracht, was mir aber ganz gut gefiel. Direkt vor dem Fenster ein Schreibtisch, ein Einzelbett und ein Schrank, der als Trennwand zwischen mir und einer etwa vierzigjährigen Frau diente. Sie hieß Naomi. Früher muß sie einmal sehr schön gewesen sein, aber die Jahre hinterlassen bei gewissen Freßlustigen schonungslos ihre Spuren, und Naomi war von oben bis unten so richtig dick und rund. Sie war fünfundvierzig Jahre alt, war also genauso alt wie meine schöne Freundin Gaby. Sie hatte dichtes langes, leicht ergrautes Haar, doch ihr Lächeln war frisch und jugendlich. Ich spürte, daß ich sie als neue Freundin gewinnen würde.

»Kommst du zur Kundgebung?« fragte sie mich, während sie ihre Sachen in den Schrank räumte.

»Welche Kundgebung?«

»Morgen ist der vierzigste Jahrestag des Massakers von Kfar Kassem. Ich glaube, ganz Giva wird daran teilnehmen.«

Das fing ja gut an.

Ilan, Direktor des Institutes für Arabische Studien in Giva, hatte den Sprachgrundkurs für Arabisch unterbrochen, um die Demonstration anzukündigen. Wir waren neun Personen im Kurs, Naomi und ich, eine junge Amerikanerin namens Ann, die gerade angekommen war und die hebräisch mit einem scharfen amerikanischen Akzent sprach, und Hava, eine Frau undefinierbaren Alters. Außerdem waren noch drei Männer so um die Sechzig mit dabei, alte Mapai-Aktivisten, und zwei jüngere, Moty und Iuval.

»Die meisten von euch wissen, was das Massaker von Kfar Kassem bedeutet«, begann Ilan, ein schmächtiger Mann mit roten Haaren, schmalem Gesicht und sehr leiser Stimme. »Aber alle anderen möchte ich daran erinnern, daß im Jahre 1956 auf Anordnung von Ben Gurion die Armee in dieses Dorf einmarschiert ist, um dort nach Terroristen zu suchen. Sie hat einige Dutzend Unschuldige grundlos getötet. Es wird heute nachmittag hier in der Gegend ziemlich voll werden, und selbstverständlich werde ich ebenfalls dort sein wie alle anderen Leiter von Giva. Wir erklären uns solidarisch mit allen Protestaktionen gegen dieses Massaker. Wer möchte mitkommen?«

Wir hoben alle unsere Hand außer Iuval, einem blonden Mann mit aschgrauem Bart, der mürrisch dreinblickte und das Wort ergriff:

»Ich bin hier, um eine Sprache zu lernen, nicht um Politik zu machen. Außerdem, wenn die Zahal all diese Menschen umgebracht hat, muß sie wohl einen Grund gehabt haben. Ich möchte mir nicht anmaßen, darüber zu urteilen.«

Die drei älteren Männer sprangen von ihren Stühlen auf.

»Es geht hier nicht darum, gegen die Zahal zu sein, sondern gegen ihren Machtmißbrauch zu protestieren. Jeder von uns wird zu dem einen oder anderen Zeitpunkt ebenfalls Soldat dieser Armee sein, und deshalb müssen wir die ersten sein, die gegen Massaker an Zivilisten protestieren«, warf Nimrod ein, ein kleiner Mann vom alten Schlag, der vor Vitalität strotzte. Die zahllosen Fältchen verliehen seinen Gesichtszügen eine gewisse Schönheit.

»Ich gehe auf keinen Fall mit«, sagte Iuval.

»Niemand zwingt dich«, antwortete Ilan. »Ich melde also den Transport für acht Leute aus der Gruppe an.« Dann ging er.

Der Sprachgrundkurs Arabisch war zu einer langen Diskussion

auf hebräisch zu diesem Thema geworden. Jamal, ein dicklicher und sehr redseliger Palästinenser so um die Dreißig, der an seinem Jackenaufschlag die Rose der Sozialistischen Internationale trug, erklärte:

»Ich bin Mitglied der Mapai. Ich arbeite in Giva aus Überzeugung. Wir müssen miteinander leben, und das kann man lernen. Die Anwesenheit der alten Parteiaktivisten auf dieser Demonstration wird ganz besonders von den Arabern zur Kenntnis genommen. Das heißt, niemals Öl in die Flammen gießen, sondern Solidarität zeigen.«

Nimrod führte sich wie der Anführer unserer Gruppe auf.

»Als überzeugter Zionist werde ich mich bei allen Kundgebungen und Demonstrationen einsetzen, die den Mißbrauch der Armee und des Staates Israel anprangern. Gerade weil ich Zionist bin, tue ich das. Ich will, daß sich mein Land korrekt verhält, und ich habe die Absicht, dies laut und deutlich zu sagen.«

Der Platz des Dorfes war für das Treffen mit Stühlen, einer Tribüne und einer Lautsprecheranlage umgestaltet worden. Einige Dutzend Journalisten standen sich mit ihren Mikrofonen und Kameras gegenseitig im Weg. Auf den Terrassen der umliegenden Häuser standen Hunderte von Frauen und Kindern zusammengedrängt. Einige junge Mädchen in Bluejeans, wie um ihre politische Haltung zu demonstrieren, tollten in der Menge herum, die aus Juden und Arabern bestand; ein paar Alte stützten sich auf ihre Stöcke und riefen sich lautstark Glückwünsche zu.

»Vor dir siehst du die zarte Rose des Kommunismus in diesem Land«, sagte Schmulik, als er sich neben mich setzte. Schau, da oben auf der Tribüne sitzt der Führer der Kommunistischen Partei. Von ihm erzählt man sich die Geschichte, daß er, wenn es in Moskau regnet, hier seinen Regenschirm aufspannt.«

Ich lachte laut auf.

»Und abgesehen von den Kommunisten, wer sind diese anderen Leute?«

»Von jüdischer Seite viele Mapai-Anhänger. Auf arabischer

Seite sind es vor allem natürlich Nationalisten. Entschuldigst du mich einen Augenblick. Ich bin gleich wieder zurück.«

Während er wegging, um eine alte Bekannte zu begrüßen, stand ich auf, ging unten zwischen den Stuhlreihen entlang, auf denen die Assistenten gerade Platz nahmen, und lief zur Tribüne.

»Hallo!« rief ich einem hochgewachsenen und gutaussehenden Mann zu, der ein Mikrofon überprüfte.

Er riß die Augen auf, erkannte mich und lächelte mir zu. Er kam zu mir her und drückte mir die Hand. Es war Sliman.

»Was machst du denn hier?«

»Ich bin zurückgekommen, um Arabisch zu lernen«, sagte ich mit einem verführerischen Lächeln. »Ich bin in Giva.«

»Mit Schmulik?«

»Andere sind auch noch da.«

Einige Redner nahmen ihre Plätze ein.

»Es geht gleich los. Bis dann!«

»Bis später«, erwiderte er und verzog, sichtlich erfreut, sein Gesicht zu einem Lächeln.

»Gestern bist du angekommen, und heute kennst du bereits einen der Redner!« zog mich Naomi belustigt auf.

»Und noch dazu den am besten aussehendsten! Er verschlingt dich geradezu mit seinen Blicken, meine Schöne.«

»Er ist verheiratet«, sagte ich stumpfsinnig.

»Ich habe gehört, daß ihn das nicht besonders stört.«

»Geh mir nicht auf die Nerven, ja!«

Sie lachte laut auf.

Ich verstand nicht das geringste vom ersten Teil der Veranstaltung, da alle Reden auf arabisch gehalten wurden. Ich bemerkte nur, wie Schmulik einige Male zusammenzuckte.

»Er übertreibt maßlos. Er sagt, es sei alles von Anfang an so gewesen. Er steckt uns alle in eine Schublade und versucht nicht einmal, in Nuancen zu differenzieren.«

»Aber du magst ihn trotzdem gern, nicht wahr?«

»Sehr«, antwortete er.

Nachdem die Vertreter der Mapai das Wort ergriffen hatten,

wurde ich wieder zuversichtlich. Es gab absolut nichts gegen die Anschuldigung einzuwenden, daß die Juden ihre Macht gegenüber der arabischen Bevölkerung mißbrauchten. Seit meinem Treffen mit Schmulik befürchtete ich, daß meine Freunde sich auf die Seite der Unterdrücker schlagen würden, und die Standfestigkeit des Redners tat mir gut. Ich vertraute mich Naomi an.

»Du wirst keine Rassisten unter uns finden«, sagte sie mir. »Die Mapai hat eine lange sozialistische Tradition. Das Zusammenleben mit den Arabern ist für uns ein unbedingtes Muß. Und wie findest du Sliman?«

Ich blickte zum Himmel.

»Und du?«

Naomi lachte.

»Gutaussehender Mann, oder? Hättest du gesehen, wie er dich förmlich mit seinen Blicken auszog, als wir uns nach der Veranstaltung beim Wagen getroffen haben.«

»Ich bin nicht wegen einer Liebesromanze hierhergekommen – weder mit verheirateten Männern noch mit anderen.«

Sie lächelte mir schelmisch zu.

»Du kannst eine erleben, ohne sie suchen zu müssen. Ich gebe dir mein Wort, daß es passieren wird!«

»Na ja! So ist das Leben!«

Ich war froh, hier zu sein. Hier erlebte ich Israel, wie ich es liebte.

Kapitel 16

Wenn ich an zwei Tagen der Woche in meinen Kibbuz zurückkehrte, erlebte ich den Alltag, wie er früher einmal gewesen war. An jedem vierten Sabbat erledigte ich den Geschirrabwasch und paßte auf die Kinder auf. Jeden Freitag verbrachte ich in der Kos, tauchte meine Finger voller Wonne in die Cremes und massierte die Gesichter meiner Freundinnen, die mir ans Herz gewachsen waren. Aus den jungen Mädchen waren Mütter geworden, Mütter wurden Großmütter, die Kinder von einst waren zu jungen Frauen herangewachsen, die ich pflegte und denen ich Ratschläge gab.

»Man könnte meinen, das Alter ginge spurlos an dir vorüber«, sagte die hübsche Sharon eines Tages zu mir, während ich ihr eine Maske auflegte.

»Ich bin aber schon sechsunddreißig Jahre alt. Wie die Zeit vergeht...«

»Seit wann bist du jetzt schon bei uns?«

»Im Frühjahr werden es fünfzehn Jahre...«

»Stell dir vor, fünfzehn Jahre! Und wie findest du den Kibbuz heute?«

Er hatte sich sehr verändert. Er war natürlich schön wie eh und je: kleine Sträucher waren zu Bäumen ausgewachsen, üppig wucherte die Vegetation, die Fertighäuser waren alle durch Häuser aus Stein ersetzt worden. Tel-Nir, mein kleiner Kibbuz, war erwachsen geworden. Dennoch war etwas gestorben, was ich früher so geliebt hatte. Immer weniger Mitarbeiter aßen gemeinsam im Speisesaal zu Abend. Diese Veränderung hatte sich ganz still und leise mit den ersten Fernsehgeräten in den Häusern eingeschlichen.

»Einige Dinge machen mich traurig. Das Abendessen war mit die schönste Zeit des Tages. Man konnte jeden treffen und hatte seinen Spaß. Wenn man heute Leute treffen möchte, so geht man sie bei sich zu Hause besuchen. Ich sehe den Zeitpunkt kommen, wo die Kinder bei ihren Eltern schlafen werden und die Kinderkrippen leerstehen. Ich liebe Tel-Nir noch immer, aber die Verbürgerlichung macht mir Kummer.«

»Uns auch. Die jungen Leute langweilen sich heute. Sie haben nur noch einen Gedanken im Kopf: weggehen. Genau das werde ich auch tun, wenn ich in einigen Monaten meinen Militärdienst abgeleistet habe.«

»Kommst du mich dann in Paris besuchen?«

»Natürlich, wie alle anderen auch.«

Am Morgen eines Sabbats traf ich nach dem Frühstück einen alten Freund.

»Los geht's!« verkündete er munter, mit einer Mütze auf dem Kopf und einem Stock in der Hand. »Ich brauche frisches Reisig für meine Körbe. Komm, ich nehme dich mit.«

Menachem hatte über Jahre hinweg unter Depressionen gelitten, die er selbst in den Griff bekommen hatte, als er für sich die handwerkliche Arbeit entdeckte. Er hatte das Korbflechten erlernt, und nun war er ein anerkannter Künstler, der seine Werke im ganzen Land ausstellte. Er war eine Persönlichkeit.

Der Regen, der vor einigen Wochen gefallen war, hatte die Erde mit tiefgrünen Pflanzen überzogen. Die Morgensonne ließ die Landschaft in glitzernder Schönheit erstrahlen. Menachem ging die Straße entlang, den Stock in der Hand. Er stieg über die Kuhfladen, ging zwischen Kakteen und wilden Kräutern hindurch. Eine Stunde lang erklärte er mir den Gebrauch aller Heilkräuter. Dann beschloß er, eine Pause einzulegen.

»Da«, sagte er und hielt mir seine Feldflasche hin, »trink einen Schluck und schau, wie schön es hier ist.«

Ich setzte mich auf einen Steinhügel, schlang den Pulli um meine Taille und genoß die Landschaft.

»Ist es nicht wunderbar hier? Der Ort heißt Dar Jabrin.« schwärmte Menachem.

»Dar Jabrin? Ich dachte, das Haus dort oben hieße so.«

»Die ganze Gegend heißt so.«

Mein Blick schweifte in die Ferne. Ich ließ mich von der Landschaft verzaubern. Wie schön war es hier: Olivenbäume, Kakteen, Thymian und Rosmarin – dieser natürliche, würzige Duft der Erde. Mein Blick blieb an einem Steinhügel hängen, der dem ähnelte, auf dem ich aß. Neugierig geworden, stand ich auf und entdeckte noch einen dritten und vierten. Ich ging noch ein Stückchen weiter und stellte fest, daß alle Hügel ungefähr gleich hoch waren und sich entlang eines Weges auftürmten. In der Mitte dieser Reihe befand sich ein kleinerer Hügel. Ich ging näher hin, kniff die Augen zusammen, und ein Schauder überlief mich.

»Menachem! Wir sind hier im Zentrum eines Dorfes; eines zerstörten Dorfes! Dies hier sind alles Wohnhäuser. Wir befinden uns in einer Straße, und dort drüben ist der Brunnen.«

Sein Blick wurde starr.

»Erzähl mir, was du über Dar Jabrin weißt.«

»Die Menschen, die hier lebten, sind weggegangen, das ist alles. Das ist schon lange her. Es gehört jetzt uns.«

»Aber es sind doch keine Häuserruinen; diese Häuser wurden in die Luft gesprengt. Die Natur bringt wohl kaum so eine Zerstörung zustande. Wie, glaubst du, sind die Steine so herangerollt, daß sie den Brunnen verstopfen?«

Er runzelte die Stirn.

»Es ist wahr. Man hat die Häuser zerstört, um die Menschen daran zu hindern, zurückzukehren oder von einer Rückkehr zu träumen, die unmöglich ist.«

»Aber wo sind diese Leute jetzt?«

Er zuckte leicht mit den Schultern und kniff die Lippen zusammen; ein abweisender Zug lag um seinen Mund.

»Keine Ahnung. Irgendwo anders. Verschwunden. Das ist schon lange, sehr lange her.«

»Vierzig Jahre, höchstens!«

»Sie sind noch am Leben! Und leben irgendwo.«

»Hör zu«, sagte er ärgerlich, »reden wir nicht mehr davon. Was bringt das? Wir sind hier nicht in den besetzten Gebieten; wir sind hier in Israel. Dieses Land gehört uns, und du weißt das. Sie hätten nur hierbleiben müssen.«

»Aber warum dann ihre Häuser in die Luft jagen?«

»Es war menschlicher so. Man nährt schließlich nicht eine Hoffnung, wenn sie unmöglich zu erfüllen ist.«

Menschlicher! Menschlicher! Das Wort ging mir auf die Nerven. Die »Menschlichkeit« Israels begann mich gegen sie aufzubringen.

An meinem Schreibtisch, der direkt am Fenster stand, beendete ich gerade meine Hausaufgaben, als es dreimal leise an die Tür klopfte. *»Ken*«*, rief ich kurzangebunden, ohne von meiner Arbeit aufzusehen.

Die Tür öffnete sich, und Sliman stand da.

»Oh, du bist es!«

»Du hast mich also doch erwartet«, sagte er, als ich ihn verblüfft ansah.

»Ja, ja, komm rein. Setz dich. Möchtest du etwas trinken?«

Ohne seine Antwort abzuwarten, ging ich zur Dusche, um den Kessel zu füllen und Teewasser aufzusetzen. Sliman setzte sich auf Naomis Bett.

»Mit wem teilst du das Zimmer?«

»Mit einer sehr netten Frau. Jeden Dienstag nachmittag haben wir ›schulfrei‹, und sie fährt zum Schlafen nach Hause, wie alle anderen auch. Es sind dann nur noch zwei, die hierbleiben.«

»Du hast dich also dazu durchgerungen, mich wiederzusehen«, sagte er spöttisch. »Darf man fragen, warum du deine Meinung geändert hast?«

Er hatte mich öfter angerufen, und ich hatte immer wieder neue Ausreden und Entschuldigungen gefunden, um seine Einladungen abzusagen.

»Ich muß mit dir reden.«

»Na gut! Ich führe dich zum Abendessen aus«, sagte er.

»Wir haben heute schon zu Abend gegessen, um sechs Uhr.«

»Und eine so schöne Frau wie du darf nicht zweimal essen...?«

»So ist es nun auch wieder nicht. Ich habe einen Bärenhunger.«

»Ausgezeichnet. Und du bleibst ja auch schön und schlank!«

Ich drehte mich um, um meinen Ärger zu verbergen.

»Hör auf!«

»Was denn? Magst du keine Komplimente?«

Ich reichte ihm ein Glas Tee, nahm einen Stuhl und sah ihm direkt ins Gesicht.

* Ken – hebräisch: ja

»Ich wollte dich nicht deshalb wiedersehen.«

Seine Augen lachten, und sein Mund schien zu einem Lächeln erstarrt. Er war vollkommen von sich selbst überzeugt.

»Na komm, ich habe Hunger«, sagte er. »Mal sehen, ob dein Appetit wirklich so groß ist.«

Wir nahmen in einem netten kleinen Restaurant an der Stadtmauer von Cäsarea Platz. Vom Meer her wehte eine leichte Brise, und wir waren fast allein in dieser romantischen Umgebung. Ich klammerte mich an die Tischkante.

»Probleme?«

»Ich habe Hunger«, log ich.

»Na also! Dann such dir etwas aus! Kann ich dir behilflich sein?«

Er beugte sich zu mir herüber, um mir die Menükarte zu zeigen. Ich beugte mich nach vorn, um die Karte mit ihm zusammen zu lesen, und er zwickte mich leicht in die Nase. »Du bist sehr hübsch!«

»Such du etwas für mich aus«, sagte ich und lehnte mich zurück.

Der Kellner war Araber, und Sliman bestellte in seiner Muttersprache. Ich hatte Zeit, mich zu beruhigen.

»Du hast mir erzählt, die Kibbuzbewohner hätten dir dein ganzes Land weggenommen. Kannst du mir erklären, wie?« stieß ich schließlich hervor.

Don Juan wurde plötzlich ernst.

»Man hat dir sicher erzählt, daß die Palästinenser freiwillig weggezogen sind, nicht wahr? Lüge Nummer eins. Kennst du irgendeinen Bauern auf der Welt, der sein Land verläßt? Sie sind gegangen, weil man sie vertrieben hat. Meine Eltern sind nicht fortgegangen. Wir sind also noch immer da und besitzen dennoch nichts mehr. Seltsam, was? Man hat dir sicher auch erzählt, daß die Juden den Arabern das Land abgekauft haben, was ihren jetzigen Besitz rechtfertigen würde. Richtig oder falsch, jedenfalls ist es Diebstahl! Alle Palästinenser sind enteignet oder jedenfalls schwer geschädigt worden.«

»Aber doch nicht, wenn für das Land bezahlt wurde?«

»Aber natürlich. Ich muß dir wohl eine kleine Nachhilfestunde in Geschichte geben.«

Der Kellner war mit einem Tablett voller Fleischspießchen und einer Unmenge von Salaten in kleinen Schüsseln wiedergekommen. Ich begann in den Gerichten herumzustochern, während Sliman zu erklären begann.

»Ende des 19. Jahrhunderts beschloß die ottomanische Besatzungsmacht eines Tages, daß alle Ländereien einen Eigentümer haben sollten. Aus Angst vor den auferlegten Steuern ließ sich ein Großteil der Bauern ohne Zögern von einigen Lehnsherren – viele unter ihnen lebten nicht einmal in Palästina – an ihrer Stelle in die Grundbücher eintragen. Letztere haben Markierungen auf die Landkarte eingezeichnet und verkündet, »dieses Land ist nun unser«. So wurden sie als legitime Eigentümer im Grundbuch vermerkt. Bei den Ländereien selbst änderte sich nichts. Aber diesem Großbürgertum haben die Juden das Land abgekauft. Du kannst dir vorstellen, was ein Bauer fühlt, wenn er von seinem Grund und Boden verschwinden soll, weil der neue Besitzer nichts mehr von ihm wissen will. Für ihn heißt das Enteignung.«

»Was bedeutet, daß, wenn die Juden behaupten, ›wir haben dafür bezahlt‹, und wenn die Palästinenser sagen, ›wir werden verjagt‹, sie beide im Recht sind.«

»Genau. Und dies, obwohl die Juden behaupteten, ihr Vorbild sei der Sozialismus. Sie hätten sich in dieser Situation darüber im klaren sein müssen, daß die ganze Transaktion ziemlich unmenschlich abgelaufen ist...«

»In der Tat«, sagte ich verdrossen.

»Nun zu etwas anderem. Wieviel Grund und Boden, glaubst du, hat der zionistische Staat auf diese Weise vom gesamten Land gekauft? Nenn mir eine Zahl!«

Nach der Art, wie die Frage gestellt war, konnte es nicht der größere Teil des Landes gewesen sein.

»Vierzig Prozent?«

Er lachte laut auf.

»Sechs Prozent. Nicht mehr und nicht weniger. Was letztendlich heißt, daß 94 Prozent des Vermögens aus Grund und Boden dieses Landes durch Gewalt erobert wurde.«

»Nein!«

»Hältst du mich für einen Lügner?«

Er zählte einige Gesetze und Verordnungen auf, die die Enteignung von Arabern zum Vorteil für die Juden gestatteten. Zum Beispiel der öffentliche Nutzen: Man will eine Fabrik bauen oder eine Straße anlegen, also sprengt man ein Dorf in die Luft. Oder die unantastbare nationale Verteidigung: Die Soldaten besetzen das Ackerland, dann läßt man die Landwirte kommen. Die Inbesitznahme aller moslemischen Einrichtungen, die ihre Ländereien selbst verwalten: konfisziert, denn wir leben ja in einem jüdischen Staat. Und dann gibt's noch weitere Tricks, wie zum Beispiel das Gesetz des »nicht anwesenden Eigentümers«. Der Erlaß ermächtigte die Inbesitznahme aller Gebiete, auf denen der Besitzer gerade nicht anwesend war. Einige sind wirklich geflüchtet, aber andere waren nur fortgegangen und suchten einige Kilometer weiter Zuflucht, um den Kämpfen zu entkommen. Als sie zurückkehrten, besaßen sie nichts mehr.

»Mein Vater ist einer von ihnen. Auf seinen Feldern liegt heute ein prachtvoller Kibbuz mit Grünflächen, einem Schwimmbad, Bepflanzung und wunderbaren Kindergärten, wohingegen unsere Kinder in dreckigen und überbevölkerten Orten aufwachsen.«

Das war zuviel! Ich reagierte, wie es die Israelis oft tun: Ich wies ihn mit einem Gegenvorwurf zurecht.

»Aber was hindert euch daran, selbst neue und saubere Schulen zu bauen?«

»Dafür braucht man Geld, das uns verweigert wird. Was glaubst du denn? Daß es uns Spaß macht, in dieser Scheiße zu leben?«

Ich schämte mich plötzlich. Er war sich dessen bewußt.

»Wir bezahlen unsere Steuern wie jedermann, aber wenn wir die Umverteilung unseres nationalen Wohlstandes fordern, verweigert man sie uns. Unsere Stadt hat einen Haushaltsetat, der ungefähr ein Zehntel von dem einer vergleichbaren jüdischen Stadt ist. Sie sagen, daß die Mehrheit der Kredite des Staates Israel aus den Spenden der Diaspora stammt und daß man dieses Geld nicht den Arabern zukommen lassen dürfe. Und wenn ihre jungen

Leute drei Jahre Militärdienst leisten, ist es normal, daß ihnen Vorteile zustehen. Sie sagen und tun, was sie wollen. Sie haben die Macht, und wir sollen uns ruhig verhalten. Sobald ein Palästinenser den Mund aufmacht, um seine Rechte einzufordern, behandelt man ihn wie einen Terroristen.«

»Ich dachte, diese Vokabel sei nur Jasir Arafat und den anderen Fedajins vorbehalten.«

»Wir alle identifizieren uns mit Jasir Arafat«, sagte er.

»Wiege dich nicht in der Hoffnung zu glauben, es gäbe gute Palästinenser, die dagegen sind, und die anderen, die dafür sind. Arafat ist unser einziger Vertreter.«

Ich war erschüttert. Der Frieden, den ich mir so sehnlichst wünschte, geriet immer mehr in Gefahr.

»Frieden! Frieden hat hier überhaupt keine Bedeutung. Alle Juden schreien, daß sie Frieden wollen, doch erst machen sie, was sie wollen, und dann soll man sie in Ruhe lassen! Das Abkommen zwischen Saddat und Begin beinhaltete die Genehmigung für Israel, Hunderte von Beduinen in der Wüste Negev zu enteignen, um dort einen Flughafen zu bauen. Versuch denen einmal zu erklären, daß dies alles gut für die Erhaltung des Friedens sei.«

David hatte recht gehabt.

»Ich stelle fest, daß dir die Bestürzung nicht den Appetit verdorben hat«, bemerkte er spöttisch, als er sah, wie ich meinen Teller mit einem Stück Brot ausputzte.

»Ah, wie lecker das schmeckt!«

»Traditionelle Küche aus Palästina«, verkündete er stolz. »Alle guten Gerichte dieses Landes stammen von uns.«

»Ich gebe zu, das Essen im Kibbuz ist sehr schlecht. Das ist hart für mich als Französin.«

»Komm doch zu uns...«

»Und was mache ich dann sonst noch?«

Ich hatte dermaßen viel gegessen, daß ich mich in meinen Hosen völlig eingezwängt fühlte.

»Ich glaube, ich explodiere gleich«, sagte ich lachend, als er aufstand, um zu gehen.

Er reichte mir seine Hand und half mir auf einen Felsen hinauf.

»Und jetzt wirst du mir erklären, wie du es schaffst, nicht dick zu werden!«

»Ich verbrenne die Kalorien. Ich brauche sie einfach auf.«

Ich setzte mich hin und betrachtete die Wellen zu meinen Füßen, wie sie gegen den Damm klatschten. Er setzte sich neben mich.

»Du bist plötzlich so traurig.«

»Immer wenn ich auf das Meer hinausschaue. Mein Vater ist letztes Jahr ertrunken.«

»Hast du ihn sehr geliebt?«

»Ich habe ihn gehaßt. Das Meer ruft in mir die Erinnerung wach.«

Er nahm meinen Kopf in seine Hände und strich mir übers Haar.

»Du, meine Prinzessin«, sagte er behutsam. »Meine Schöne. Wäre ich nicht schon verheiratet, ich würde dich sofort heiraten.«

Ich wehrte ihn ab.

»Ich würde nie einen Casanova wie dich heiraten. Die eine Frau heiratet man, und mit einer jüngeren geht man dann ins Bett.«

Nichts konnte ihn aus der Fassung bringen. Er lachte laut auf.

»Meine Frau ist viel jünger als du, meine Liebe!«

Ich musterte ihn ärgerlich.

»Ich liebe Frauen mit Charakter«, antwortete er spöttisch und näherte sich meinem Gesicht.

Ich lehnte mich zurück, und er hielt inne. Meine Knie wurden weich.

Kapitel 17

Naomi hatte die Angewohnheit, bevor sie abends die Nachrichten im Fernsehen ansah, ausgestreckt auf ihrem Bett Radio zu hören, sobald sie ihre Hausaufgaben beendet hatte. Unser abendliches Ritual lief folgendermaßen ab:

»Laß uns unser Hirn durchpusten!« sagte sie, kurz bevor die

Abendnachrichten im Fernsehen begannen. »Danach sehen wir uns noch den Film an.«

Wie immer hörte ich an diesem Abend ihr kleines Transistorradio knistern.

»Na, meine kleine Naomi«, rief ich, »es geht los!«

Da sie nichts erwiderte, stand ich auf und sah, daß sie ihr Bettlaken über den Kopf gezogen hatte, wie es im Sommer üblich war, um sich gegen Mücken zu schützen.

»Schläfst du?«

Naomi war nicht der Typ, der abends um neun Uhr einschlief, aber vielleicht war sie einfach nur sehr müde. Ich ging zu ihr hin, um das Radio abzustellen und bemerkte, daß das Laken über ihrem Kopf leicht zitterte. Neugierig zog ich an einem Zipfel und hob das Leintuch hoch. Sie stieß einen Schrei aus und schlug die Hände vors Gesicht. Sie vergoß bittere Tränen.

»Ich schäme mich! Marion, ich schäme mich so! Ich schäme mich, Jüdin zu sein!«

Ich riß die Augen überrascht auf, setzte mich und ergriff ihre Hand.

»Meine kleine Naomi, was ist denn passiert?«

»Hast du nicht Radio gehört?«

»Aber nein. Was ist denn geschehen?«

»Ein Pogrom«, stieß sie schluchzend hervor. »In Jerusalem hat ein Pogrom stattgefunden. Ein Pogrom, das Juden gegen Araber durchgeführt haben. Menschenmassen sind durch die Straßen der Altstadt marschiert und schrien ›Tod den Arabern‹. Auf ihrem Weg schlugen sie alles zusammen und zündeten die Verkaufsstände an.«

Sie verbarg ihr Gesicht unter dem Leintuch und wimmerte vor sich hin.

»Die Juden haben ein Pogrom angestiftet! Ein Pogrom!«

Ich rannte ins Klassenzimmer, wo die ganze Gruppe gerade vor dem Fernseher saß.

»Was genau ist passiert?« fragte ich, und mir wurde klar, daß ich die Bilder des Tages verpaßt hatte.

»Zuerst wurde ein Talmudstudent in der Altstadt getötet. Dann marschierte die Menge durch die Straßen und schwor Rache«, erklärte mir Nimrod.

Die jungen Leute standen offensichtlich alle unter Schock.

»Aber wo soll das alles hinführen?« rief ein junger Mann aufgeregt. »Pogrome zu diesem Zeitpunkt. Da sind die Gaskammern auch nicht mehr weit.«

Iuval mischte sich ein.

»Du redest dummes Zeug. Die Menschen sind schockiert, weil man einen der Ihren getötet hat, noch dazu einen unschuldigen Studenten, der einfach spazierenging. Gewalt erzeugt Gegengewalt, das ist alles. Sie hätten nur nicht anfangen sollen.«

Der andere starrte ihn ungläubig an.

»Was anfangen? Kannst du mir erklären, warum sich eine Talmudschule im Herzen der arabischen Altstadt befindet? Fehlt es in diesem Land vielleicht an Platz, daß man die Rabbiner bei den Arabern unterbringen muß? Sie haben angefangen, diese Scheißrabbiner, diese Provokateure; sie sind schuld.«

Iuval richtete sich auf, bereit zu kontern.

»Ostjerusalem gehört heute ganz zu Israel. Die Juden haben das Recht, sich niederzulassen, wo sie wollen.«

Der junge Mann lief rot an vor Zorn.

»Faschist!« schrie er.

»Nur die Ruhe! Beruhigt euch!« rief Nimrod.

Iuval stand auf und lief davon.

»Du weißt doch genau, daß man mit ihm nicht diskutieren kann. Es gibt immer solche Leute; es führt zu nichts, wenn man die Nerven verliert«, sagte Nimrod.

Ich ging auf die Suche nach Schmulik und traf ihn an der Tür zum Tanzsaal, wo er den Ablauf der ersten Abendveranstaltung eines jüdisch-arabischen Seminars überwachte. Ich lehnte mich an den Türrahmen und schaute tief bewegt auf diese kleinen Kinder, wie sie zu amerikanischen Folkloreklängen herumwirbelten.

»Na, wie geht's?« fragte ich.

»Du weißt Bescheid über die neuesten Ereignisse?«

»Ja.«

»Also! Dann weißt du ja, wie es mir geht. Schlecht.«

Ich hätte heulen können.

»Wohin führt uns Israel?«

»In die Katastrophe. Heute sind die Menschen noch entsetzt. Morgen verschwenden sie keinen Gedanken mehr daran. Beim nächsten Mal rechtfertigen sie alles.«

»Aber was hat die Polizei währenddessen unternommen?«

»Nichts. Sie ist nicht dazu da, Juden niederzuknüppeln.«

Die Musik klang so fröhlich, daß ich plötzlich Lust hatte, mich der Gruppe anzuschließen und mit ihnen zu tanzen.

»Und laufen die Seminare gut?«

»Ja, im Moment noch. Aber je mehr die Spannungen zunehmen, um so mehr werfen sich die Jugendlichen Gemeinheiten an den Kopf. Das ist sehr hart, und es kommt vor, daß man mir Vorhaltungen macht. Im Verlauf des letzten Seminars ist ein junger Kibbuzbewohner in Tränen ausgebrochen und nach Hause zurückgekehrt. Seine Eltern haben protestiert. Ich wurde gefragt, was ich damit bezweckte.«

»Und was hast du ihnen geantwortet?«

»Was ich gewöhnlich zu sagen pflege. Ich bin nicht dafür verantwortlich, wenn die Wahrheit grausam und verletzend ist.«

Draußen goß es in Strömen.

»Das ist wirklich der verregnetste Winter, den ich je erlebt habe«, sagte Schmulik. »Ich habe noch nie solche sintflutartigen Regenfälle gesehen.«

Die winterlichen Regenschauer in Israel waren tatsächlich die reinsten Überschwemmungen. In Frankreich gab es solche Regenfälle nur während kurzer, heftiger Wolkenbrüche im Sommer, wohingegen sie hier eine ganze Woche andauern konnten; starke Windstöße kamen hinzu, und ein dumpfes Donnergrollen erschütterte die Erde.

»Das ist gut für die Landwirtschaft«, bemerkte ich.

»Für die Landwirtschaft schon, aber nicht für jedermann«, sagte er rätselhaft.

»Ich gehe schlafen. Gute Nacht, Marion.«

»Leila tov' Schmulik.«

Ich blieb noch einen Moment stehen und sah den Kindern beim Tanzen zu; dann zog auch ich mich zum Schlafen zurück.

Bevor ich zum Kibbuz zurückfuhr, verbrachte ich jeden Donnerstag regelmäßig ein oder zwei Stunden mit Sliman, den ich in seiner Kanzlei in Hedera traf. Wir aßen zusammen zu Mittag, und er begleitete mich zum Busbahnhof zurück. An diesem Donnerstag war er das reinste Nervenbündel.

»Diese Mistkerle!« fluchte er, nachdem er mich mit seinem üblichen Lächeln begrüßt hatte.

»Wovon sprichst du? Vom Pogrom in Jerusalem?«

»Aber nein, von etwas anderem; es wird wohl nie aufhören! Weißt du, daß man mitten in Galiläa ein Dorf in die Luft gesprengt hat? Acht Häuser und acht Familien mitten im Schlamm!«

»Im Schlamm?«

»Hast du denn nicht gesehen, was hier seit einer Woche herunterkommt? Aber das hat sie nicht daran gehindert, ein ganzes Dorf, in dem seßhaft gewordene Beduinen wohnen, zu zerstören. Wegen illegalem Wohnungsbau! Das alte Argument. Diese Mistkerle geben ihnen keine Genehmigung, und dann lassen sie sie hochgehen.«

»Ich habe Walids Haus am Ortseingang von Umm-el-Fahem gesehen.«

»Der Unterschied ist allerdings, daß Walid bei Nachbarn Unterschlupf gefunden hat. Diese Leute waren friedliche Beduinen, die das Land ihrer Vorfahren bewohnten. Sie waren noch nicht enteignet worden. Aber das wird auch noch kommen! Die Juden errichten gleich ein paar Meter weiter ein Dorf. Komm, laß uns essen gehen«, sagte er und klappte einen Aktenordner zu. »Ich werde dir das Problem vom unerlaubten Wohnungsbau erläutern.«

Draußen regnete es in Strömen. In wenigen Sekunden waren wir naß bis auf die Haut. Ich zitterte vor Kälte.

»Nun stell dir vor, wie es ist, wenn man bei diesem Wetter kein Dach über dem Kopf hat!«

»Aber man wird sie doch wenigstens an einem anderen Ort unterbringen?«

»Nein, es wird keine neue Unterkunft bereitgestellt. Man wird ihnen Zelte zur Verfügung stellen, und das auch nur, weil sich Journalisten eingeschaltet haben, die von den Aktivisten benachrichtigt wurden. Ich war heute morgen dort. Es ist die Hölle.«

»Ich möchte unbedingt hinfahren. Nimm mich am Sonntag mit!«

»Unmöglich, ich habe den ganzen Tag am Gericht zu tun.«

»Ich will es aber sehen!«

»Du wirst dir schon zu helfen wissen; du bist ein großes Mädchen! Frag doch deine Kameraden von der Mapai. Sie werden sicher auf einen Sprung hinfahren. Das ist die gerechte Strafe für sie!«

»Du wirst der Mapai doch nicht etwa vorwerfen, daß sie dagegen protestiert?«

»Nein, ich mache ihr keine Vorwürfe. Aber was unternehmen sie denn schon, abgesehen von Kundgebungen. Seit Jahren ist das Problem des Wohnungsbaus ohne Genehmigung im Gespräch, und sie tauchen erst dann auf, wenn es zu spät ist. Sie setzten sich nicht für die Besiedelungspolitik der Palästinenser ein. Wie gesagt, es sind die Juden, die die Grundbücher führen. Es sind die Juden, die darüber entscheiden, was baufällig ist und was nicht. Wenn ein Palästinenser um eine Baugenehmigung anfragt, verweigert man sie ihm nicht, sondern man gibt sich damit zufrieden, gar nicht erst zu antworten. Wenn eine Familie Zuwachs bekommt, wenn ein Mann mehrere Kinder in die Welt setzt, dann müssen sie auch irgendwann das elterliche Zuhause verlassen. Das ist überall so! Man verbringt doch nicht sein ganzes Leben zusammengepfercht mit seinen Geschwistern bei den Alten. Wenn man also keine Baugenehmigung vorweisen kann, dann baut man eben trotzdem. Mit den eigenen Händen. Du mußt wissen, daß die Palästinenser die besten Handwerker sind, seit sie dieses Land aufgebaut haben. Eines Tages erhielten sie den Befehl, ihre Häuser selbst zu zerstören, und sie haben sich geweigert, wie jedes menschliche Wesen auf der Welt es getan hätte. Man hat sie ultimativ aufgefordert, doch sie haben sich taub gestellt. Und eines Tages ist die Armee angerückt, gab ihnen zehn Minuten zur Evakuierung, und das, obwohl sie dort seit fünfzehn Jahren gelebt haben. Buuum! Kein Haus mehr. Nichts als Schutt und Asche! Und weißt du, was sie dann noch forderten, als alles vorbei war?«

»Was denn?« fragte ich.

»Sie sollten die Rechnung bezahlen. Die Rechnung für das Sprengkommando und die Leihgebühr für die Bulldozer, die alles niederwalzten.«

Ich schlug die Hände vors Gesicht und schüttelte den Kopf.

»Ich will mir das ansehen«, würgte ich hervor.

»Geh, meine Liebe. Glaub mir, aber sieh es dir selbst an«, sagte er und gab mir zum Abschied die Hand.

Wenn Sliman nicht gerade wütend war, konnte er sehr mitfühlend sein.

»Wann fährt dein Bus ab?«

»In zehn Minuten. Ich muß jetzt gehen.«

»Bis nächste Woche. Komm mich besuchen!«

»Ich komme vorbei, sobald ich wieder im Land bin. Ich versprech's dir.«

Ich setzte mich in den Bus und verkroch mich in meinen Sitz. Mir war sterbenselend.

In den Fernsehnachrichten wurde ausführlich über das Drama von Arab-el-Khawaled berichtet. Ich sah sie mir gemeinsam mit Gaby an.

»Das ist wirklich ekelhaft«, sagte sie. »Also wirklich, davon habe ich nichts gewußt. Ich nehme wohl an, daß sie woanders untergebracht werden.«

»Scheinbar nicht. Der Staat zerstört, er baut nicht wieder neu auf.«

»Ich kann das nicht glauben. Man läßt Menschen nicht einfach im Schlamm stecken, selbst wenn sie Terroranschläge verübt haben.«

»Was für Terroranschläge? Es handelt sich hier nicht um Terrorismus. Es waren ganz einfach illegale Häuser.«

»Aber warum bauen sie, wenn es verboten ist?«

»Weil man ihnen die Genehmigung verweigert, und irgendwo müssen sie ja schließlich wohnen!«

»Hör zu, Marion«, sagte Gaby, »ich bin ebenso aufgebracht wie du, aber man muß die Dinge auseinanderhalten. Was dein Sliman so erzählt, ist ganz sicher übertrieben. Du weißt, wie Araber sind; wenn es um uns geht, dichten sie gern etwas dazu.«

»Also! Ich werde es mir selbst ansehen. Am Sonntagmorgen treffe ich mich mit Moshe, einem Parteifunktionär der Mapai. Es scheint, als ob die Partei sich einsetzen und ihnen ihre Hilfe anbieten will, um die unzulänglichen Zeltunterkünfte zu ersetzen.«

»Siehst du, wir sind schließlich keine Unmenschen«, sagte Gaby.

»Habe ich das gesagt?«

Ich hatte es zwar nicht ausgesprochen, aber so laut gedacht, daß Gaby es gehört hatte.

»Gut!« sagte Gaby. »Wechseln wir das Thema! Was wirst du für uns an Khanouka singen?«

Kapitel 18

Wie immer startete ich mit Ron um fünf Uhr morgens, und wir erreichten Giva gegen sieben Uhr, kurz bevor das Frühstück serviert wurde. Ich ließ meine Tasche im Zimmer und suchte Ilan, den ich im Speisesaal antraf.

»Ich komme heute nicht zum Unterricht«, sagte ich. »Ich fahre mit Moshe nach Arab-el-Khawaled.«

»Versuch trotzdem, nicht allzuviel zu verpassen«, sagte er freundlich. »Na ja, es ist für eine gute Sache. Du kannst uns nach deinem Besuch davon erzählen.«

Moshe machte von weitem ein Handzeichen.

»Es geht gleich los«, schrie er. »Los, beeil dich.«

»Warum diese Eile?«

»Ich habe mich mit einem LKW-Fahrer verabredet, der einen großen Wohnwagenanhänger hat und den Weg nicht kennt. Er kann jeden Moment eintreffen. Dann folgt er uns.«

Wir machten es uns im Wagen bequem, den ihm die Partei leihweise zur ständigen Benutzung bereitgestellt hat. Der Lastwagen kam und schloß sich unmittelbar unserem Wagen an.

»Auf geht's!«

Wir fuhren in Richtung Norden.

Ein strahlender Morgen erwartete uns, die Sonne war mittlerweile aufgegangen. Wir fuhren eine gute Stunde auf Asphaltstraßen. Dann hielt er am vereinbarten Treffpunkt, wo seine Kameraden auf ihn warteten.

»Darf ich vorstellen? Das ist Marion, eine Anhängerin der Mapai in Frankreich.«

»Was machen Sie alle denn hier?«

»Wir haben Transparente mitgebracht. Wir werden die Autos dekorieren.«

Ein Dutzend Leute hatte sich um den Kofferraum versammelt, musterte sich gegenseitig und holte lange weiße Banderolen mit roter Aufschrift hervor, die auf dem Boden ausgebreitet wurden.

»Gleiches Recht für Juden und Araber«, entzifferte ich und half mit, das größte Transparent an einer Ecke des Wohnwagens zu befestigen, während die übrigen das andere Ende festzurrten.

»Da, kleb das irgendwo drauf!« wies mich Moshe an und gab mir eine Handvoll Mapai-Aufkleber. »Damit auch alle wissen, wer wir sind. Das Fernsehen ist auch schon da.«

Sie zogen sich zurück: Vorn der Lastwagen, hinter dem sich in einer Reihe die Autos mit den Transparenten formierten. Ein Kameramann saß auf einer der Motorhauben und filmte.

»Ich warne dich. Was du zu sehen bekommst, ist ganz schön hart«, erklärte mir Moshe. »Als ich das am Donnerstag gesehen hatte, konnte ich die Tränen nicht zurückhalten. Aber du hast recht, wenn du dir alles selbst ansiehst. Man muß wissen, wovon man spricht.«

»Macht ihr oft solche Aktionen wie heute, daß ihr Verunglückten oder Obdachlosen eure Unterstützung gewährt?«

»Ich bin sozusagen in ständigem Einsatz.«

»Aber es muß Mittel und Wege geben, wie man diesem Wahnsinn ein Ende bereiten kann. Es ist doch nicht damit getan, Hilfe im nachhinein zu leisten, nicht wahr?«

»Wir werden immer weniger im Land; wir haben kaum noch Einfluß in der Knesset. Ohne die Stimmen der Araber werden wir nicht weit kommen.«

Ganz offensichtlich! Humanismus auf Befehl! Man geht hier auf Stimmenfang für die kommenden Wahlen. Ich konnte es ihnen nicht übelnehmen. Was konnte man schon ausrichten ohne Vertretung in der Knesset!

Der Konvoi rumpelte über einen sehr langen, steinigen Weg; wir fuhren durch winzige, armselige und dünn besiedelte Dörfer und erreichten schließlich die Kuppe eines Hügels.

»Wir sind da«, sagte Moshe. »Es sind ja schon eine ganze Menge Leute hier.«

Ein gutes Dutzend Autos parkte vor den zerstörten Häusern. Ich ließ meinen Führer stehen und trat näher. Auf einem Stück Mauer, das früher einmal eine Wand gewesen war, schwangen einige Dutzend Jugendliche schweigend ihre Transparente. Um sie herum standen einige Männer. Moshe begann mit dem Ausladen des Anhängers.

»Die Kamera hierher, man kann sonst das Logo der Mapai nicht erkennen. Geht das? Okay! Wir stellen den Wohncontainer hier hin. Langsam, vorsichtig, ihr überrollt einen Strauch, ein Stückchen weiter weg, bitte. So ist's gut, alles klar!«

In wenigen Minuten wurde der Container mitten in der Landschaft zwischen zwei Trümmerhaufen aufgestellt. Mir blieb fast das Herz stehen. Einen Moment lang starrte ich auf die Jugendlichen, die noch immer schweigend herumstanden und deren Blicke Haß sprühten. Fluchtartig verließ ich den Platz.

»Nur ein paar hundert Meter weiter«, hatte mir Sliman gesagt.

Es gab nur eine Richtung, in die man gehen konnte, und ich fand die Baustelle in fünf Minuten. Offenkundig wurde dort gebaut. Es war ein entzückendes Dorf, ganz so, wie es mir Schmulik gezeigt hatte, nur noch nicht ganz fertiggestellt. Dennoch waren Strom und Wasser schon angeschlossen, ebenso wie die Telefonleitung, deren Kabelenden aus dem Boden herausragten. Wie viele Israelis würden hier am Ende der Welt Unterschlupf finden? Ich entdeckte einen Aushang und entzifferte atemlos: »Baudivision für Kibbuz Haartzi«. Der Kibbuz Haartzi, anders ausgedrückt, der Mapai. Dieselben also, die diese armseligen Hütten für die Betroffenen aufbauten.

Als ich zum Platz zurückkehrte, begegnete ich einer großen, jungen, blonden Frau, so eine kräftige Frau, die man auf einer Demonstration besser nicht angreifen sollte. Sie gehörte zur Gruppe der Jugendlichen. Ihr Blick war hart, ihr Mund verkniffen.

»Hast du gesehen, was dort los ist?« fragte sie mich mit schneidender Stimme.

»Ja, ich komme gerade zurück.«

»Dann hast du ja alles kapiert: Auf der einen Seite wird zerstört, um neuen Lebensraum für seine Freunde zu schaffen, auf der anderen Seite praktiziert man Nächstenliebe.«

»Wer bist du?« fragte ich neugierig.

»Eine Israelin mit Gewissen«, antwortete sie. »Eine, die all diese Scheißzionisten verabscheut.«

Sie spuckte abfällig auf den Boden.

»Was machen sie denn alle dort drüben?«

Die Männer hatten sich in einem Kreis auf Hocker gesetzt, die sie noch hatten retten können, und tranken Kaffee.

»Sicher knobeln sie einen neuen Trick für die Wahlen aus«, knurrte sie verächtlich.

»Aber wo sind die Frauen?«

»Da, hinter dem Hügel.«

Ich verließ die junge Frau und verschwand hinter zwei Geröllhügeln, hinter denen ich eine noch größere Hütte als der Wohncontainer entdeckte. Sie war offensichtlich über Nacht aufgebaut worden und mit Wellblech bedeckt. Ich klopfte gegen ein Stück Holz, das als Tür diente. Eine alte Frau öffnete mir. Sie trug ein langes, nach alter Tradition gewebtes Kleid. Um ihren Kopf hatte sie einen schmutzig-weißen Schal geschlungen.

»Um Himmels willen!« stieß ich hervor, als ich eintrat.

Ein Dutzend Frauen aller Altersgruppen saßen auf dem Boden oder auf einigen winzigen Hockern. Ein kleines Baby lag in eine Decke gewickelt auf der Erde und hustete. Zwei Frauen, offensichtlich die beiden Töchter der alten Frau, waren hochschwanger. Alle schauten mich niedergeschlagen an. Ich lehnte mich gegen die Bretterwand und holte Atem. Die alte Frau musterte mich von oben bis unten. Ich gab ihr die Hand.

»Ich bin Französin«, begrüßte ich sie auf arabisch.

»*Tishrebi Kahwe.* Möchtest du einen Kaffee?« fragte sie. Hinten in der Ecke stand ein Kaffeeservice, ein rußiger Wasserkessel und ein kleiner Brenner.

»*Na*'am.«

Ich mußte plötzlich die Tür öffnen und hinausgehen. Vollkommen entkräftet blieb ich eine Weile bewegungslos stehen.

Die alte Frau verstand mich. Sie kam auf mich zu und hielt mich fest. Mein Gesicht war tränenüberströmt.

»*Binti, ya binti*, meine Kleine«, sagte sie mit Tränen in den Augen und hielt meine Arme fest. So standen wir eine Weile schluchzend vor der Hütte. Die bestürzten Blicke der Frauen drinnen ruhten auf uns.

Sie wischte uns beiden die Tränen ab. Ich zerfloß vor Rührung.

»Warum hassen sie uns so?« seufzte sie. »Wir sind nur einfache Bauern, wir wollen niemandem etwas Böses. Warum nur, warum? Sag mir, zerstört man so in Frankreich die Häuser von Arabern?«

»Nein«, versicherte ich ihr. »Frankreich ist ein demokratisches Land.«

Ein demokratisches Land, in dem vor kurzem ein junger Araber getötet worden war, weil er das Pech hatte, auf seinem Weg zwei aufgebrachten Polizisten in die Hände zu fallen. Aber auch ein Land, in dem fast eine Million junger Leute zu seinem Gedenken an Demonstrationen teilnahmen.

Zum ersten Mal wurde mir die Bedeutung dieses Begriffs bewußt und welche Konsequenzen die »nationale Bevorzugung« hatte. Wovon wurde ich Zeuge, wenn nicht von den Auswirkungen solcher Maßnahmen?

In kleinen Schlucken trank ich den wohlriechenden Kaffee aus, während mich die alte Frau abwartend betrachtete. Danach bückte ich mich zu dem Baby hinunter, gab ihm einen Kuß und machte mich auf den Weg. Die Alte und ihre beiden Töchter begleiteten mich bis zur Mitte des Ortes, der sich zwischen zwei Steinhaufen befand – und früher ihr Zuhause war. Mir kamen die Tränen. Vollkommen überwältigt zog ich meine beiden Goldringe vom Finger, die ich in Mif'al de Tel-Nir gekauft hatte, und streifte sie über den kleinen Finger der Mutter. Sie umarmte mich noch einmal und nahm einer ihrer Töchter, die zustimmend lächelte, eine kleine Halskette aus Straß ab.

»Auf Wiedersehen. Ich werde euch nie vergessen.«

»Wir dich auch nicht, meine Tochter.«

Plötzlich stellte ich mir meine Mutter in all diesem Elend vor und verbarg mich laut schluchzend hinter einem Steinhügel.

Moshe war hochzufrieden.

»Es ist immerhin besser als Zelte«, stellte er befriedigend fest.

»Sicher, aber auch nicht besser als die Holzbaracke, die sie selbst errichtet haben.«

»Sie reicht bei weitem nicht aus. Sie hausen mit über zwanzig Leuten da drin.«

»Aber wo sind die anderen geblieben? Ich habe nur vier Häuser in Trümmern gesehen.«

»Unten im Tal. Wir werden dort jetzt hinfahren.«

Im Tal war es ebenso trostlos. Vier Familien lebten auf engstem Raum in einem Hühnerstall und hatten nur einige Hocker und Küchenutensilien retten können. Ich hatte genug gesehen und beschloß zu gehen. Ich ließ Moshe seine Wahlkampagne vorbereiten und rannte in die Felder. Mir drehte sich der Magen um.

Kapitel 19

Es hatte wieder zu regnen begonnen, und ich zitterte bei jedem Windstoß vor Kälte. Nirgendwo hatte ich so unter der Kälte gelitten wie in Israel. In Europa war man perfekt auf den Winter eingestellt: Sobald die Schlechtwetterperiode anfing, schaltete man seine Zentralheizung an. Hier war Kälte immer ungemütlich. Die Häuser waren innen eiskalt, und man stellte zusätzlich Heizradiatoren in jedem Zimmer auf, doch die Wärme drang selten bis ins Badezimmer und nie bis zur Toilette. Mein Gott, was fror man in diesem Land.

Ich verließ Giva gleich nach dem Kurs und hatte keine Zeit mehr, Sliman in Hedera zu besuchen. Ich wollte möglichst noch vor Einbruch der Dunkelheit in Jerusalem sein.

»Du findest mich bei den anderen vor der Knesset«, hatte mir Moshe gesagt.

Es waren die anderen, die ich gern kennenlernen wollte. Die Ankündigung einer Protestdemonstration vor der Knesset gegen die Zerstörung von Wohnhäusern machte mich verrückt vor Freude: Ich wollte mich unter eine wütende Menge mischen, mit Leuten zusammensein, die gegen Gesetzlosigkeit aufbegehrten. In meinem Kopf schwirrten Parolen vom Mai 68 wie »Wir sind alle deutsche Juden« oder der Spruch der französischen Antirassisten »Faß meinen Kumpel nicht an« zwanzig Jahre später. Und dann die gigantische Studentendemonstration nach dem Mord an Malik Oussekine: Der Ausländer von nebenan, Franzose und Araber. Da ich heute Zeuge dieser schrecklichen Tragödie geworden war, wollte ich dieses angenehme Gefühl spüren, das man bei Volksprotesten erlebt: die Zugehörigkeit zur großen menschlichen Familie; das Gefühl der Solidarität.

Ich kam gegen sechzehn Uhr in Jerusalem an. Die Wolken hingen tief und schwarz am Himmel, und der Regen roch nach geschmolzenem Schnee. Ich mußte fast zwanzig Minuten an einer windgepeitschten Haltestelle warten, um den Bus zur Knesset nehmen zu können. Ich hätte mich wärmer anziehen sollen. Ich hatte nicht daran gedacht, warme und wasserundurchlässige Schuhe aus Frankreich mitzubringen. Ich fühlte, wie meine Zehen in den dünnen Lederstiefeln, die sich zwar hervorragend für die Metro eigneten, doch bei dieser Sintflut völlig unbrauchbar waren, vor Kälte erstarrten. Als ich bei der Knesset ankam, dämmerte es bereits.

Ich stieg an einem großen, freien Platz aus. Er lag zwischen dem Parlamentsgebäude und dem Garten, der von einem Gitter umgeben war. Das berühmte Gitter vor der Knesset, an das sich die Demonstranten dieses Landes seit vierzig Jahren klammerten, um ihren Unmut gegen rechts und links hinauszuschreien. In seiner Jugend war Ron mit seinem Vater hierhergekommen, dann mit seinem Sohn, der irgendwann mit seinen eigenen Kindern hierher kommen würde. Hier war also das Gitter der Knesset! Die anderen mußten irgendwo hinten sein. In der Dunkelheit konnte ich kaum etwas erkennen. Ich ging um den Garten herum, um den Eingang zu finden. Plötzlich wurde ich unsicher. Welcher Tag war heute? Wieviel Uhr war es? Warum stand hier nur ein knappes Dutzend Leute herum? Hatte ich mich in Ort und Uhrzeit geirrt? Wo fand die Demo statt?

Einen Moment lang verlor ich den Kopf, doch langsam füllte sich der Garten, und innerhalb von einer Stunde war klar, daß die Demonstration hier stattfinden würde: einige hundert Personen, knapp fünfhundert vielleicht. Davon war die überwältigende Mehrheit Araber. Ich würde also nicht Zeuge eines Aufstandes in einer jüdischen Straße werden. Die Jugend von Israel hielt es für angemessen, durch Abwesenheit zu glänzen.

Was hatte ich mit all diesen Menschen hier zu tun? Was bildete ich mir eigentlich ein, die Abwesenheit der anderen für unzulässig zu halten? Plötzlich überkam mich ein Gefühl, das mich seit dem Oktoberkrieg nie wieder losgelassen hatte: Scheißland, was hast du hier eigentlich zu suchen?

Es gelang mir, etwa fünfzig Juden in der Menschenmenge ausfindig zu machen. Man konnte sie sofort erkennen: ihre Eleganz, ihr Wohlstand, ihr besseres Leben. Sie trugen wärmere Mäntel, neue Schuhe, oder sie hatten ganz einfach einen Regenschirm, dessen Streben nicht verbogen waren. Es nahmen also Juden teil; fünfzig an der Zahl, nicht mehr und nicht weniger, die das Transparent der Mapai hin und her schwangen. In der Mitte stand Moshe. Ich eilte zu ihm hin.

»Ah! Da bist du ja endlich«, sagte er erfreut. »Ich habe dich schon gesucht. Wir werden bald hineingehen.«

»Hineingehen?«

»Ja, als Delegation in die Knesset. Mit dir zusammen sind wir ungefähr zehn Leute.«

Ich spürte einen Stich im Herzen. Von den fünfzig Anwesenden waren schon zehn Mitglieder des Mitarbeiterstabes der Partei. In ganz Israel waren also weniger als vierzig Juden in der Lage...

Plötzlich tauchte ein Wagen mit hoher Geschwindigkeit auf und wollte allem Anschein nach direkt vor das Gitter fahren. Ein Polizist näherte sich und befahl:

»Kahana, hau ab!«

Ein amerikanischer Rabbi, dessen politisches Programm Nürnberg einfach nachahmte: Das Wort »Araber« war durch »Jude« ersetzt worden, und »Jude« stand an Stelle von »den Deutschen«. Er versuchte aus seinem Fahrzeug zu steigen, aber eine Kette von Polizisten hielt ihn davon ab. Blitzschnell fuhr er zum Parkhaus der Abgeordneten auf der anderen Seite des Platzes, als sich die Wut der Menschen entlud, die jetzt auf das Gitter einhämmerten:

»Der Faschismus ist noch nicht tot!«

Als Kahana vom Parkhaus zurückkam, blickte er verächtlich auf die Demonstranten, zeigte mit dem Daumen nach unten und bedachte sie mit einem kleinen höhnischen Grinsen. Sein Auftritt war das Signal; nichts konnte sie mehr aufhalten. Mit zerzaustem Haar, vor Regen triefend, drückten sich Männer und Frauen gegen die Gitterstäbe, die sie wie Gefängnisgitter umklammerten, und brüllten ihre Verwünschungen und ihren Haß auf den dunklen und verlassenen Platz hinaus, auf dem einige Polizisten in ihren warmen Uniformen auf und ab marschierten.

»Und wo schlaft ihr heute nacht? Wo schlafen eure Kinder? Schande, Schande über euch und eure Kinder. Der Faschismus ist noch nicht tot! Der Faschismus ist noch nicht tot!«

»Und du, wo wirst du heute schlafen?« kreischte mich eine Frau undefinierbaren Alters an, der die Wut und das Elend eine pathetische Häßlichkeit verlieh. Ich hatte mich von der Demonstration entfernt, um der Delegation zum Eingang der Knesset zu folgen. Ich befand mich plötzlich auf der anderen Seite. Der Gedanke, in den Augen dieser Unglücklichen mitverantwortlich für dieses Drama und Komplizin zu sein, vielleicht eine Schwester oder Tochter der Mutter aus Arab-el-Khawaled, die mich in die Arme genommen hatte, empörte mich zutiefst. Ich hatte gute Lust zu rufen »Ich bin keine Jüdin«, doch ich hielt mich zurück. Nein, nicht in die Falle tappen; nicht die Seite wechseln. Man konnte das Problem nicht auf den kleinsten Nenner bringen.

Moshe packte mich am Arm.

»Los, wir gehen jetzt. Die arabische Delegation ist schon drin. Folge mir!«

Wir liefen schnell über den Platz und eilten durch einen gut geheizten Vorraum, wo ich meinen Fotoapparat und mein Tonbandgerät abgeben mußte. Ich befand mich im Zentrum des Systems.

Wir durchquerten lange, gepflegte Flure, die mit Teppich ausgelegt waren. Moshe stellte mich ein paar von seinen Freunden als gute Bekannte von Ron vor, was mir Respekt bescherte. Die Mapai war eine Familie mit Herz.

»Das ist Ury«, stellte er mir einen kleinen Mann mit Schiebermütze vor, der wie ein französischer Arbeiter aussah. Doch in seinem dicken Anorak, seinem weiten Pullover über einem offenen großkarierten Flanellhemd und seiner Armbanduhr erkannte man den typischen Kibbuznik.

»Hallo!« sagte ich mitleidig.

Ury war sehr erregt, trat unruhig von einem Fuß auf den anderen und redete konfuses Zeug. Er litt offenbar Höllenqualen.

»Der Saal ist jetzt frei. Gehen wir rein«, sagte Moshe schließlich.

Ein Abgeordneter vom rechten Flügel empfing uns. Die erste Person, die ich beim Betreten des riesigen Saales sah, wo über zwanzig Leute um einen Tisch herum saßen, war Sliman. Er wollte mich begrüßen, zog jedoch nur fragend eine Augenbraue hoch. Ich krauste die Stirn, was soviel bedeuten sollte wie »später«. Ich nahm neben Moshe Platz, genau gegenüber von Ury, und zog Schreibblock und Stift hervor. Ich wollte mir Notizen machen.

Doch wozu? Abgeordnete und Minister lösten sich nacheinander am Ende des Tisches ab und jeder hörte den vorgetragenen Beschwerden der Arab-el-Khawaled und Umm-el-Fahem Delegation geduldig zu. Dann war die Mapai an der Reihe. Zu allem gaben sie einen Kommentar ab.

»Tragisch. Wirklich tragisch. Ein grausames menschliches Drama. Ja, wirklich. Die Anhörung ist beendet!«

»Die Knesset hatte einen Untersuchungsausschuß bestimmt, der die Probleme des illegalen Wohnungsbaus unter die Lupe nehmen sollte. Die Regierung hatte versprochen, mit den Zerstörungen aufzuhören, bis der Bericht der Kommission vorliegt. Aber er ist noch nicht einmal fertiggestellt!« rief uns ein arabischer Abgeordneter die Situation ins Gedächtnis.

»In der Tat. Das ist doppeltes, sogar dreifaches Unrecht.«

Nachdem der letzte Vertreter der israelischen Demokratie den Saal verlassen hatte, explodierte Ury.

»Das lassen wir uns doch nicht gefallen! Wir müssen an die Öffentlichkeit gehen; sie hat die Macht. In den Vereinigten Staaten hat sie dem Krieg in Vietnam ein Ende gesetzt. Es genügte, daß die Menschen jeden Abend in den Fernsehnachrichten sahen, was sich abspielte, das hat sie wachgerüttelt. Wir müssen die Presse einschalten! Diese Leute sind doch keine Ungeheuer!«

Sein Gefühlsausbruch verursachte peinliches Schweigen. In seinem Gesicht waren Wut und Scham zu lesen. Die Presse war dort gewesen, und die Fernsehnachrichten hatten einen ausführlichen Bericht über dieses Drama gesendet. Aber niemand war gekommen, um die Delegation zu unterstützen. Dem israelischen Volk war es vollkommen egal, und es kümmerte niemanden – aus

Gleichgültigkeit, Egoismus und Verblendung. Höchstwahrscheinlich waren sie alle um diesen Tisch versammelt, diejenigen, die keine Ungeheuer waren.

»Was machst du denn hier?«

Sliman hatte sein strahlendstes Lächeln aufgesetzt – zufrieden, siegesgewiß, ironisch und zärtlich.

»Ich bin mit der Mapai gekommen. Ich wollte es selbst sehen, erleben, verstehen.«

»Es liegt dir also wirklich etwas daran, was hier vor sich geht?«

»Aber natürlich, Sliman. Sonst wäre ich nicht da. Ist das so schwer zu verstehen?«

»Ich dachte, du seiest überzeugte Zionistin. Deine Liebe zum Kibbuz, dein Wunsch, daß sich alle verstehen, ohne daß sich etwas ändert...«

»Ich habe ein Gewissen, Sliman. Und Moralvorstellungen. Überstürze also nichts!«

Moshe legte mir die Hand auf die Schulter.

»Ich fahre jetzt gleich nach Giva zurück. Soll ich dich mitnehmen?«

Ich blickte Sliman fragend an, er antwortete an meiner Stelle.

»Ich fahre sie nach Hause.«

Als die Vertreter der Mapai verschwunden waren und ich bei Sliman und seinen Freunden saß, atmete ich tief durch. Ich war auf ihrer Seite. Und all meine Liebe zum Kibbuz konnte nichts mehr daran ändern.

Kapitel 20

Ich döste noch vor mich hin, als das Transistorradio von Naomi die Frühnachrichten hinausposaunte.

»*Kumi, kumi*, steh auf!« weckte sie mich mit freudiger Stimme.

»Wieviel Uhr ist es?«

»Sieben Uhr. Der Kurs beginnt gleich.«

»Und was gibt's Neues?«

Sie schien an diesem Morgen sehr aufgeregt zu sein.

»Heute beginnt der Prozeß gegen John Demjanjuk, den Henker von Treblinka. Abschaum! Ein Monster, das die Brüste der Frauen abschnitt und kleine Kinder verbrannte. Man wird ihm einen Prozeß machen, der in die Geschichte eingeht!«

Ich streckte meine Hand unter der Bettdecke heraus, um den Schalter an der Wand für die Klimaanlage anzudrehen, die sofort laut summte. Dann schleppte ich mich zur Dusche, wo ich den Heißwasserhahn voll aufdrehte, um das Badezimmer aufzuheizen.

»Du wirst sehen. Es wird ein wichtiger Prozeß. Wir werden es den Kindern erzählen, denn jeder muß davon erfahren. Und dieser Dreckskerl leugnet seine Taten. Er behauptet, er sei nicht schuld.«

Die fast krankhafte Erregung von Naomi ging mir auf die Nerven. Ein harter, angenehmer Strahl heißen Wassers machte mich munter, und ich brummelte vor mich hin.

An diesem Vormittag beschloß Jamal, den Sprachkurs in eine Gesprächsrunde über das Thema des Tages umzuwandeln. An die Tafel notierte er einige neue Vokabeln, die dafür nötig waren, und eröffnete die Diskussion. Naomi schaltete sich als erste ein.

»Ja. Man muß diesem Dreckskerl einen historischen Prozeß machen. Man darf niemals vergessen, was diese Menschen Böses angerichtet haben.«

Historisch! Das war das Zauberwort, das an diesem Morgen in aller Munde und auf allen Sendern zu hören war. Es war lächerlich.

»Wie kann man heute wissen, ob es ein historischer Prozeß werden wird?« warf ich ein. Ich erinnerte mich an die altertümlichen Witze meines verstorbenen Vaters, der sich über die Soldaten lustig machte, die »für den längsten Tag ihres Lebens« ins Feld zogen.

Froïke, einer der aktiven Aktivisten, schaltete sich ein. Er war so alt wie diejenigen, die diesem Teufel persönlich ins Auge gesehen hatten, und jede Erwähnung von Shoah verursachte bei ihm ein nervöses Zittern. Verzweifelt versuchte er, Worte zu finden, und erhob sich von seinem Stuhl.

»Ich habe mit meinen eigenen Augen gesehen, was sie angerichtet haben. Mein eigener kleiner Bruder wurde in den Armen meiner Mutter umgebracht... Es gibt kein Mitleid und keine Gnade für diese Monster!«

Ich runzelte die Stirn. Wer hatte hier von Mitleid oder Gnade oder Vergessen gesprochen? Das Thema war ein heißes Eisen, und ich kam auf meine Bemerkung zurück.

»Das habe ich nicht gemeint. Ich habe nur gesagt, daß man nicht von vornherein entscheiden kann, ob ein Prozeß historische Dimensionen annehmen kann.«

Ann, die ruhige und zarte Ann, unterbrach mich mitten im Satz.

»Ich bin einverstanden mit dem, was Froïke gesagt hat. Man sollte sich trotz allem eine Sache in Erinnerung rufen: Es gibt heutzutage Leute in den Vereinigten Staaten, die die Existenz der Gaskammern anzweifeln und sogar die Shoah selbst. Man muß die Wahrheit immer wieder laut sagen, auch wenn sie schon oft genug erwähnt wurde. Ein historischer Prozeß ist unerläßlich.«

Plötzlich kamen mir Zweifel an meinem Verständnis von diesem Begriff. Ich wandte mich an Jamal:

»Was bedeutet *taarikhi*? Es heißt doch historisch?«

Er bestätigte und schien zu verstehen. Er war der einzige. Denn Nimrod, der bis dahin geschwiegen hatte, strich sich über seine Kappe und setzte zu einer ausführlichen pädogogischen Diskussion an über den Unterschied zwischen Verzeihen und Verzicht auf Rache. Und er kam zu dem Schluß, daß ein historischer Prozeß...

Ich merkte, daß man mich für eine Revisionistin hielt, und war darüber verärgert. Schließlich verlor ich die Beherrschung.

»Hört mal genau zu, was ich gesagt habe«, bemerkte ich auf hebräisch. »Ich habe nie behauptet, daß man die Nazi-Henker nicht verurteilen oder etwa mit Glacéhandschuhen anfassen dürfte. Ich habe nur gesagt, daß man vorab nicht festlegen kann, ob ein Ereignis historische Bedeutung bekommen wird oder nicht. Die Geschichte allein wird entscheiden...«

Entsetzt bemerkte ich an den auf mich konzentrierten Blicken, daß ich es gewagt hatte, das Tabu der Shoah anzutasten, daß ich als einzige Nichtjüdin in diesem Kreis aus Dummheit über eine semantische Nuance gestolpert war und daß Zweifel an meiner Ernsthaftigkeit angebracht waren. Ich hatte das Leiden der Juden herabgewürdigt.

Am Ende des Kurses nahm mich Jamal beiseite.

»Ich habe genau verstanden, was du sagen wolltest«, sagte er. »Aber es gibt sensible Themen, die man nicht so einfach anschneiden darf.«

Ich wurde rot vor Zorn.

Während des Mittagessens zog mich Froïke beiseite.

»Du weißt nicht, was es heißt, umgebracht zu werden, nur weil man Jude ist!«

Verzweifelt verließ ich den Tisch.

»Ihr seid alle paranoid!«

Ich konnte sie immer weniger ertragen.

Eines Tages im Geschichtsunterricht erörterte Tzipora, unser Professor für Orientalistik, die große Revolte aus dem Jahr 1936: Es war ein sechs Monate andauernder, langer und blutiger Streik, zu dem die Araber in Palästina gegen die Ankunft der jüdischen Besatzer aufgerufen hatten. Tzipora bemühte sich mit allen Mitteln, die Gründe für diesen Aufstand gegen die Besatzungsmacht zu erklären, doch es gelang ihm nicht, das Gemurmel im Klassenzimmer zu übertönen, wo außer unserem Kurs auch eine Gruppe zukünftiger Soldaten saß. Am Ende der Stunde versuchte ich noch zu diskutieren.

»Ein Generalstreik ist ein Generalstreik. Warum leugnen, daß es sich um eine Volksbewegung handelt?« fragte ich Froïke, der wie Espenlaub zitterte.

»Man hat nicht das Recht, irgendwelches Zeug daherzureden. Ein Streik ist und bleibt ein Streik; rassistische Krawalle sind etwas anderes.« Es war das Wort »Streik«, das den alten sozialistischen Aktivisten auf die Nerven fiel.

»Rassistisch! Weshalb waren es rassistische Aufständler?«

»Na, weil ich häufig mit Arabern spreche. Ich habe mich vor kurzem mit einem ehemaligen Streikkämpfer von 1936 unterhalten, und er hat mir genau erklärt, was sie damals gefordert hatten: die Juden aus dem Land vertreiben und sie umbringen, nur weil sie Juden sind!«

Nicht, weil sie so ganz nebenbei einfache Bauern enteigneten.

Nur weil sie Juden waren. *Rak bigla she hem Yehudim*, sagte er auf hebräisch. Ich faßte die Anfangsbuchstaben zu einem Kürzel zusammen und erfand eine neue Vokabel: RaBaSHI.

Die Palästinenser von 1936 hatten also nicht feindliche Eindringlinge getötet, sondern Juden. RaBaSHI.

In Gaza waren drei jüdische Siedler einem Attentat zum Opfer gefallen. Eine Handvoll Fanatiker würde mit einem großen Aufgebot an Fernsehkameras den zentralen Platz der Stadt in »Platz der Juden« umtaufen, nicht, weil man dort Enteigner getötet hatte, sondern Juden. RaBaSHI.

In Jerusalem war ein Talmudstudent erstochen worden, aber nicht, weil sein Seminar mitten im arabischen Viertel lag, aus dem die Bewohner verjagt worden waren, sondern RaBaSHI.

Und wenn die Enteigner Franzosen, Chinesen oder Schwarze gewesen wären? Diese Frage stellte man sich nicht. Fliegt ein Wagen in die Luft, fällt ein Soldat; immer ist es ein Jude, der getötet wird... Weder ein Pächter noch ein Enteigner noch ein Soldat; weder ein Faschist noch ein Dieb oder Mistkerl, nicht einmal ein menschliches Wesen. Sondern ein Jude. Nur weil er Jude war.

RaBaSHI.

Mein Unbehagen wuchs. Dank meiner guten Sprachkenntnissse konnte ich mitverfolgen, wie tendenziös die Informationen in Radio- und Fernsehsendungen aufbereitet wurden. Ich wurde immer wütender. Eines Tages erfuhr ich, daß ein französischer Straftäter jüdischer Herkunft nach Israel geflüchtet war und um Asyl bat. Er berief sich auf das Recht, Zuflucht im Land seiner Väter zu suchen, wenn sein Leben in Gefahr sei.

»Er behauptet, und man darf ihm ruhig Glauben schenken, daß, wenn er in Frankreich ins Gefängnis müsse, man ihn töten würde«, erklärte mir Iuval.

»Weil man in Frankreich Juden im Gefängnis umbringt, nur weil sie Juden sind«, preßte ich zwischen den Zähnen hervor.

Ich war darüber so schockiert, daß ich mich Shaül anvertraute.

»Selbstverständlich bin ich für die Auslieferung«, ereiferte er sich. »Es sind die Argumente der Rechtsextremen, die behaupten, daß wir ihn vor dem französischen Gesetz schützen müssen.«

Aha, also immerhin!

»Wir respektieren natürlich den Rechtsstaat, und wir könnten vom französischen Staat eine Sicherheitsgarantie für sein Leben fordern.«

»Aber du glaubst doch nicht im Ernst, daß er ohne diese Hilfe wirklich getötet würde!« sagte ich. »Du bist also auch der Meinung, daß man in Frankreich Juden tötet, nur weil sie Juden sind? Dieser Mann ist ein Mörder, ein Drogendealer; ein Mensch ohne Sinn für Recht und Ordnung, der zu zittern anfängt, wenn man ihm unter dem Vorwand, er sei Jude, nach dem Leben trachtet.«

Shaül zuckte mit den Schultern.

»Ich halte nicht viel davon, wenn mein Land einem solchen Mann Unterschlupf gewährt. Er wird sich lautstark zu seiner Religion bekennen, und dann wird es einen Faschisten mehr gegen uns geben.«

Er hatte mich mit seinen Äußerungen nicht beruhigen können.

»Wärst du damit einverstanden, wenn alle Juden dieser Welt das Recht hätten, sich hier niederzulassen, egal welchen Preis man dafür bezahlen müßte?«

»Absolut«, antwortete er.

»Dann bist du demnach auch einverstanden, wenn faschistische Tendenzen aufkommen, vor denen du dich fürchtest. Ihr laßt Profiteure in euer Land, die noch niemals die Bedeutung von Antisemitismus gekannt haben, die sich in den besetzten Gebieten oder in Gaza niederlassen, und dann beklagst du dich, daß sie nicht eurem Vorbild folgen, das ihr geschaffen habt...«

»Wir bieten nirgends Unterschlupf für Antisemiten«, beendete er den Satz.

Antisemitismus! Dieser Begriff war in aller Munde; in jeder Situation! Eines Tages konnte ich meinen Zorn kaum unterdrücken, als ich eine Fernsehreportage zum Thema Revisionismus sah. Ein alter Professor erklärte einer charmanten Journalistin, wie die französische Presse auf die Theorien von Faurisson reagierte. Ins Fernsehstudio hatte er eine Sammlung französischer Zeitungen mitgebracht, die ich auch gelesen hatte. Er begann mit seiner Presseschau.

»Sogar die linke Tageszeitung *Libération* und die als liberal geltende Wochenzeitung *Evénement du jeudi*, also all diese Printmedien, haben ihre Spalten mit Betrachtungen über den Fälscher der Geschichte gefüllt«, sagte er entrüstet und versuchte ruhig zu bleiben.

»Aber keine dieser Zeitungen hat Faurisson recht gegeben!« ereiferte er sich. »Sie haben dieses Thema nur angeschnitten, um ihm Paroli zu bieten.«

Ich war bei Ron. Er schrieb in einer Ecke und hob den Kopf.

»Warum bist du so wütend?« fragte er.

»Euer Fernsehen stellt die französische Presse als Revisionisten dar! Das ist ein Skandal!«

»Er sagt doch nur, daß alle Welt Faurissons Thesen wiederaufnimmt.«

»Nicht mehr als er im Moment! Soll das heißen, er ist mit ihnen einverstanden, weil er sie erwähnt?«

»Du wirst ja ganz patriotisch«, stellte er ironisch fest, bevor er sich wieder in seine Unterlagen vertiefte.

Ein Abgrund tat sich vor mir auf.

Als ich einige Monate zuvor in Giva angekommen war, freute ich mich, so viele Humanisten und Aktivisten anzutreffen; Männer und Frauen, die sich mit Herz und Seele für eine gute Sache engagierten. Jetzt, mitten im Winter, sah ich nur noch eine Galerie von grotesken Figuren, ein Sammelsurium dummer Gesichter.

Da war zunächst Jamal: Stolz wie Artaban trug er seine Mapai-Mitgliedschaft zur Schau, und ich brauchte nicht lange, um zu verstehen, daß ihm seine Position viel wert war.

In pädagogischer Hinsicht war er eine Null. In jeder Unterrichtsstunde warf er ein paar neue Vokabeln in die Runde, die wir jedoch nie anwenden konnten, weil er die ganze Zeit wie ein Wasserfall redete.

Jamal war ein aufrechter Moslem. Die fanatische Religionsfeindlichkeit der Mapai richtete sich nicht gegen ihre nichtjüdischen Mitglieder, sogar und vor allem dann, wenn letztere – weit entfernt davon, aus dem Glauben Gedanken und Taten zu schöpfen – diese auf höchst abergläubische und schwachsinnige Art und Weise praktizierten. Jamal ordnete sich den Lehren des Korans unter, ohne je den Versuch zu unternehmen, etwas davon zu verstehen, und er erklärte uns mit entwaffnender Naivität, daß man seine Gebete in wenigen Minuten runterbeten konnte: Man brauchte nur vor sich hinzumurmeln, einige Worte verschlucken und die restlichen schnell herunterleiern!

Ganz schön übel!

Aber so richtig zornig wurde ich, wenn er Witze erzählte. Nichts konnte Jamal mehr amüsieren als Geschichten über Frauen, die geschlagen wurden. Das Bild einer Frau, deren Körper von Schlägen böse zugerichtet war, ließ ihn frohlocken, sein fetter Bauch schwabbelte auf und ab, und er bekam einen eigenartigen Blick.

»Jetzt reicht's aber!«

Ich schlug mit der Faust auf den Tisch, und alle wandten sich mir zu. Jamal sah mich verständnislos an.

»Darf ich dich darauf aufmerksam machen, daß du hier in Anwesenheit von vier Frauen unmögliches Zeug daherredest?« sagte ich zu ihm.

»Na und? Darf man denn hier nicht mehr herumalbern?«

Die ganze Klasse war auf seiner Seite.

»Hör auf. Das ist doch nur Spaß!«

Natürlich! Und vorgebracht von einem Mann, der öffentlich bekennt, daß, wenn die Braut nicht mehr jungfräulich ist, es auch nichts bringt, zu erfahren, von wem sie entjungfert wurde. Da heißt es dann sofort: Da ist die Tür!

»Gut. Dann werden wir gleich sehen, ob ich keinen Spaß verstehe. Ich werde euch die gleiche Geschichte erzählen und von Anfang an das Wort Frau zuerst durch Jude und dann durch Araber ersetzen. Dann werden wir ja sehen, wer am meisten Spaß hat.«

Ich war eine Spielverderberin. Das war das Wesentliche, was mir Naomi unter vier Augen ruhig und verständnisvoll erklärte. Ihre Schlußfolgerung war ganz einfach: Es hatte keinen Sinn, sich mit Jamal anzulegen. Er war ein Schlappschwanz, ein armseliger und beschränkter Kerl, dem man nicht widersprechen sollte. Kurz, ein guter Araber.

Und ein Mitglied der Mapai.

Anfangs rührte mich der alte Froïke sehr, trotz seines pathetischen Stotterns, sobald es um das Schicksal der Juden ging. Andererseits war er ein alter sozialistischer Aktivist, der sich dem Frieden verpflichtet hatte und sich für eine Annäherung an die Araber einsetzte. Darüber hinaus war er gerade dabei, ihre Sprache zu lernen. In seinem Alter war das wirklich ein Verdienst.

Als wir eines Tages mit dem Bus an einer großen Fabrik in Hedera vorbeifuhren, machte ich ihn darauf aufmerksam, daß die Behörden ein ganzes Dorf von den Arabern gesprengt hatten, um die Fabrik zu bauen.

»Das ist nicht möglich!«

Das Argument traf ihn wie einen Faustschlag. Aber ich blieb hart.

»Doch! Es stimmt.«

»Nicht seit der Unabhängigkeit!«

Ich lachte laut auf.

»Nein, aber hast du die Fabrik gesehen? Glaubst du vielleicht, sie ist vierzig Jahre alt?«

»Das kann nicht wahr sein. Nicht auf einem zerstörten Dorf.«

Ich tippte auf Jamals Schulter.

»Wie hieß das arabische Dorf, das in die Luft gesprengt wurde, um diesen großen Laden hier hochzuziehen?«

Jamal kannte ihn, er nannte den Namen, das Datum und die Zahlen.

Froïke zuckte mit den Schultern und runzelte die Stirn.

»Das kann nicht wahr sein!«

Von da an schmollte er. Ich erzählte Dinge, die nicht stimmten.

Ein anderer hatte uns zugehört. Er wußte, daß es der Wahrheit entsprach.

»Na und? Es ist ein Kraftwerk, das auch Strom an die arabischen Dörfer liefert, oder?«

»Klar. Es wäre genauso, wie wenn ein Kibbuz abgerissen würde, und an seiner Stelle entstünde ein Kraftwerk«, sagte ich.

Es schmerzte mich, dies alles zu erleben.

Ilan machte seine Sache gut: arabisch sprechen und sogar unterrichten. Außerdem leitete er das Institut für Orientalistik.

Zum ersten Mal seit vielen Jahren fühlte ich mich nicht wohl in meiner Haut, als ich mein Visum für die Dauer von drei Monaten beim Innenministerium erneuern ließ. Bevor ich Umgang mit Arabern pflegte, war alles in fünf Minuten erledigt (zugegebenermaßen in zehn bis fünfzehn Minuten, um ihnen zu erklären, daß ich im Kästchen »Religion« nichts auszufüllen hatte).Aber nun, drei Wochen später, noch immer nichts. Mein Paß war in ihren Händen; ich spazierte durch ihr Land ohne einen Ausweis.

Ich ging zu Ilan. Er leitete die Schule. Vielleicht konnte er mir helfen.

»Ich fürchte, mein Besuch in Umm-el-Fahem hat sich nachteilig ausgewirkt«, erzählte ich ihm und hoffte auf seine Unterstützung.

Ganz ruhig und gelassen lächelte er mich freundlich an und sagte:

»Ich hoffe, deine Freunde sind nicht gegen den Staat.«

Kein Mensch in Israel wußte besser als er, was der Staat ihnen antat, aber er hoffte, daß sie nichts gegen ihn sagen oder unternehmen würden.

Nimrod konnte ich am wenigsten ausstehen. Er konnte nichts dafür, der Arme. Sprach man mit irgendeinem Kibbuznik oder ehemaligen Kibbuzbewohner über Nimrod, waren alle gleich ganz Ohr.

»Ah! Nimrod. Der Gerechte unter den Gerechten.«

Keine abgedroschene Redewendung in diesem Land, wo man großzügiger mit Vorwürfen umging als mit Lobeshymnen. Ich brauchte etwas Zeit, um zu verstehen, weshalb sie so reagierten, da ich nichts Außergewöhnliches an ihm finden konnte. Er sprach arabisch wie einer von ihnen, weigerte sich Ara-el-Khawaled zu besuchen, war Aktivist in Sachen Araber, nicht mehr und nicht weniger als andere Kibbuzniks seines Schlages, die die Partei ausgesandt hatte, um die nachbarschaftlichen Beziehungen mit den weniger verbitterten Unterdrückten aufrechtzuerhalten. Ein netter Typ; fröhlich und lebenshungrig. Er war ein unterwürfiges Nichts, wenn er einem »guten« Araber auf den Rücken klopfte, um von ihm zu hören «der hält zu uns«. Na also...

Erst Naomi machte mir den Zusammenhang klar. Nimrod wollte Bewunderung von der zionistischen Linken einheimsen, weil sein Vater von Arabern umgebracht worden war und er trotz allem mit ihnen Frieden schließen wollte. Welch große Seele!

Magnanime, dieser feine Humanist, verzieh *den Arabern* (wie vielen? einem, fünf oder Millionen?) den Tod seines Vaters im Krieg. Es wäre natürlich normal gewesen, wenn er ihnen nicht verziehen hätte. Und was hält man von einem Palästinenser, der in der gleichen Situation die Juden haßt?

Die kleine Geschichte erschien mir so jämmerlich, daß ich einen Moment lang an ihrem intellektuellen Wert zweifelte, aber das war nicht der Punkt: in diesem Land wird man nur im Hinblick auf seine Herkunft beurteilt. Man ist Jude, Christ, Araber oder etwas anderes und vertritt die Wesenszüge der Gemeinschaft; man trägt eine kollektive Verantwortung.

Und wer auch immer diesem Gruppenmechanismus zuwiderhandelt, der ist ein Held. Oder ein Verräter.

»WO IST VAANUNU?«

Diese Überschrift prangte auf den Titelseiten der Tagespresse. Mordechai Vaanunu, Techniker im Atomkraftwerk von Dimona in der Wüste, war verschwunden, nachdem er einem englischen Magazin Photos verkauft hatte, die den Beweis lieferten, daß Israel über die Atombombe verfügte.

Dieser Mann war ein Schwein! Für Geld hatte er dem Feind streng geheime Informationen über unser Verteidigungssystem geliefert. Wißt ihr nicht, was er angerichtet hat, dieser Unmensch? Er ist zum christlichen Glauben übergetreten.

Hoppla, da war er wieder! Die Geheimdienste Israels gabelten ihn am Flughafen von Rom auf, wo er offenbar in eine Falle getappt war. Ah! Wie mächtig wir doch sind!

Er ist ein Verrückter, ein Kranker, ein Überläufer. Meine Freunde konnten nicht genug abwertende Worte finden, um die einsame und selbstmörderische Tat dieses Mannes in meinem Alter herabzuwürdigen, der alles aufs Spiel gesetzt hatte, um ihr Gewissen aufzurütteln.

»Er wird noch mit dem Strick um den Hals in seiner Zelle aufgefunden«, prophezeite eine Frau in Tel-Nir.

Sie zeigten nicht das geringste Erbarmen und stellten auch nichts in Frage. Tod den Verrätern.

»Aber macht es euch nichts aus zu wissen, daß euer Land die Atombombe hat?« fragte ich sie.

»Die Bombe? Aber wenn die Regierung behauptet, wir haben sie nicht, dann haben wir sie auch nicht. Und wenn sie uns etwas verschweigt, dann hat sie bestimmt gute Gründe dafür.«

Würde eine jüdische Regierung das Risiko eingehen, Juden wehzutun?

Zum absoluten Schweigen verurteilt, übergab Mordechai Vaanunu der Presse eine Botschaft, die er sich auf seine Hand geschrieben und vor die Kamera gehalten hatte. »Ich wurde in Rom entführt.« Am ersten Prozeßtag kam er mit einem Integralhelm zur Verhandlung, damit er sich nicht mit anderen verständigen konnte.

»Was! Ein Helm! Na so was! Bei den Arabern hätte man ihm den Kopf abgeschnitten!«

Aber wir sind doch Menschen; humaner und immer besser als die anderen.

Ich machte eine kleine Umfrage und versuchte zu verstehen, wer dieser Mann war. Ich traf eine Journalistin, die ihn gut kannte.

»Ein außergewöhnlicher Mann. Einsam und allein, aber gut, klar bei Verstand und großzügig; er kämpfte schon seit Jahren für die Rechte der Palästinenser. Sicher auch ein Mystiker, der zum christlichen Glauben übertrat aus Sorge um die Allgemeinheit: Er befaßte sich intensiv mit Menschen und nicht mit Juden; ein Mensch voller Visionen, der eines Tages die nukleare Gefahr erkannte, wenn man die Waffe einer immer fanatischer werdenden Machtclique überließ.

Und wenn der Massadakomplex wieder aufblüht, dann muß man nur noch auf den Knopf drücken...

Vaanunu sitzt im Gefängnis. Für ihn war alles umsonst. Sein Volk, für das er sich opferte, hat seine Botschaft nicht gehört. Nutzlose Verschwendung seiner Jugend, seiner Freiheit, seiner selbst. Es geht mir durch Mark und Bein, wenn ich an den dornenvollen Weg denken muß, den er beschreiten muß.

Auf dich, Mordechai.«

Ich konnte sie nicht mehr ertragen.

Kapitel 21

Schmulik! Ich mußte zu Schmulik! Ich konnte niemanden mehr ertragen.

Ihm konnte ich von meiner Verbitterung erzählen; er war der einzige, dem ich mich anvertrauen konnte. Aber ihm erging es auch nicht besser.

»Ich stehe auf der Abschußliste«, erklärte er mir. »Hier ist man gegen mich. Meine Mitgliedschaft bei der Progressiven Liste für den Frieden, der einzig wahren jüdisch-arabischen Bewegung, mißfällt vielen. Ganz besonders diesem lieben Nimrod. Seine kleinen Freunde von Umm-el-Fahem haben ihm berichtet, daß ich mich häufig mit Antizionisten und Kommunisten treffe, unseren Feinden...«

Ich brach in Tränen aus.

»Verzweifle nicht«, sagte er liebevoll. »Du kannst auch hier Leute treffen, die dich ins Herz schließen. Ich werde sie dir vorstellen. Übrigens, in diesem Zusammenhang: Ich habe mit einem Freund über dich gesprochen, ein Mann in deinem Alter, der in Umm-el-Fahem wohnt. Er möchte dich kennenlernen. Sein Name ist Ahmad. Er hat einige Jahre Gefängnis hinter sich, und kaum draußen, ist er schon wieder politisch aktiv. Seiner Meinung nach ist der gemeinsame Kampf der Armen gegen die Macht, gleichgültig, wo sie ihren Ursprung hat, die einzige Lösung.«

»Ist er Trotzkist?«

Er lachte.

»So etwas Ähnliches. Sagt dir das zu?«

Ahmad war fünfunddreißig Jahre alt und Junggeselle, was ausgesprochen ungewöhnlich in einem arabischen Dorf war. Aber er lebte dort nicht. Er teilte sich eine Wohnung in Tel-Aviv mit einigen Freunden. Er sprach mich in Giva an.

»Ich habe Dienstag nachmittag keinen Unterricht und könnte gegen fünfzehn Uhr hier sein. Aber ich darf nicht allzu spät nach Hause kommen...«

»Du kannst hier in aller Ruhe schlafen«, bot er mir an.

»Keine Angst. Es ist genügend Platz, und ich mache mich auch nicht an dich ran.«

Ich lachte.

»Also unter diesen Umständen...«

Seine mitten in der Stadt gelegene Wohnung befand sich im Erdgeschoß eines alten Wohnhauses, wenn man überhaupt von Altbauten in dieser noch recht jungen Stadt sprechen konnte. Mein Herz klopfte ein wenig, als ich den Klingelknopf drückte. Ein mittelgroßer Mann, etwas korpulent, dichtes braunes Haar, öffnete mir lächelnd die Tür:

»*Ahlan wa Sahlan!*«

Die Wohnung war mit allerhand einfachem Trödel eingerichtet, doch tadellos sauber. Von einem Bein aufs andere tretend, um seine Verlegenheit zu verbergen, fragte er mich:

»Tee oder Kaffee?«

Wir musterten uns gegenseitig und waren voneinander sehr angetan. Dann brachen wir gleichzeitig in Lachen aus.

»Also«, sagte ich neugierig, »warum möchtest du mich kennenlernen?«

»Dasselbe wollte ich dich fragen!«

»Zuerst du!«

Auf den ersten Blick sah er nicht besonders gut aus: etwas zu dicke Nase, braunes, leicht ergrautes Haar, das wie eine Perücke aussah. Doch er hatte strahlend weiße Zähne und einen lebhaften Ausdruck um den Mund. Seine Mähne müßte mal wieder geschnitten werden. Ich nahm auf einem Möbelstück Platz, das früher einmal ein Sofa gewesen sein muß, streifte meine Schuhe ab und machte es mir gemütlich.

»Ich höre.«

Er musterte mich lächelnd.

»Also, Schmulik hat nur Gutes über dich erzählt, und auf seine Empfehlungen kann man sich verlassen. Er sagte: ›Sehr links, moralisch einwandfrei und sehr sympathisch.‹ «

Er lächelte.

»Dann erzählte er mir, du würdest schreiben...«

»Oh!«

»Stimmt das nicht?«

»Ja und nein, Ahmad. Ich habe keinen Presseausweis. Hoffentlich hat er dir das nicht eingeredet. Ich bin an keine Zeitung gebunden, sondern schreibe mal hier, mal da. Im Grunde genommen bin ich nur eine kleine Angestellte, deren Leben sich draußen abspielt. Das ist alles.«

»Aber die Schreiberei liegt dir trotzdem am Herzen?«

»Um ehrlich zu sein, ja. Warum?«

Nachdenklich kniff er die Lippen zusammen und war offenbar enttäuscht.

»Und wenn er ›sehr linksgerichtet‹ sagt, stimmt das?«

»Mehr und mehr.«

»Wie spricht man in Frankreich über Israel?«

»Bis vor kurzem dachte ich, man sei ehrlich. Heute ist mir klar, daß das nicht stimmt. Man muß wirklich hinreisen, um zu verstehen, was vor sich geht.«

»Ich werfe Journalisten nicht vor, daß sie die Situation nicht kennen. Ich möchte sie treffen, um sie ihnen zu zeigen. Aber oft sind diejenigen, die eine linke Einstellung haben, vollkommen blockiert. Und wenn das nicht an ihnen selbst liegt, liegt es an der Redaktion.«

Er war auf der Suche nach Leuten, die Beweise auf den Tisch legen konnten.

»Hör zu, Ahmad. Ich bin da. Ich weiß nicht, in welchem Maße ich dir nützlich sein kann, aber ich habe auf jeden Fall den Wunsch dazu. Ich kenne dieses Land seit Jahren, du hörst ja, wie ich hebräisch spreche. Ich habe schon eine Menge Leute getroffen, darunter Abgeordnete und Aktivisten, die guten Willens waren. Ich wurde von einem Kibbuz aufgenommen, der mir mehr am Herzen liegt als alles in der Welt. So ist die Lage. Und was ich hier entdecke, seit ich Schmulik kenne, jagt mir einen solchen Schrecken ein, daß ich bereit bin, bis zum Äußersten zu gehen. Dokumentieren ist das einzige, was ich noch tun kann. Ich weiß zwar noch nicht, wie; eines Tages vielleicht ein Buch. Ich habe schon eines darüber geschrieben. Es macht in Frankreich gerade die Runde durch die Verlage. Ich könnte vielleicht noch ein weiteres zu diesem Thema verfassen. Setz nicht zuviel Hoffnung in mich. Ich bin allein...«

»Glaub mir, es gibt nicht so viele Leute, die das, was man ihnen zeigt, auch akzeptieren!«

Er redete wie Schmulik.

»Aber es stimmt. Die Presse ist ständig in den besetzten Gebieten präsent, und sobald ein Soldat auch nur einen Stein ins Gesicht kriegt, sind die Journalisten zur Stelle. Aber niemand geht dem Problem auf den Grund. Ich bin kein Flüchtling. Ich bin in Israel geboren und habe einen israelischen Paß. Und ich möchte am liebsten losbrüllen. Niemand spricht über uns, als wenn das einzige Problem dieses Landes jenseits der grünen Linie beginnen würde.«

Er schwieg, ängstlich besorgt, zu weit gegangen zu sein.

»Und warum wolltest du mich kennenlernen?« wollte er dann wissen.

»Schmulik hat mir etwas Wesentliches gesagt: Er ist der Überzeugung, daß der einzig mögliche Kampf gemeinsam von armen Juden und Arabern gegen die Reichen geführt werden muß. Das hat in mir alte Erinnerungen an den Marxismus und Internationalismus wachgerufen; Meinungen, die ziemlich weit entfernt sind von den chauvinistischen Betrachtungen, die hierzulande kursieren...«

Wir unterhielten uns wie alte Freunde bis zum Einbruch der Dunkelheit. Dann holten wir uns in einer Nebenstraße die Zeitung; Ahmad betrat einige Geschäfte, um die Leute zu begrüßen.

»Leute von uns«, erklärte er. Es handelte sich um einen Buchhändler, einen Kellner im Café und einen Lebensmittelhändler.

»Juden oder Araber?« wollte ich wissen, weil man es keinem so ohne weiteres ansah.

»Beides.«

»Du hast wirklich ein Netz...«

»Psst!!«

Ich hätte zerspringen können vor Freude.

»Komm, ich lade dich zum Abendessen ein. Sag bitte nicht nein, ich weiß, du hast keinen Pfennig mehr in der Tasche. Los, laß uns ein nettes kleines Restaurant am Strand suchen.«

Du bist genau der Typ, den ich kennenlernen wollte, Ahmad.

Wir spazierten durch die hellerleuchteten, bevölkerten Straßen von Tel-Aviv und gelangten zum Strand.

»Bald wird es wieder schön. Ich bekomme schon richtig Lust zu baden.«

»Ich kann nicht schwimmen«, sagte er.

»Aber Umm-el-Fahem liegt doch nicht weit entfernt vom Meer...«

»Zu weit für uns. Wir gehen nie an den Strand.«

Wir setzten uns in den Sand und ließen uns den Wind um die Nase wehen. Im Schein der Straßenlaterne gefiel mir sein rauhes und trauriges Gesicht.

»Du hast sehr gelitten, nicht wahr?«

Er schüttelte gelassen den Kopf. Dann lächelte er.

»Ist das Gefängnis so schlimm?«

»Nein, noch schlimmer.«

»Wieviel?«

»Zehn Jahre.«

»Und warum?«

»Terrorismus.«

»Wirklich?«

»Ich habe Waffen transportiert. Versteh mich richtig: Ich bin in einem zweigeteilten Land geboren. Ich hatte Familie auf der anderen Seite, Onkel und Kusinen. Vor dem Sechs-Tage-Krieg hieß es, die Linie während der Feuerpause zu passieren, die eigenen Leute wiederzusehen. Nach der Invasion war es genauso. Waffen nach drüben zu liefern, war für uns nur eine einfache Geste des Widerstands, auch wenn ich kein Blut an meinen Händen habe. Seit Generationen fordert mein Volk die Unabhängigkeit. Erst kamen die Türken, dann die Engländer, dann die Israelis. Am Ende sind wir die einzig konstante Macht in diesem Land. Auch die Juden kommen und gehen.

»Und was hältst du heute vom bewaffneten Kampf?«

»Wahnsinn, selbst wenn die Armee auf unserer Seite wäre. Grundsätzlich würde das nichts ändern. Ich habe weder Lust auf eine Diktatur unter Arabern oder Moslems noch auf die israelische Besatzung.«

Ich frohlockte.

»Im Gefängnis wäre ich von Moslems fast getötet worden, weil ich Marxist war. Ich verabscheue sie; sie machen mir angst. Von Tag zu Tag gewinnen sie mehr an Bedeutung, weil die kleinen Leute auf der Straße sie als einzige Alternative zu ihrem grauen Alltag sehen. Erinnerst du dich noch an Walid? Der Mann, dessen Haus in Umm-el-Fahem zerstört wurde. Schmulik hat mir erzählt, daß du ihn besucht hast. Zurück zum Glauben, zu Bart und langem Kaftan. Im Dorf wirft man mit Steinen auf Frauen, die ihren nackten Oberarm zeigen, und droht, sie mit Vitriol zu überschütten. Sie unterbrechen ihre politischen Sitzungen, um zu beten.«

»Also, wofür kämpfst du?«

»Ich bin für eine demokratische und weltliche Republik. Ich habe nichts gegen Juden. Ich kenne viele, die in Ordnung sind. Ich pfeife darauf, ob ein Revolutionär Jude oder Araber ist. Ich will das Ende dieses verrotteten Systems, in dem auch Juden dahinsiechen. Und davon kenne ich sehr viele. Wieviel Uhr ist es?«

»Fast sieben Uhr.«

»Komm mit, ich kenne da ein Restaurant, das bald aufmacht. Ich muß mit dem Kellner etwas besprechen.«

Wir kletterten über die Mole und liefen an Restaurants und Nachtbars entlang, die aus Tel-Aviv eine attraktive und lebenslustige Stadt machten. Er klopfte an die Tür eines Lokals mit getönten Fensterscheiben. Man kannte ihn und öffnete die Tür.

»Ach, du bist es!« begrüßte uns ein großer Mann mit lockigen Haaren. »Wir öffnen in einer Viertelstunde. Darf ich euch einen Apéritif anbieten?«

Der Kellner war ein orientalischer Jude; er gab einem der Köche ein Zeichen, daß alles in Ordnung war. Er führte uns zu einem Tisch, und wir setzten uns.

»Also?«

»Darf ich dir eine Freundin aus Frankreich vorstellen? Sie möchte alles sehen.«

»Weiß sie Bescheid?«

»Noch nicht. Erzähl's ihr.«

Der Kellner kramte eine Zigarette aus einer Schachtel hervor, bot uns eine an und hob sein Glas Portwein.

»Auf die Solidarität der Arbeiter!«

Dann begann er zu erzählen:

»Ich habe Ahmad getroffen, als ich mit einigen Freunden eine Gewerkschaftsgruppe für Restaurantangestellte auf die Beine stellen wollte. Hier herrscht finsterste Ausbeutung, gepaart mit der verheerenden Arbeitslosigkeit bei den Arabern. Sobald man Lohnforderungen stellt, bekommt man zu hören, daß es genügend Freiwillige gibt, die für weniger Geld sofort einsteigen wollen. Da ist es natürlich einfach, uns gegen sie aufzuhetzen. Aber mit mir läuft das nicht! Ich bin in Marokko geboren. Die antiarabische Propaganda zieht bei mir nicht. Wenn man die Augen aufmacht, braucht man nicht lange, um zu erkennen, wie sie behandelt werden. Hast du schon von den Grenzsoldaten gehört?«

Hinter der Doppeldeutigkeit dieses Wortes verbirgt sich in Wirklichkeit eine legendäre Polizeieinheit, die mit unverminderter Brutalität zuschlägt.

»Sie können machen, was sie wollen. Sie knüppeln nieder, verhaften, foltern und fordern Lösegelder. Weißt du, was für Spielchen sie abends spielen? In Jaffa, nur wenige Minuten von hier, gibt es Lagerhäuser, in die die Arbeiter aus Gaza, die zum Schlafen nicht nach Hause fahren, nachts flüchten. Das ist nämlich verboten. Sie sind die schlecht bezahlten Arbeitskräfte Israels, aber sie haben nicht das Recht, dort zu schlafen. Nach zwölf oder fünfzehn Stunden Arbeit sind sie auch noch mehrere Stunden unterwegs zu ihrem Schlafplatz. Also vermieten die Händler des Schlafs ihnen leere Fabrikhallen, wo sie zusammengepfercht schlafen müssen. Und die Grenzsoldaten kommen manchmal herunter, um ihren Spaß zu haben. Sie schlagen sie, ziehen sie aus und zwingen sie zur Masturbation oder gießen ihnen kochenden Kaffee über den Kopf. Niemand wehrt sich. Ein Arbeiter aus Gaza, der erwischt wird, wenn er die Nacht in Israel verbringt, riskiert eine Geldstrafe in Höhe von einem Jahreseinkommen.«

Ein Wort kam mir über die Lippen:

»Nazis!«

»Genier dich nicht, das ist auch meine Meinung!«

»Aber die hiesigen Palästinenser, die die israelische Staatsbürgerschaft besitzen...«

»Glaubst du etwa, die anderen machen da einen Unterschied? Wenn sie Lust haben, sich als Araber auszugeben, da wird nicht nach dem Ausweis gefragt! Ach so, natürlich, das Gesetz! Aber um sein Recht durchzufechten, braucht man Geld für einen Anwalt. Soviel ich weiß, sind die vollkommen überlastet und arbeiten natürlich auch nicht umsonst.«

»Und mit diesen arabischen Arbeitern willst du deine Gewerkschaft gründen?«

»Na klar! Wenn ich mich strikt an meine Interessen halte, ohne Rücksicht auf das Wohl der übrigen Menschheit, dann müssen wir uns zusammenschließen...«

»Klassenkampf«, sagte ich nachdenklich.

»So ist es, der Kampf der Arbeiterklasse! Der gute alte Klassenkampf gegen die Unternehmer! Aber Schluß jetzt, wir öffnen gleich. Es wird Zeit.«

Ich verbrachte einen der schönsten Abende, die ich in Israel je erlebt hatte. Das Essen war köstlich, die Atmosphäre bei Kerzenschein und leiser Musik entspannend; die Israelis und Palästinenser am Tisch tauschten komplizenhafte Blicke aus. »Noch ein kleiner Nachschlag Salat für Madame?« fragte mich der Ober und stellte eingelegte Oliven auf den Tisch oder einen Teller mit frischem Gemüse, das in Kümmel und Zitronensaft schwamm.

»Ich sehe, du magst die orientalische Küche.«

Als das Restaurant fast voll besetzt war, setzte sich ein Musiker ans Klavier und spielte international bekannte Melodien.

»Ich hätte Lust zu singen!« sagte ich.

»Wirklich?«

Ahmad rief seinen Freund an den Tisch und flüsterte ihm ein paar Worte ins Ohr, und ehe ich mich recht versah, sprach er mit dem Pianisten, der mir aufmunternd zunickte.

»Kennst du ›La Commune de Paris‹?« wandte ich mich etwas außer Atem an Ahmad.

»Aber natürlich!«
»Also dann, auf die Commune!«
Und ich begann *Le Temps des cerises* zu singen. .

Am nächsten Morgen nahm er mich nach Jaffa mit. Ich würde heute nicht zum Kurs gehen, sondern ich wollte mir diesen Sklavenmarkt genauer ansehen.

Der kleine Platz lag in einem verwahrlosten Viertel, wo sich seit fünf Uhr morgens Hunderte von Arbeitern aus Gaza die Füße in den Bauch standen und auf einen Arbeitgeber warteten. Sie kamen mit Lastwagen angefahren, die sie jedoch nicht in unmittelbarer Nähe von der Gruppe parkten, sondern einige hundert Meter weiter entfernt. Wer zuerst da war, bekam Arbeit! Und das für einen Hundelohn, ohne Schutz und soziale Absicherung. Ich saß in einem Wagen, den ich mir von einem Freund geliehen hatte, und beobachtete das Spektakel. Die letzten dreißig Arbeiter mußten unverrichteter Dinge davonziehen. Um diese Uhrzeit war alles vorbei.

»Sieh mal! Mir scheint, da vorn gibt es Ärger!« sagte Ahmad plötzlich und zeigte auf die Gruppe.

Ein Polizeiwagen kam auf den Platz gefahren, und die Arbeiter blieben wie angewurzelt stehen.

»Komm. Mal sehen, was da los ist! Bring dich dort drüben in Sicherheit!«

Nachdem ich meinen Wagen in Sicherheit gebracht hatte, wandte ich mich in Richtung Platzmitte. Währenddessen erklärte mir Ahmad, daß die Polizisten am frühen Morgen zu den Arbeitern gekommen waren, um deren Personalausweise zu konfiszieren. Hier bedeutete das, alles zu verlieren. Keine Arbeit und keine Möglichkeit mehr, seinen Lebensunterhalt zu verdienen, ab ins Gefängnis bei der ersten Kontrolle...

»Warum haben sie das gemacht?«

»Sie haben den Wagen eines Unternehmers mit Füßen getreten, weil er einen Arbeiter nicht bezahlt hatte. Und heute ist er wieder aufgetaucht, um einen neuen zu suchen...«

»Was kann man dagegen tun?«

»Ich? Nichts. Versuch du es!«

Er schob mich entschlossen nach vorn. Ich näherte mich dem Polizeiwagen, machte ein Foto, drückte mich gegen die Karosserie und bog meine Arme auf den Rücken, um die Fotokamera loszuwerden. Eine Hand ergriff sie, und eine kleine Bewegung hinter meinem Rücken signalisierte mir, daß sie um den Wagen herumgewandert war. Glück gehabt!

»Guten Morgen, meine Herren. Was ist denn hier los?«

Ich lächelte so arglos wie möglich und blickte sie einfältig an. Die beiden Männer genossen ihre Macht, waren spöttisch und voller Verachtung. Einer von ihnen hielt einen riesigen Stapel Personalausweise in seiner Hand.

»Wer bist du?«

»Ich heiße Marion und bin Französin. Ich verbringe meine Ferien hier. Was ist denn hier los?«

»Was machst du denn hier?«

»Ich komme gerade aus meinem Kibbuz und wollte zum Strand. Irgendwie habe ich mich verlaufen und den Aufruhr hier gesehen. Ich wollte nur wissen, was hier los ist?«

»Welcher Kibbuz?«

»Tel-Nir. Kennst du ihn? Was geht hier vor?«

»Was geht das dich an?«

»Ach, gar nichts. Ich wollte es nur wissen. Ich kam hier gerade vorbei und sah den Aufruhr, ich wollte zum Strand und...«

Meine dickköpfige und dusselige Art lockte sie aus der Reserve.

»Sie haben sich geschlagen!« erwiderte einer von ihnen.

Oh! Diese bösen Sklaven waren wieder nicht brav gewesen!

»Ach so. Ist es schlimm?«

Sie fühlten sich sichtlich unwohl und rutschten unruhig auf ihren Sitzen hin und her. Ist es nicht wunderschön, der menschlichste aller Polizisten zu sein in dieser demokratischen Gegend! Amtsmißbrauch kann man aber trotz allem noch besser ohne störende Zeugen genießen!

Der andere Polizist, der den Stapel Ausweise hielt, hatte seine

Hand schon an der Wagentür und tat so, als sei nichts geschehen. Die Ausweise fielen zu Boden und wurden in Windeseile verteilt. Sie wollten ihren Kopf aus der Schlinge ziehen.

»Wer ist denn dein Kumpel da?«

»Wie bitte?«

»Du kennst doch bestimmt einen von ihnen?«

Entweder man ist Polizist, oder man ist keiner.

»Ich? Überhaupt nicht. Ich kam hier vorbei, wollte zum Strand...«

Ich begann ihnen lästig zu werden.

»Okay, ist schon gut... Wie kommt es, daß du so gut hebräisch sprichst?«

Diese Tatsache würden mir diese Bullen niemals verzeihen.

»Seit ich hierherkomme...«

Nun mußten sie die richtige Schlußfolgerung ziehen.

»Wir begleiten dich zurück.«

»Das ist nicht nötig. Ich habe meinen Wagen.«

»Wo denn?«

»Dort!« antwortete ich ausweichend.

Sie hatten keine Fragen mehr an mich, der Fahrer ließ den Motor an und fuhr langsam davon. Ich ging so gelassen wie möglich zum Wagen, und Ahmad kam auf mich zu.

»Folge mir nicht. Sie überwachen uns. Wir kennen uns nicht«, befahl ich, ohne mich umzuwenden.

»Aber dein Fotoapparat...«

»Noch fünf Minuten. Sie könnten zurückkommen. Bleib bei den anderen, Ahmad, ich gehe einmal um den Block und komme dann nach fünf Minuten wieder zurück.«

Als ich mich versichert hatte, daß sie einen anderen Ort zum »Spielen« gefunden hatten, traf ich Ahmad inmitten einer Gruppe von ungefähr zehn Arbeitern, mit denen er lautstark diskutierte. Die meisten von ihnen waren zwar jung, aber bereits ausgelaugt, nervös, gehetzt. Sie händigten mir meinen Fotoapparat aus und umringten mich voller Respekt.

»Du schreibst?« fragte mich der Älteste unter ihnen.

Wieder diese Obsession zu dokumentieren. Berichten, immer wieder berichten...

»Ich werde darüber schreiben«, antwortete ich.

»Sie ist auf der Seite der Arbeiter«, sagte Ahmad.

»Der palästinensischen Arbeiter?«

Ich lächelte.

»Aller Arbeiter.«

Es war inzwischen zehn Uhr geworden, und ihr Tag war schlecht verlaufen. Sie fuhren nach Gaza zurück, natürlich im Taxi. Mein Magen zog sich zusammen. Langsam streckte ich meine linke Hand nach vorn hoch, zur Faust geballt. Sie taten es mir nach und spreizten die Finger zu einem V. V für Victory, Sieg, die Geste der Herausforderung für Hunderttausende von ihnen. Sechs Monate später explodierte ihre Wut, das Ergebnis: die Intifada.

Kapitel 22

Eines Tages wagte ich in Giva den Versuch, Slimans Nationalismus mit dem Zionismus von Nimrod und den anderen zu konfrontieren. Bezeichneten sie sich denn nicht alle als Linke?

Eines Abends nahm Sliman am Lehrertisch unseres Klassenzimmers Platz, und etwa dreißig israelische Arabisten setzten sich rund um den Tisch auf ihre Stühle.

Sliman konnte in der Öffentlichkeit gut reden. Geduldig und zurückhaltend schilderte er voller Humor den Dorfalltag: der Schmutz in den Straßen, die Opfer der Diskriminierung – Diplomierte mit Hochschulabschlüssen waren gezwungen, als Straßenkehrer zu arbeiten oder die Mülleimer zu leeren; die arabischen Kommunen verfügten über lächerlich geringe Haushaltsbudgets; schließlich die Zerstörung von Wohnhäusern.

Für mich war das nichts Neues, mein Interesse war ein anderes: Ich wollte herausfinden, wie die Kinder des linksgerichteten Zionismus reagierten, wenn sie einer Realität ins Auge sehen mußten, die nicht zu leugnen war.

Ein junger Mann mir direkt gegenüber trat von einem Fuß auf den anderen, so wie Ury in der Knesset. »*Elohim, elohim!* Um Gottes willen, um Gottes willen!« stöhnte er. Er rollte mit den Augen, raufte sich die Haare angesichts seiner eigenen Ohnmacht. Er stand auf und ging.

Natürlich verließen zahlreiche junge Leute den Raum. Flucht, wie gewöhnlich, das war nicht überraschend. Aber der interessanteste Teil der Veranstaltung kam, als Sliman sich bereit erklärte, Fragen zu beantworten. Ein junger Mann, der seinem Vortrag bis zur letzten Sekunde gelauscht hatte, bat um das Wort.

»Erklär mir eines, denn für mich ist und bleibt es ein Rätsel. Warum unternehmt ihr nicht wirklich etwas gegen diesen Staat?«

Ich dachte, Sliman würde gleich vor Wut platzen, aber er lächelte.

»Was willst du damit sagen?«

Der Junge war ein guter Schüler. Er wußte, wie man das *ya'ani* einsetzte, das soviel bedeutete wie »das heißt« oder »nicht wahr?« und die arabischen Sätze sozusagen veredelte.

»Na ja. Also eure Straßen sind grauenhaft verdreckt, *ya'ani* einverstanden; was hindert euch daran, sie zu reinigen? Es ist schließlich wahr, *ya'ani*, ihr beklagt euch immer, daß ihr weniger besitzt als wir, aber wer hindert euch daran, *ya'ani*, euer Schicksal in eure eigene Hand zu nehmen, damit sich das ändert, *ya'ani*? Warum immer behaupten, daß der Fehler nur bei uns liegt?«

Es war sinnlos, darauf hinzuweisen, daß die Kommunen nicht über finanzielle Mittel verfügten, um eine Kanalisation auszubauen oder Arbeiter der städtischen Müllabfuhr zu bezahlen. Wozu dann? *Yavéka.*

»Das ist, *ya'ani*, wie die Zerstörung von Wohnhäusern. Es stimmt schon, ihr habt keine Baugenehmigung, aber, *ya'ani*, verlangt ihr sie wirklich?«

Diese Araber waren wirklich Dummköpfe.

Naomi mischte sich ein.

»Ich bin mit Marion nach Umm-el-Fahem gefahren. Ich habe Kinder auf Straßen ohne Bürgersteig spielen sehen. Autos kommen angerast ohne Vorwarnung. Unfälle passieren! Es ist gefährlich! Warum unternehmt ihr nichts dagegen?«

Sliman antwortete lächelnd, ohne irgend jemanden zu überzeugen. Er wiederholte, was er bereits zuvor gesagt hatte und verabschiedete sich. Ich schämte mich, daß ich ihn eingeladen hatte. Mit Naomi hatte ich noch ein Hühnchen zu rupfen.

»Ist dir eigentlich klar, was du da redest? Sliman wurde ein Aufenthaltsort für die Dauer von zwei Jahren zugewiesen, weil er dagegen protestiert hat, und alles, was du dazu zu sagen hast, ist, daß er nichts unternimmt! In welcher Welt lebst du eigentlich? Sobald sie etwas unternehmen, wandern sie in den Knast! Und man behandelt sie wie Terroristen!«

Sie zuckte mit den Schultern und wechselte das Thema.

Ich ergriff jede Gelegenheit, um mich mit den Aktivisten von Umm-el-Fahem zu treffen. Hassan, ein Rechtsanwalt, den ich bei Schmulik kennengelernt hatte, holte mich eines Abends in Giva ab, um mit mir in einer Bar in Afula noch etwas zu trinken. Es war eine Art englischer Pub, mit großen Holztischen und Bier vom Faß.

Ein redseliger Student setzte sich zu uns an den Tisch und begann ein Gespräch. Ganz offensichtlich wollte er mit einem Araber sprechen, und Hassan sah wie ein typischer Araber aus. Der Student hieß Ari, war Pazifist und politisch links. Er wollte Hassan bezüglich der Absichten Israels beruhigen.

»Nicht die Gesetze sind schlecht, sondern die Menschen«, sagte er voller Überzeugung.

Er wußte nicht, daß er es mit einem Juristen zu tun hatte.

»Ein Gesetz, das die Zerstörung von Wohnhäusern mitten im Winter erlaubt, soll gut sein?«

»Aber es ist doch auch eure Schuld! Warum baut ihr ohne Erlaubnis?«

Hassan wurde blaß.

»Und tut ihr auch alles, was man tun muß, um diese fragwürdigen Erlaubnisscheine zu erhalten?«

Ich dachte schon, mein Freund würde ihm ins Gesicht springen, aber ich hielt ihn an seinem Pullover fest, und er sank zurück auf seinen Stuhl. Dieser nette kleine Student war voller guter Absichten, wenn es um die Araber ging.

»Und was müßte man tun, um sie zu bekommen?« hakte ich nach.

»Du hältst sie wohl für bekloppt oder was?«

Auf seinem Gesicht breitete sich ein kindliches, dümmliches Grinsen aus.

»Keine Ahnung. Daß sie wenigstens versuchen...«

»Du weißt ebensogut wie ich, daß die Genehmigungen beantragt und verweigert werden, weil die Behörden in den Händen der Juden sind. Die Araber haben hier nur das Recht, zu schweigen und Drecksarbeit zu leisten. Sie sind es, die eure Mülltonnen leeren, eure Häuser bauen und Straßen anlegen für einen Hungerlohn. Und jetzt sag bloß nicht, daß doch einige von ihnen studieren. Die Zahl ist verschwindend klein im Verhältnis zu den Juden.«

Er rutschte unruhig auf seinem Stuhl hin und her.

»Hör mal zu«, sagte er. »In allen Ländern dieser Erde wird die Drecksarbeit von Minderheiten verrichtet. Zum Beispiel in den Vereinigten Staaten; dort sind es die lateinamerikanischen Immigranten.«

Ich explodierte.

»Reagans Amerika ist dein Vorbild?«

»Aber Amerika ist ein demokratisches Land.«

»Und die Ausbeutung der Latinos nimmst du als Beispiel für Demokratie?«

Hassan, aschfahl im Gesicht, war aufgestanden.

»Hör mir gut zu, mein Alter. Hier gibt es ein Gesetz, das besagt, daß Arbeiter in den besetzten Gebieten nicht das Recht haben, in Israel zu schlafen, wohin sie täglich zur Arbeit fahren. Nach deinen Kriterien ein demokratisches Gesetz. Aber da einige von sehr weit her kommen, kommt es vor, daß die Arbeitgeber ihnen erlauben, hier zu schlafen, damit sie bereits im Morgengrauen wieder zur Verfügung stehen. Und um keine Unannehmlichkeiten mit der

Polizei zu bekommen, schließen sie sie in eine Fabrik ein. Letztes Jahr ist eine solche Fabrik in Flammen aufgegangen, und im Morgengrauen fand man die verkohlten Leichen von Arbeitern, gefesselt an die Sperrgitter des Gebäudes. Also, sag mir, junger linker Zionist und Humanist: Hast du dagegen protestiert? Oder hast du dich davor gedrückt, gegen diesen Skandal aufzubegehren? Und du wagst es zu sagen, das Gesetz sei gut und die Menschen seien schlecht!«

Als Hassan zu seinem Wagen ging, standen ihm Tränen der Wut in den Augen.

Mein Widerstand gegenüber den paranoiden Obsessionen und fortwährenden Rechtfertigungen hatte die äußerste Grenze der Gewaltlosigkeit erreicht. Meine Antriebsfeder war zum Zerreißen gespannt. Eines Morgens erfuhr ich überraschend, daß im Libanon ein grauenhaftes Massaker unter Palästinensern stattgefunden hatte.

»Das ist gut für uns«, sagte Hava.

»Wie bitte?«

»Natürlich«, bestätigte sie.

»Wenn sich die Araber gegenseitig umbringen, haben wir sie nicht am Hals!«

»Das stimmt. So gesehen, ist das keine schlechte Nachricht«, meinte auch Naomi.

Ich schlug die Hände über dem Kopf zusammen.

»Das kann doch nicht wahr sein!«

Nimrod ergriff sofort das Wort, um ihnen ins Gewissen zu reden, aber ich hatte den Raum bereits fluchtartig verlassen, rannte über den Rasen hin zum Informationszentrum über Hashomer Hatzair. Ich drückte die Tür zum Eingang des Museums auf und atmete tief durch. Im Halbdunkel erkannte ich Bilder einer festen Ausstellung über die Geschichte der zionistischen Bewegung. Riesige Fotos zeigten junge Pioniere in blauer Uniform, die Bäume pflanzten, Steine von den Feldern räumten und ihr Essen in alten Kesseln aufwärmten. An den Wänden erinnerten mehrsprachige

Hinweisschilder an die Ideale der linken Pioniere. »Aufruf an alle Arbeiter!« hieß es auf einer Tafel und endete mit »Arbeiter aller Länder, vereinigt euch!« Ich setzte mich auf einen Stuhl und weinte leise vor mich hin. Die Tür öffnete sich, und ein Mitarbeiter von Giva betrat den Raum, gefolgt von einer Gruppe Südamerikaner.

»Was machst du denn hier im Dunkeln?«

Ich antwortete mit einem langen Seufzer.

»Störe ich?«

»Aber überhaupt nicht. Ich führe diese Immigranten durch das Museum. Du kannst dich uns gern anschließen.«

Er drehte das Licht an und führte die Gruppe herum. Sein einfaches und deutlich artikuliertes Hebräisch war für die hoffnungsvollen Neuankömmlinge klar verständlich. Ich folgte ihnen schweigend und machte vor dem Faksimile eines französischen Personalausweises halt, der aus der Zeit des Vichy-Regimes stammte. Am unteren Ende des Ausweises war folgende menschenunwürdige Eintragung zu lesen: Inhaber dieses Ausweises ist jüdischen Glaubens.

»Das ist wirklich abscheulich«, sagte ich und fühlte mich fehl am Platz. Auf diese Art und Weise wollte ich eine Konzession an meine totale Ablehnung Giva gegenüber machen, wollte mir selbst beweisen, daß all dies eines Tages seine Berechtigung hatte. Der Führer unterbrach meine Überlegungen.

»Was ist denn los?«

»Das hier ist los. Es ist eine Schande für Frankreich, mit dem Vichy-Regime gemeinsame Sache gemacht zu haben.«

»Daran hat sich bis heute nicht viel geändert...«

»Wie bitte?«

Ich blickte diesen langen Kerl an, der noch nie einen Fuß nach Frankreich gesetzt hatte und der mir erklären wollte, was dort vor sich ging.

»Und was ist mit Le Pen? Was hältst du von dem? Ist der vielleicht nicht Antisemit?«

»Habe ich etwas Gegenteiliges behauptet? Aber soweit ich informiert bin, ist er noch nicht an der Macht, und ich kann dir versichern, daß der Antisemitismus in Frankreich eine private Angelegenheit bleibt und einen schlechten Ruf hat. Es genügt schon, jemanden als Antisemiten zu bezeichnen, um ihn der öffentlichen Verfolgung auszuliefern. Es ist der Haß der Araber, der gut dazu paßt!«

»Du redest Blödsinn. Ich habe mit französischen Juden diskutiert, und sie behaupten, der Antisemitismus in Frankreich wäre noch nie so verbreitet gewesen wie heute.«

Ich hatte größte Lust, ihm einen Tritt zu versetzen, doch ich hielt mich zurück, mehr aus Erschöpfung als aus Anstand.

»Nicht einmal zu der Zeit, als man ›Jude‹ auf den Personalausweisen vermerkt hat?«

»Willst du mir glauben machen, daß Frankreich nicht das Land gewesen war, in dem die Dreyfus-Affäre stattgefunden hat?«

Ich brüllte los.

»Was weißt du schon von der Dreyfus-Affäre? Du kennst ein Land, in dem die eine Hälfte der Bevölkerung der anderen die Köpfe eingeschlagen hat wegen einem Juden? Und dich interessiert nur die antisemitische Hälfte. Die andere spielt keine Rolle.«

Meine Heftigkeit irritierte ihn. Er warf mir einen ebenso abschätzigen Blick zu wie meine alten Freunde, als ich mich geweigert hatte, mich von vornherein festzulegen, ob ein Prozeß am Tag seiner Eröffnung bereits eine historische Bedeutung hatte oder nicht.

»Solche Leute wie dich gibt es überall«, schloß er. »Auch im Nazi-Deutschland. Leute, die nichts sehen wollen. Und die dann später sagen: Davon habe ich nichts gewußt.«

Ich tobte.

»Und du, was siehst du, du armer Idiot? Erzähl mir doch mal, was du getan hast, als vor einem Jahr arabische Arbeiter in den besetzten Gebieten in einer Fabrik lebendig verbrannten, in der man sie eingesperrt hatte. Hast du davon vielleicht nichts gewußt?! Es war aber in der Presse darüber zu lesen. Siehst du denn nicht, daß genau dein Land die Vermerke ›Jude‹ und ›Araber‹ in die Ausweise eintragen würde, falls ein dunkelhäutiger Jude irrtümlicherweise zusammengeschlagen würde? Letzte Woche wäre fast ein irakischer Jude am Strand von Natanya gelyncht worden, weil er einem kleinen Mädchen einen Pingpong-Ball an den Kopf geworfen hatte. Sein Leben hat er der Tatsache zu verdanken, daß er noch rechtzeitig seinen Ausweis vorweisen konnte, der ihn als Jude identifizierte. Da bist du stolz, was? Stolz darauf, in einem demokratischen Land mit humanistischer Tradition zu leben. Bande von Faschisten, Rassisten und Kranken!«

Ich schlug die Tür hinter mir zu und verließ das Museum. Schmulik lief mir über den Weg. Er war leichenblaß.

»Schmulik!«

Er ließ mir keine Zeit, etwas zu erzählen.

»Sie haben mich rausgeschmissen«, sagte er mit Grabesstimme. »Um mich zu schonen, haben sie mich zum Generalsekretär meines Kibbuz ernannt und behauptet, es sei zu meinem Besten. Im Grunde genommen wollen sie mich von Umm-el-Fahem entfernen und entziehen mir auch die jüdisch-arabischen Seminare. ›Sie bringen nichts‹, behaupten sie. Zu gefährlich für die Kleinen. Für die Juden selbstverständlich. Die Arbeit geht weiter, aber mit einem Typ, den niemand von unseren palästinensischen Freunden kennt. Ein guter Zionist, der keine Tür öffnen wird, sondern ihnen erzählt, daß die Juden nur das Beste wollen und daß es die Araber sind, die keine Bereitschaft zeigen. Und der Initiator dieses Schachzuges ist Nimrod.«

Der Gerechte unter den Gerechten.

Ich begann zu schluchzen.

»Ich kann nicht mehr. Ich kann sie nicht mehr sehen. Ohne dich hat das alles keinen Sinn mehr. Du bist der ehrlichste und menschlichste von allen, denen ich in diesem Land begegnet bin.«

Kummer und Empörung ließen mich taumeln. Ich machte meinen überschwenglichen Gefühlen Luft.

»Wie ich sie geliebt habe!«

Schmulik drückte mich zärtlich an sich, und ich schlang meine Arme um ihn.

»Gib nicht auf, Schmulik. Niemals.«

»Niemals«, antwortete er. »Und du auch nicht, hörst du.«

»Ich schwör's dir.«

Als ich ihm direkt ins Gesicht sah, füllten sich seine Augen mit Tränen.

Ich war in meinem Zimmer, um meine Sachen zu packen, als Ann zur Tür hereinkam.

»Fährst du?«

»Ja«, schniefte ich. »Ich kann nicht mehr. Es gibt einige Dinge, die ich nicht unterstützen kann. Du kannst das nicht verstehen.«

Sie war klein und rundlich, nicht besonders hübsch, aber äußerst charmant und mit einem wachen Verstand ausgestattet. Sie setzte sich auf Naomis Bett.

»Wußtest du, daß ich die Absicht hatte, hier einen Kibbuz zu gründen?«

»Ich habe davon gehört. Läuft's gut?«

»Es würde funktionieren, wenn auch ich mich auf meinem Gewissen ausruhen würde.«

Sie war Mitglied einer amerikanischen Immigrantengruppe, die gekommen war, um den Zionismus und die Menschenrechte hochzuhalten. Extrem links ausgerichtet, planten sie ein neuartiges, binationales Kibbuzprojekt. Als Delegierte ihrer Gruppe war sie Mitglied der Arbeiterpartei Takam, die sie mit offenen Armen empfangen hatte. Sie hatte vorgeschlagen, sich in Galiläa niederzulassen, genau dort, wo am meisten Araber lebten und neue Beziehungen geknüpft werden konnten. Alles lief bestens; Grundstücke wurden zur Verfügung gestellt, und es wurde auf die Thora geschworen, daß keine Araber enteignet worden waren. Aber Ann konnte man nichts vormachen. Sie hatte eine staatliche Landkarte angefordert und sich vor Ort informiert: Nicht nur ein Viertel des Landes war erst vor kurzem beschlagnahmt worden, sondern drei Viertel gehörte noch den Arabern!

»Und was hast du gemacht?«

»Ich bin zur Takam gegangen und habe Krach geschlagen. Sie

meinten, ich hätte keine Ahnung, die Araber wären alle Lügner, wenn sie behaupteten, sie würden nicht verkaufen. Nachts, wenn die anderen sie nicht erkennen könnten, kämen sie dann angeschlichen, um unser Angebot zu akzeptieren; sie wagten es nicht, vor den anderen zuzusagen. Sie hassen sich untereinander, und die PLO setzt sie unter Druck.«

»Und dann?«

Ann preßte die Lippen zusammen. Sonst sanft und zurückhaltend, rollte sie wütend mit den Augen.

»Ich fragte sie nach Namen und Adresse desjenigen, der ihnen das gesagt hat. Das hat gesessen! Er hat sich über mich lustig gemacht und mir gesagt, daß die Amerikaner die Lage überhaupt nicht beurteilen könnten. Und ich sollte zwischen politischem Engagement und Gründung eines Kibbuz entscheiden.«

Ich wußte nichts von dieser kleinen, unscheinbaren fünfundzwanzigjährigen Frau, die etwas konventionell wirkte! Ich fühlte mich schon weniger einsam...

»Wohin gehst du?« fragte sie mich.

»Ich weiß es noch nicht genau. Ich habe einen palästinensischen Freund in Tel-Aviv. Ich werde zu ihm gehen. Ich würde gern für die Zeit, die mir noch bleibt, in Umm-el-Fahem leben. Auf alle Fälle spreche ich dort mehr arabisch als in Jamals Kurs. Oder was er unter Geschichtsunterricht versteht.«

»Ich verlasse Giva ebenfalls«, sagte sie schließlich. »Ich habe eine Ausbildung als Kinderpflegerin. Ich könnte in einem Kindergarten in einem der Dörfer arbeiten.

»Aber...«

»Ich halte es auch nicht mehr aus. Ich werde Giva verlassen.«

Naomi betrat das Zimmer.

»Geh nicht, Marion. Verlaß Giva nicht so einfach. Es ist zu blöd, du bist viel zu empfindlich.«

»Ich bin, wie ich bin. Es gibt einfach Dinge, die ich nicht verstehen kann, das ist alles. Wäre ich in Frankreich in einer Gruppe, die ein Massaker an Juden gutheißen würde, wäre meine Antwort dieselbe. Verstehst du das?«

»Aber was haben wir denn so Schreckliches an uns? Ja, ich weiß, es war mein Fehler, das Massaker an den Palästinensern als eine gute Nachricht zu bezeichnen. Es tut mir leid. Aber das ändert im Grunde nichts. Du weißt, daß ich es ernst meine, wenn ich die Rechte der Araber hier verteidige.«

»Was soll das heißen, ›verteidigen‹? Du verteidigst nichts und niemanden, du bist wie die anderen, du willst ein ruhiges Gewissen haben.«

»Du machst eine Dummheit, Marion.«

»Auf keinen Fall.«

»Laß mich hier nicht ganz allein.«

»Ich bin auch allein. Ich bin es immer gewesen und noch nie so wie heute. Und Schmulik ist auch allein. Weißt du, was sie ihm angetan haben?«

»Schmulik machte krumme Geschäfte mit den Nationalisten in Umm-el-Fahem, mit Typen, die nur einen einzigen Gedanken in ihrem Kopf haben – den Staat Israel zu zerstören.«

»Weil es dir lieber wäre, sie unterstützten ihn! Aber Naomi, wer wird hier denn verteidigt? Ein Staat mit seiner Polizei, seiner Besatzungsarmee, seinen sadistischen Grenzsoldaten, seiner Justiz mit zwei Gesichtern? Oder ein Volk? Ist dir eigentlich klar, daß du keinen Unterschied zwischen Volk und Staat machst? Und wenn ihr den Begriff ›Israel‹ in den Mund nehmt, weiß man nie, wen ihr genau meint! Das ist entsetzlich. Komm mit uns, dann sind wir alle weniger einsam.«

»Ich kann nicht. Ich habe meine Arbeit im Kibbuz Haartzi, ich habe mein Haus, meinen Kibbuz...«

»Was hier vor sich geht, ist schlimm, Naomi. Jeder muß sich entscheiden, auf welcher Seite er steht.«

Kapitel 23

Ron steuerte den Wagen, und ich saß neben ihm. Auf dem Rücksitz kauerte ein junger Mann, der in Giva lehrte. Auch er war ein Kibbuznik, der Politikunterricht für Jugendliche gab im Auftrag der Mapai. Die Stimmung war gedrückt. Ron hatte so getan, als verließe ich Giva, um die arabische Sprache im Dorf besser lernen zu können und spielte meinen heftigen Ausbruch im Museum herunter, indem er meinen »Patriotismus« belächelte. Ich wartete ab, um mit ihm unter vier Augen zu reden und ihm reinen Wein einzuschenken. Er hielt nicht in Tel-Aviv, sondern nahm den Weg über die südlich gelegene Stadtautobahn. Es herrschte dichter Verkehr an diesem Spätnachmittag. Wir kamen an mehreren Militärstützpunkten vorbei, wo Fahrzeuge anhielten, um Soldaten mitzunehmen. Alte israelische Tradition! Ron machte ihnen Zeichen und zeigte auf unseren vollbesetzten Wagen. Ohne eine Miene zu verziehen, fuhr er an einem arabischen Auto vorbei, das gerade einen Unfall gehabt hatte. Wir überholten ein gutes Dutzend von diesen riesigen, schrottreifen Sammeltaxis, die bei Einbruch der Dämmerung nach Gaza zurückkehrten, voll besetzt mit Reisenden, ohne Rücksicht auf irgendwelche Sicherheitsregeln. Ich brach das Schweigen.

»Hier siehst du die Arbeiterklasse Israels!«

Ron fuhr weiter, ohne einen Ton zu sagen. Der junge Mann auf dem Rücksitz konnte es sich jedoch nicht verkneifen, zu sagen:

»Alle Industrieländer benötigen ausländische Arbeitskräfte. In Israel ist das auch nicht anders.«

»Ist es das, was du in deinem Kurs über Sozialismus lehrst? Daß ein demokratisches Land über billige Arbeitskräfte verfügen muß?«

Ron hüstelte.

»Beschäftigt Frankreich keine Einwanderer als Arbeiter?«

»Also, jetzt reicht's aber! Nicht Frankreich beutet die Immigranten aus, sondern die französischen Unternehmer tun das. Die französischen Arbeiter, und die Linken kämpfen für ihre Eingliederung und rechtfertigen diese Vorgehensweise nicht. Darüber hinaus darf ich dich darauf aufmerksam machen, daß sie nicht jeden Abend nach Algerien zurück müssen und dieselben sozialen Vorzüge genießen wie alle anderen auch.«

»Die Vereinigten Staaten importieren ebenfalls Arbeiter.«

»Ach? Das stimmt. Reagans Amerika, dieses Vorbild für Humanismus und Demokratie!«

Als wir endlich allein waren, atmete ich tief durch. Ron saß wie auf glühenden Kohlen.

»Was ist eigentlich mit dir los?« wollte er wissen. »Schütte mir dein Herz aus! Warum verläßt du Giva?«

Ich hätte losheulen wollen, doch ich konnte es nicht. Ich bewunderte Ron. Er war ein alter Freund. Er hatte mich mit seiner Frau besucht; ich hatte seine Kinder aufwachsen sehen; immer hatte ich seine Hoffnungen, seine Sorgen und seine Pläne mit ihm geteilt. Er war immer sehr liebevoll zu mir gewesen und hatte mir angeboten, mit ihm zusammen das Giva-Projekt zu fördern. Er war ein wichtiger Bestandteil meines Lebens, ebenso wie Gaby, Shaül, Sharon und die anderen. Sollte ich wirklich mit ihm brechen? Meine guten Beziehungen zu einer Familie aufgeben, die als einzige noch übriggeblieben war? Ausgerechnet mit ihnen, die mir die Augen geöffnet hatten?

»Ron«, sagte ich düster. »Eine Sache ist mir heute klar geworden. Entweder schlägt dieses Land eine binationale oder eine faschistische Politik ein. Man muß sich entscheiden.«

Er wurde blaß, und ich dachte schon, er müßte sich übergeben. Unvermittelt starb der Wagen an einer Kreuzung ab, und Ron brauchte eine Ewigkeit, um ihn wieder zu starten.

»Kehr um, du hältst den Verkehr auf!«

Er überquerte die Straße und setzte sich an den Straßenrand. Ich hatte ihn tief getroffen.

»Aber wir sind doch gar nicht so!«

»Nur mit Worten. Und außerdem, hast du gehört, was der Typ vorhin von sich gegeben hat? Ist das auch deine Meinung?«

Ron klammerte sich ans Lenkrad und ließ den Kopf auf das Lenkrad sinken. Er war leichenblaß.

»Wir wollen, daß für die Araber die gleichen Rechte gelten wie für uns«, sagte er. »Das weißt du doch!«

»Also gleich vorab: Sprich nicht immer von Arabern, sondern von Palästinensern. Kein Mensch kümmert sich hier um die Rechte von Irakern oder Algeriern. Also Pa-lä-sti-nen-ser! Ist das so schwer auszusprechen?«

Er schwieg und wandte mir sein schönes, ebenmäßiges Gesicht zu. Seine Nase war vollkommen, seine Lippen voll und sinnlich. Mehr als einmal hatte mich die Lust gepackt, doch nie hätte ich es fertigbringen können, dieser Anziehungskraft nachzugeben. Ich stand seiner Familie zu nahe, seiner Frau, seinen Kindern, seinem ältesten Sohn. Unerbittlich versetzte ich ihm den letzten Stoß.

»Kannst du mir sagen, warum ihr Schmulik entlassen habt?«

»Man war sich nicht sicher, was er mit den Nationalisten von Umm-el-Fahem ausheckte?«

»Also! Ich werd's dir sagen. Er hörte ihnen zu; er war dabei, sie kennenzulernen, sie zu lieben, sie zu verstehen. Er hat eure abstrakte Propaganda in die Tat umgesetzt und bei sich selbst zuerst angefangen. Und er hat viel gelernt und wurde respektiert. Wenn ihr ihn jetzt entlaßt, dokumentiert ihr den Nationalisten gegenüber, daß ein sie respektierender Jude vom System nicht anerkannt wird. Ich habe einen guten Freund, der in Umm-el-Fahem als Anwalt arbeitet und ein Aktivist der Bewegung ›Söhne der Erde‹ ist, du weißt schon, die ›Terrorgruppe‹, die das Recht auf Grund und Boden fordert, den ihr ihnen seit vierzig Jahren wegnehmt. Als er die Neuigkeit erfuhr, zuckte er nur mit den Schultern. ›Das erstaunt mich nicht!‹ hat er gesagt. Kannst du nicht verstehen, daß man nicht gleichzeitig Zionist und Sozialist sein kann?«

Im Speisesaal von Tel-Nir am Morgen des Sabbat: um mich herum ein gutes Dutzend alter Mapai-Aktivisten, darunter einige mit ihren Enkelkindern. Ich konnte dem ständigen Druck, seit einem Jahr zwischen zwei Extremen hin und her gerissen zu sein, nicht mehr standhalten.

»Wir haben dir gesagt, daß du zu naiv alles angeschwärmt hast. Du zucktest mit den Schultern und sagtest, daß du uns immer lieben würdest«, warf Yankélé ein, mein geliebter und treuer Yankélé.

Naiv! Meine Augen brannten, und ein starker Schmerz schnürte mir unvermittelt die Kehle zu.

»Naiv! Du hältst mich für naiv, an eure Lügen geglaubt zu haben?«

»Welche Lügen? Nein wirklich, du übertreibst.«

»Kannst du mir ins Gesicht sehen und sagen, ob ihr das Grundstück von Tel-Nir gekauft habt oder ob ihr es leer und unbewohnt vorgefunden habt?«

»Als wir uns im Jahr 1956 hier niedergelassen haben, war dies der Fall!«

»Aber ihr macht es euch zu einfach!«

Amos, einer der Hirten, wurde blaß.

»Versteh uns nicht falsch. Wir wollen, daß die besetzten Gebiete sofort und ohne Entschädigung zurückgegeben werden, weil diese Besetzung unseren Charakter verdirbt, uns zermürbt und uns zu Henkern eines Volkes macht, mit dem wir eine Annäherung herbeiführen könnten. Von rechter Seite wird jedoch so argumentiert, daß, wenn wir die Gebiete zurückgeben, wir auch alle anderen Territorien abgeben müssen, sprich, ganz Israel. Wir sind natürlich verpflichtet, zwischen Israel und den besetzten Gebieten zu unterscheiden. Jetzt, nachdem wir diesen Teil besiedelt haben, ist es für uns eine Frage von Leben und Tod.«

Ich erwiderte ruhig:

»Ich weiß nicht, was es bedeutet, die Besetzung von Gebieten zu einer Frage des Überlebens zu machen, aber ich versuche mir das vorzustellen. Ich weiß, daß deine Eltern im Konzentrationslager waren, daß ihr in der Vergangenheit Schweres durchgemacht habt. Glaub nicht, daß ich hier die historischen Ereignisse wieder aufrollen will, ich habe dafür durchaus Verständnis. Aber warum lügen? Warum nicht einfach sagen: ›Ja, wir haben dieses Land besetzt, weil wir keine andere Wahl hatten!‹, statt zu behaupten, ein

Volk ohne Land in einem Land ohne Volk zu sein? Warum den Kindern Lügen erzählen unter Vorspiegelung falscher Tatsachen? Und warum den Palästinensern ihr gleiches Recht absprechen? Sieh dir das Ergebnis an: Ihr seid ein imperialistisches Land. Wie lange, glaubst du, werdet ihr euch noch auf diese Weise selbst belügen und diese Ungerechtigkeit durch abgedroschene und gewissenlose Phrasendrescherei rechtfertigen können?«

»Wo sollen wir denn deiner Meinung nach hingehen?«

»Wer sagt, daß ihr euer Land verlassen müßt?«

»Aber die Araber wollten doch von Anfang nichts von uns wissen!«

»Ihr seid es doch, die nichts mit ihnen zu tun haben wollen! Gebt zu, daß ihr lieber alles verlassen würdet, als mit ihnen zusammenzuleben. Nur das ist es, was sie fordern, und ihr sträubt euch dagegen. Ihr seid es, die sie verjagen, berauben und enteignen! Sie hassen euch! Ihr werft ihnen auch jeden Tag neue Dinge vor!«

»Was kann man denn noch ändern? Was sollen wir deiner Meinung nach tun?«

Ich hatte voll ins Wespennest gestochen. Mir gegenüber saßen keine gewöhnlichen Faschisten, die den Abtransport der nichtjüdischen Bevölkerung auf das andere Ufer des Jordans forderten, sondern Menschen mit einem Gewissen und politisch linksorientierter Erziehung und Ausbildung. Unvermittelt wurden sie mit ihren eigenen unentwirrbaren Widersprüchen konfrontiert. Sie blickten mich traurig an, erwarteten von mir eine Lösung ihrer Probleme.

»Es ist nicht meine Aufgabe, dir zu erklären, was zu tun ist. Aber wenn ich dich darüber informiere, daß morgen früh das Haus einer Bauernfamilie in die Luft gesprengt wird und ich dich einlade, dich mit mir auf die Erde zu setzen, um die Bulldozer an ihrer Arbeit zu hindern, was würdest du dann tun?«

Das Mädchen erwiderte an seiner Stelle.

»Wenn ich das täte, beziehungsweise wenn wir alle so handelten, dann bedeutete das Bürgerkrieg!«

»Und du ziehst es vor, dich ruhig zu verhalten und diesem Unrecht zuzusehen, anstatt gegen Juden zu kämpfen. Ihr haßt euch also untereinander! Lieber laßt ihr es zu, daß unschuldige Araber tyrannisiert werden, als euch gegen schuldige Juden aufzulehnen! Eure Moral ist nicht mehr wert als die der Mafia!«

Die Moral eines Clans, einer Gruppe, brutal und feudalistisch. Unmoralisch!

Am Tisch breitete sich gespannte Ruhe aus.

»Ich verstehe deinen inneren Aufruhr!« sagte Cyril. »Doch niemand hier will diese Vorfälle rechtfertigen. Das einzige Problem ist, daß man mit niemandem offen darüber reden kann.«

»Öffnet die Gefängnisse, und laßt alle Aktivisten frei, die ihr gefangen haltet, weil sie für eine Sache eingetreten sind, deretwegen ihr euch seit vierzig Jahren gegenseitig bekämpft! Sie wären eure Gesprächspartner!«

Shaül konnte nicht mehr an sich halten. Er stand auf und rief mit donnernder Stimme:

»Du bist im Begriff, ins andere Lager überzulaufen!«

Es war eingetreten, was ich am meisten befürchtet hatte.

Ein zweites Mal in meinem Leben nicht verstanden zu werden; des Verrats angeklagt zu werden; für das zurückgestoßen zu werden, was ich bin; für meinen guten Willen. Nicht du, Shaül, bitte nicht du!

Sie verlieren. Oder mich verlieren!

Ich riß mich zusammen.

»Hört mir zu, hört mir zu, was ich euch sagen will, mit all der Liebe, die ich in meinem Herzen trage. Ich bin nicht euer Feind. Ich wäre nie euer Feind, egal was geschieht. Nur meine Liebe zu euch ermöglichte es mir, alles zu sehen und zu verstehen. Nicht die Zukunft der Palästinenser beunruhigt mich: Sie sind in einer Sackgasse der Geschichte gelandet, doch sie werden wieder herausfinden. Ihr aber seid ein Spielball einer Politik, die euren Händen entgleitet. Nicht in Jerusalem spielt sich alles ab, sondern zwischen Washington und Moskau.«

»Die Amerikaner werden uns nie im Stich lassen!«

»Hör auf zu träumen! Nicht, wenn die Spannungen zwischen

den beiden Großmächten anhalten. Aber stellt euch vor, die Beziehungen zwischen den beiden Großmächten entspannen sich. Nichts würde die Unsummen rechtfertigen, die die Vereinigten Staaten für eure Unterstützung ausgeben. Ihr seid hoffentlich nicht so naiv zu glauben, daß die Amerikaner euch aus reiner Liebe zu den Juden jährlich mit Milliarden von Dollar überschütten? Ja, ich weiß, die jüdische Lobby! Glaubt ihr wirklich, daß sie genügend Einfluß besitzt, um alles zu entscheiden? Wenn die Macht nicht mehr auf eurer Seite ist, wie glaubt ihr, werden Tausende von Menschen reagieren, die ihr gedemütigt, beraubt und tyrannisiert habt? Ihr werdet niedergemetzelt!

Und es wird eure eigene Schuld sein. Die einzige Kraft, die den Faschisten, die ihr so fürchtet, Einhalt gebieten kann, sind die Arbeiter, und das sind heute die Palästinenser.

Als die Nazis damit begannen, Kommunisten zu verhaften, habe ich mich darüber lustig gemacht, denn ich war kein Kommunist; als sie sich Sozialisten schnappten, habe ich mich darüber lustig gemacht, denn ich war kein Sozialist. Dann verhafteten sie Juden, Freimaurer, Zigeuner und Homosexuelle; und ich war weder das eine noch das andere. Als sie mich abholten, drehte ich mich um: niemand war mehr da, um mir zu helfen, erzählt die Legende vom Durchschnittsdeutschen angesichts der drohenden, braunen Gefahr.

Wenn die jüdischen Faschisten euch holen kommen, wer wird sich für euch einsetzen?«

Amos hatte sich wieder unter Kontrolle.

»Aber nein. Es tut sich jetzt einiges. Shimon Peres ist dabei, sich mit Jordanien zu versöhnen. Er ist trotz allem links und wird schließlich eine Vereinbarung hinsichtlich der Gebiete treffen...«

Ich verdrehte die Augen.

»Du setzt gerade deine Hoffnung auf einen halben Premierminister, der ihnen ein Stück Land andreht, das ihm nur zu einem Bruchteil gehört, und der dieses Problem auf dem Rücken eines Volkes austrägt, das er noch nicht einmal zu Rate zieht! Und wer sagt dir, ob er an der Macht bleibt. Und überhaupt; was machst du mit den Palästinensern von Nazareth, von Wadi Ara, von Umm-el-Fahem und von Galiläa? Wirfst du sie raus? Ihr habt keine Ahnung, was sich hier anbahnt. Es wird gehörig krachen, die Palästinenser werden auf die Barrikaden gehen, alles wird in die Luft fliegen.«

Er hörte mir schon nicht mehr zu. Als er den Tisch verließ, hatte er sich wieder in der Gewalt: Er arbeitete die Gebietskarte um.

VIERTER TEIL

Das Engagement

Kapitel 24

»Allaaaaah akbar!«

Es war fünf Uhr morgens, und Ahmads Eltern wohnten neben einer Moschee. Der Ruf des Muezzins ließ mich aus dem Schlaf hochfahren. Das Zeitalter der Moderne verpflichtete die Araber, ob religiös oder nicht, sich dem Rhythmus der Islamischen Glaubensregeln anzupassen.

Als Ahmad von mir wissen wollte, welcher Tätigkeit ich im Dorf nachgehen wollte, hatte ich »Kosmetikerin« erwidert. Von meinen diversen beruflichen Möglichkeiten erschien mir diese am geeignetsten. Um mich in Umm-el-Fahem einzugewöhnen, wollte ich dem Bevölkerungsteil nahe sein, der sich nicht auf den Caféterrassen oder Sitzungen befand: Ich wollte die Unterdrückten der Unterdrückten kennenlernen, die Frauen. Die Arbeit war nur ein Vorwand: Die Männer würden die jungen Frauen im Schönheitssalon nicht belästigen. Grundsätzlich feministisch eingestellt, hatte Ahmad dies für eine ausgezeichnete Idee gehalten. Nachdem er mich in einer Wohnung über der seiner Eltern untergebracht hatte, stellte er, angeregt durch eine seiner Schwestern, Kontakt zu einer Firma her.

Nach einer schnellen Dusche im Bad, denn aus dem Wasserhahn floß nur ein dünnes Rinnsal kalten Wassers, ging ich hinunter zu seinen Eltern, um mit ihnen zu frühstücken. Umm-Ahmad war schon fertig angezogen und backte kleine Quarkstückchen in Olivenöl.

»Sabbakh el kheir!«

»Sabbakh en nur! Guten Morgen!« Abu-Ahmad trank seine erste Tasse Tee und empfing mich mit einem breiten Lächeln.

»Wann fährst du nach Tel-Aviv?«

Heute war der 1. Mai, und ich wollte Ahmad dort treffen.

»Im Laufe des Vormittags. Warum?«

»Kannst du Umm-Ahmad und mich nach Ein Ibrahim mitnehmen? Wir habe dort ein Feld mit Kräutern.«

Die Mutter vertraute ihre kleinste Tochter der Ältesten an und holte die Körbe.

Als ich am ersten Tag zusammen mit Ahmad nach Umm-el-Fahem gekommen war, um mich dort niederzulassen, hatte ich eine Stunde vom Kibbuz bis nach Tel-Aviv gebraucht, Verkehrsstaus inbegriffen, dann eine Dreiviertelstunde mit ihm bis nach Hedera, das heißt knapp zwei Stunden für 130 Kilometer; das war annehmbar. Doch ich brauchte jetzt zusätzlich zwei Stunden für die restlichen zwanzig Kilometer: Kein Bus hielt an der Kreuzung, nicht einmal dann, wenn man den Busfahrer bestach. Die Strecke zwischen Hedera und Afula war sozusagen Niemandsland für das staatliche Busunternehmen, das großzügigerweise die Dörfer zweimal täglich anfuhr: einmal morgens bei Sonnenaufgang, um die Arbeiter abzuholen, und am späten Nachmittag, um sie zurückzubringen. Dazwischen kam man per Anhalter oder Taxi weiter. Ich hatte mich entschlossen, einen Wagen zu mieten.

Geschickt rangierte ich, um umzudrehen, ohne eine Haustür oder eine andere Stoßstange zu demolieren, und lenkte den Wagen Richtung Ortsausgang. Auf dem Dorfplatz fuhr ich vorsichtig in die Kurve, die sechzig Prozent Steigung hatte. Asphalt hätte hier auch keine wesentliche Erleichterung gebracht; was hier fehlte war eine Seilbahn. Als wir uns auf der großen Straße befanden, zeigte mir Abu-Ahmad den Weg.

»Es ist dieser kleine Pfad da vorn, hinter der Ölmühle.«

Eine Zeitlang holperten wir über einen kurvenreichen Weg, fuhren vorbei an mehreren Wohnhäusern, die gerade im Bau waren, und erreichten die Hügelkuppe.

»Hier ist unser Feld. Es ist das letzte hinten. Dort wachsen Kräuter, und wir haben eine Ziege.«

Sie werden zurückkommen, die Arme voll Zaatar und frischen Thymiankräutern, die man mit Salz und gerösteten Sesamkörnern mischt und auf olivenölgetränktes Fladenbrot streut. Es ist doch einfach, etwas zum Essen zu haben, wenn man ein Stück Land besitzt. Hinzu kommt noch ein Stück Ziegenkäse, und fertig ist das Mittagessen.

Als wir an Giva vorbeifuhren, bemerkte ich auf dem Dach eine rote Fahne, die leicht im Wind flatterte...

Auf dem Rathausplatz von Tel-Aviv hingen ebenso viele rote wie israelische Fahnen. Hoch oben auf einem Steinpfosten sitzend, sah ich die israelischen Kommunisten vorbeimarschieren, die laut »Zwei Staaten für zwei Völker« riefen und frenetischen Beifall von alten Aktivisten und Sympathisanten erhielten. Offenbar waren diejenigen, die dagegen waren, zu Hause geblieben. Die Mapai hatte am Tag zuvor demonstriert!

Hinter den Kommunisten marschierten die Schwarzen Panther, eine Bewegung von Sefaradim aus den siebziger Jahren, dann kamen die Trotzkisten, die Progressive Liste für den Frieden, die Anarchos und die Splittergruppen. Es waren offensichtlich ebenso viele Juden wie Araber, aber Ahmad war nicht zu sehen.

Ich suchte den Demonstrationszug ab, doch umsonst. Plötzlich hörte ich ganz am Ende eine heisere Stimme, die aufgeregte Schreie ausstieß. Eine kleine, eng zusammengedrängte Gruppe stand laut jauchzend um eine kleine, kräftig gebaute Frau, die mit einem Stock bewaffnet, wütend auf einen Polizeiwagen einschlug. Ein blonder Pferdeschwanz baumelte ihr ins Gesicht. Sie trug nach palästinensischer Tradition ein langes Kleid und war barfuß in den Ledersandalen. Als sie näherkam, erkannte ich ihr hübsches, von tiefen Falten durchzogenes Gesicht mit den hellen Augen. Sie war die Schwester einer der Mitarbeiter von Tel-Nir und hatte dasselbe Lachen und dieselben schönen slawischen Gesichtszüge.

»Diese Mistkerle haben Jules verhaftet!« wetterte sie.

Sie beschimpfte die Polizisten und hämmerte mit solch einer Kraft gegen den Wagen, daß sie schließlich die hintere Tür öffneten. Ein Riese in schwarzer Uniform stieg lächelnd aus.

»Arna!« rief ich ihr zu.

»Marion!« erwiderte sie erfreut, als sie mich erkannte. Sie hatte mich ein- oder zweimal im Kibbuz gesehen und lächelte mir zu wie einer alten Bekannten.

Sie stellte mir ihren zweiten Sohn vor und legte mir mitfühlend ihre Hand auf den Arm.

»Was hast du denn hier zu suchen bei all diesen Linken? Bist du auf unserer Seite?«

Während die führenden Köpfe der Kommunistischen Partei auf der anderen Seite des Platzes eine Kundgebung abhielten, nahm Arna auf einem Pfosten neben mir Platz.

»Wie hast du mich erkannt?« fragte ich sie. »Aber ich weiß doch Bescheid über dich«, erwiderte sie lachend. »Von meinem Bruder erfuhr ich, daß du einige Monate hier verbringst, um arabisch zu lernen, und daß dein Vater gestorben ist... Er erzählt mir alles, was so in Tel-Nir passiert, und du gehörst dazu, oder?«

Hätte ich mir das nicht denken können? Arnas Leben in Israel hatte immer schon Anlaß zum Tratschen gegeben. Ihre Ehe mit einem Palästinenser in den fünfziger Jahren, zwanzig Jahre später dann die Scheidung, ihre Mitgliedschaft in der Kommunistischen Partei, dann ihr spektakulärer Austritt aus der Partei nach dem Einmarsch in die Tschechoslowakei; alle Einzelheiten ihres skandalumwitterten Lebens wurden von den israelischen Konformisten mitleidig kommentiert. Zu ihrem Kibbuznikbruder hatte sie sicherlich kein so herzliches Verhältnis.

»Also, wie geht's denn so?« wollte sie wissen.

Niedergeschlagen erzählte ich ihr von meinem Gewissenskonflikt bezüglich des Kibbuz und von den schweren und schmerzhaften Enttäuschungen, die ich dort erlitten hatte.

»Ich dachte, sie seien wirklich humanitär und gegen das Abdriften nach rechts in diesem Land...«

Sie unterbrach mich.

»Aber sie sind die Stützen des Systems!«

Mit meinem gesenkten Kopf und gekrümmten Rücken mußte ich wirklich elend aussehen. Sie packte mich bei den Schultern.

»Hast du was zu schreiben? Hier ist meine Adresse und Telefonnummer. Du kannst kommen, wann du willst. Hörst du, wann du willst! Ich wohne in Haifa, und mein Haus steht allen offen, die ein Gewissen haben, sehen wollen, was vor sich geht, und entsprechend handeln.«

Eine große Blonde stellte sich vor Arna hin.

»Arab-el-Khawaled«, sagte sie, als sie mich erkannte. »Du warst doch im zerstörten Dorf.«

»Siehst du«, sagte Arna. »Mit uns wirst du dir weniger verloren vorkommen. Wir halten zusammen und lassen uns nicht alles gefallen. Im Moment organisieren wir auf unsere Art die Feiern zum zwanzigsten Jubiläum des Sechs-Tage-Krieges, also der Besetzung.«

Ich war nicht mehr allein.

Dank Gaby bekam ich Kontakte zu Großhändlern von Tel-Aviv, die Kosmetikprodukte verkauften, und war ausreichend mit Cremes und Gesichtsmasken versorgt. Jeden Morgen traf ich mich mit Fatmeh, einer Kusine Ahmads, die einen kleinen Frisiersalon im Erdgeschoß ihres Hauses betrieb. Im hintersten Winkel des Raumes hatte ich einen bequemen Sessel mit Rückenlehne aufgestellt, breitete auf meinen Knien ein großes Handtuch aus, umwickelte den Kopf meiner Kundinnen mit einigen Stofftüchern und untersuchte ihre Haut.

»Du hast sehr fette Haut.«

»Dabei reinige ich sie mit Seife.«

»Verboten. Deine Haut trocknet aus und produziert kein Fett mehr. Du mußt dein Gesicht täglich mit einem Gesichtswasser auf pflanzlicher Basis reinigen und dann mit einem guten Öl einmassieren. Das bekommst du im Dorf. Aber zuerst entfernen wir die Pickel.«

In einer Ecke stand ein kleiner Gasbrenner, auf dem ich heißes Wasser zum Kochen brachte. Meine Kundin ließ ich auf einem Hocker Platz nehmen, legte ihr ein Handtuch über den Kopf und ließ sie tüchtig über dem Topf schwitzen.

»Ich koche gleich!« stöhnte sie. Ich nahm ihr das Handtuch ab und befühlte ihre Haut im Gesicht.

»Noch nicht weich genug. Noch fünf Minuten.«

Nachdem ich unter ihrem leidvollen Stöhnen alle Mitesser ausgedrückt hatte, ging ich zum angenehmen Teil der Behandlung über und begann mit der Massage. Ich fühlte, wie die junge Frau unter meinen Händen vor Wonne erschauerte. Fasziniert von dieser neuartigen Beschäftigung drängten sich die Kinder aus der Nachbarschaft um mich herum.

»Raus mit den Kindern. Ihr stört, hopp!«

Sie liefen auseinander und schrien vor Lachen.

»Und du, Mundhir, willst du nicht auch gehen?«

Fatmehs Sohn blickte mich bewundernd mit seinen großen, dunklen Augen an und biß sich auf die Lippe.

»Ich möchte lieber bei dir bleiben.«

»Geh mal ein Stück aus dem Licht.«

Er trat zurück und verschlang mich mit den Augen.

»Wenn ich groß bin, werde ich dich heiraten.«

»Aber du bist doch erst fünf Jahre alt...«

»Ich werde warten.« Ich setzte ihn auf meine Knie und gab ihm einen dicken Kuß auf die Wange.

»Also gut, einverstanden.«

Verrückt vor Freude umarmte er mich und hüpfte davon.

»Mami, Mami, ich werde Marion heiraten.«

Fatmeh war so alt wie ich und eine sehr hübsche Frau, groß und schmal mit hellem Teint. Der traditionelle Schal hob ihre feinen Gesichtszüge noch mehr hervor. Nachdem meine letzte Kundin gegangen war, brachte sie mir einen Teller mit Zaatar, selbstgebackenem Fladenbrot, und säuerlichem Quark, den ich so gern hatte. Ich protestierte.

»Ich kann doch nicht vor euren Augen essen, Fatmeh. Es ist Ramadan.«

»Du bist nicht zu uns gekommen, um eine Diät zu machen. Bitte, greif zu«, bat sie mich inständig.

Ich wischte mir genüßlich den Mund ab.

»Ich liebe euch. Ich mag euch so sehr.« Am Abend räumte ich meine Sachen zusammen, während Fatmeh den Salon zusperrte.

»Bis morgen, um die gleiche Zeit.«

Mundhir begleitete mich ein Stück des Weges. Er hielt meine Hand und spazierte mit stolzgeschwellter Brust an meiner Seite. *»Ana'aris'ha!* Ich bin ihr Verlobter«, verkündete er den Passanten, die über ihn lachten.

Als ich Sliman mitteilte, was ich in Umm-el-Fahem machte, fand er mich hinreißend. Aber als ich ihm erklärte, daß ich meinen gesamten Verdienst dem Kindergarten des Viertels zur Verfügung stellte, zuckte er verständnislos mit den Schultern.

»Bist du verrückt?«

»Wie kannst du annehmen, daß ich mich auf Kosten dieser Frauen bereichere, geben sie mir doch zu essen, bieten mir eine Unterkunft und verwöhnen mich.«

»Warum genau tust du das?«

»Solidarität unter Frauen. Schon mal was davon gehört?« Offenbar nicht.

Umeima, Ahmads Schwester, war eine tolle Frau, ungefähr dreißig Jahre alt, groß. Sie sah prachtvoll aus in ihren einfach geschnittenen Kleidern. Ihre Schwangerschaft ertrug sie gutgelaunt, sie arbeitete in einer Frauenvereinigung mit und putzte ihr Haus von oben bis unten selbst, kurz, eine Hausherrin, die sich aber auch in der Rolle der Hausfrau wohl fühlte. Ganz offensichtlich war die Liebe der Grund ihrer Ehe mit Muhammed gewesen, den sie im Freiheitskampf für Palästina kennengelernt hatte. Ein seltener Tatbestand in einem Land, in dem viele Männer ab Dreißig junge, noch unschuldige Siebzehnjährige nach Beendigung der Schule als Braut wählten, sie zu ihrer Dienerin erzogen und zur Mutter ihrer Sprößlinge machten.

Um den Frauen ein Stück Selbstbestimmung zu geben, mußte man ihnen die Möglichkeit bieten zu arbeiten und eine Stelle einrichten, wo sie ihre Kinder unterbringen konnten. Umeima und einige andere Frauen waren ausgebildete Kindererzieherinnen; sie leiteten selbst eine Kindertagesstätte und einen Kindergarten. In Israel schaltet sich der Staat erst ab der ersten Klasse ein.

Eines Tages war ich bei Umeima zum Tee eingeladen, als sie mir eine ungewöhnliche Frage stellte.

»Kennst du jemanden im Kibbuz nebenan?« Sie meinte den Kibbuz zwischen Umm-el-Fahem und Giva, der auf ihrem eigenen Grund und Boden errichtet worden war.

»Niemand. Warum?«

»Ich würde gern einen der Kindergärten besichtigen und erfahren, wie sie so arbeiten; einfach von ihnen lernen.«

Ich tat, was sie nicht zu tun wagte: Ich nahm den Telefonhörer in die Hand und wollte mit einer Kibbuzmutter sprechen. Eine freundliche Stimme sagte sofort zu.

Steinböden und gepflegte Pflanzen, Blumenrabatten und Baumgruppen spendeten Schatten über terrassenförmig angelegten Pfaden, die vom Parkplatz zum Kindergarten führten. Umeima konnte soviel Schönheit gar nicht fassen; sie mußte stinkende Gäßchen durchqueren, um zu ihrem Kindergarten zu gelangen.

Die Kibbuzmutter empfing uns höflich und distanziert.

Sie bot Umeima einen Platz an einem niedrigen Tisch an und fragte sie, als sie den Tauchsieder andrehte:

»Wann ist die Entbindung?«

Umeima war hochschwanger und konnte kaum atmen.

»In einigen Tagen; spätestens in einer Woche.«

»Und wie viele Kinder hast du schon?«

»Es ist das dritte.«

»Ah, ja.«

Ich kannte diesen peinlich berührten Blick der Jüdin auswendig: Dieser quälende Gedanke, wenn sie vor dem prallen Bauch einer Araberin stand, die Jahr für Jahr Kinder über Kinder für die PLO produzierte; viele zukünftige Terroristen; Mistkerle, die uns ins Meer werfen.

Ich hatte versucht, deutlich zu machen, daß man, anstatt die Araberinnen in ihre Dörfer zu verbannen, wo ihre Männer sie an der kurzen Leine hielten, ihnen helfen könnte, sie in eine freie Gesellschaft einzugliedern.

Würde man daran arbeiten, ihren Lebensstandard zu verbessern, würden sie auch weniger Kinder in die Welt setzen. Aber man machte sich keine Gedanken über die irrationalen und krankhaften Ängste der anderen.

»Und, möchtest du noch mehr haben?«

Umeima lachte glücklich.

»Das genügt doch, oder?«

Die Kibbuzmutter stieß so unauffällig wie möglich einen langen Seufzer der Erleichterung aus. Unsere Blicke kreuzten sich, und ich sah, wie sie Umeimas Blick auffing. Ihr Blick verschleierte sich, und sie lächelte etwas verstört.

Mitfühlend legte sie ihre Hand auf Umeimas Arm.

»Tee oder Kaffee?«

Die Schranken begannen zu fallen.

Sie tauschten ihre Erfahrungen aus, sprachen miteinander, lachten und unterhielten sich gemeinsam und umarmten sich beim Abschied. Umeima kehrte mit Bergen von Malpapier und Malfarbe zurück. Einen Monat später stattete die Kibbuzmutter mit zwanzig Kindern ihrem arabischen Nachbarkindergarten einen Besuch ab. Im darauffolgenden Monat war es umgekehrt.

Drei Jahre später standen die beiden Frauen noch immer miteinander in Verbindung.

Innerhalb von vierzig Jahren war niemals irgend jemand in Givat Haviva auf diese Idee gekommen.

»Willst du vor Ort sehen, wie man uns unser Land raubt?« fragte mich Ahmad eines Nachmittags, als ich von Fatmehs Salon zurückkehrte. Ein Ibrahim!

»Aber ich habe doch erst vor vierzehn Tagen deine Eltern hingebracht!«

»Innerhalb von zwei Wochen kann viel passieren...!«

Ich fuhr den steinigen Weg hinter Ein Ibrahim entlang und blieb unvermittelt auf halber Strecke stehen.

»Um Gottes willen!«

Mitten auf dem Weg stand ein großes Schild: »Militärgebiet. Zutritt strengstens verboten!«

»Stell den Wagen dort drüben ab. Wir gehen zu Fuß weiter.«

»Aber das Schild...«

»Ich bin hier zu Hause«, brach es aus ihm hervor. »Ich betrete mein Land, wann ich will.«

Wir kletterten einige hundert Meter den Hügel hinauf und stießen mitten auf der Straße auf Militärzelte, einen Wachposten hinter Sandsäcken und einige leichtbewaffnete Soldaten.

»Diese Mistkerle!«

»Halt! Durchgang verboten. Militärgebiet!«

Ahmad blickte sie harmlos an.

»Guten Tag, meine Herren. Ich besitze ein Feld dort drüben und möchte hier bitte durch.«

»Sie sehen doch, daß es verboten ist...«

»Ich bin nicht informiert worden.«

»Aber Sie sehen doch, daß...«

»Ich bin Eigentümer eines Feldes dort direkt hinter Ihren Zelten und möchte hier durch, bitte!«

Der Wachposten gab einigen Soldaten ein Zeichen, und sie eilten ihm zu Hilfe. Es waren ein paar Jungs, frisch von der Schule. Sie kamen auf uns zu.

»Ich sagte diesen Herren gerade, daß ich hier durch möchte, weil ich dort drüben ein Feld besitze.«

»Ich habe ihm die Lage schon erklärt, aber er will nicht verstehen«, sagte der Aufseher, der ihn offenbar für einen Trottel hielt.

»Aber Sie wurden doch enteignet«, sagte ein Soldat, der offenbar einen etwas höheren Dienstgrad hatte als die anderen.

»Ach ja! Seit wann denn? Ich bin nicht informiert...«

»Aber natürlich. Sie sind genau informiert worden; wir haben das Bürgermeisteramt in Kenntnis gesetzt«, behauptete er.

»Dies entspricht nicht den gesetzlichen Vorschriften. Ich bin es, der benachrichtigt werden muß. Aber im Rathaus, woher ich gerade komme, wurde mir gesagt, man habe keine Mitteilung erhalten.«

Es herrschte betretenes Schweigen unter den Soldaten.

Ahmad war ihnen überlegen: mit seiner Dickköpfigkeit, seiner vorgetäuschten Unwissenheit, seinem höflichen Auftreten und seinem guten Recht, das er nun zum Gespött machte.

»Könnten Sie bitte einen Offizier rufen?«

»Wozu?«

»Natürlich um mir eine Durchgangsgenehmigung zu meinem

Feld auszustellen. Ich sehe doch, daß Sie hier nichts ausrichten können.«

Er stand wie angewurzelt da, mitten auf dem Weg. Eine reizende Soldatin mit einem kastanienbraunen Pferdeschwanz kam auf uns zu.

»Haben Sie Durst?«

Sie drückte uns eine eisgekühlte Cola in die Hand. Ich musterte sie, um ihre freundliche Geste zu ergründen, doch ohne Erfolg. Wollte sie ihre Solidarität mit uns bekunden, oder hatte sie Befehl erhalten zu beweisen, wie menschlich die israelische Armee sein konnte? Unmöglich festzustellen, ihre Miene war undurchdringlich.

Plötzlich sah ich, wie sich ihr Mund zu einem leichten, kaum wahrnehmbaren ironischen Lächeln verzog.

»Auf was warten Sie noch?« fragte der Wachposten, der sich sichtlich unwohl fühlte in seiner Haut.

»Auf den Offizier natürlich.«

»Er ist nicht da.«

»Ich hab's nicht eilig. Haben Sie die Absicht, noch längere Zeit in diesem Lager zu verbringen?«

»Ich weiß es nicht.«

»Und dann kommen die Siedler und ein jüdisches Dorf? Lassen Sie mich raten: Sie werden es Ein Ibrahim nennen, nicht wahr? Um die jüdisch-arabische Freundschaft zu preisen?«

»Hier ist kein Dorf in Planung.«

»Ach ja. Und die Bulldozer, die dort drüben Erde abtragen? Sind die für eure Zelte?«

Die Ankunft des Offiziers befreite den Wachposten, dem es mittlerweile die Sprache verschlagen hatte, aus der unangenehmen Situation. Ahmad palaverte eine Weile mit dem Offizier, beharrte starrköpfig wie ein Esel auf seinem Recht und wiederholte immer wieder, er wolle hier durchgehen, dies sei sein Stück Land und er bestehe auf einer schriftlichen Genehmigung.

Der Auseinandersetzungen überdrüssig, willigte der Offizier ein. Ahmad kramte ein kleines Notizbuch und einen Kugelschreiber aus seiner Tasche hervor und hielt dem Offizier beides unter die Nase. Der Offizier zögerte noch ein wenig, doch sein Wunsch überwog, diesen unerfreulichen Zwischenfall schnell zu beenden.

Er schrieb ein paar Zeilen und setzte Datum und Unterschrift darunter. Sie bescheinigte, daß Herr Soundso, wohnhaft in Umm-el-Fahem etc....

Als wir wieder im Auto saßen, frohlockte Ahmad.

»Die habe ich ganz schön in die Tasche gesteckt. Jetzt habe ich einen schriftlichen Beweis für eine Durchgangsgenehmigung. Wenn man einen Prozeß gegen sie anstrengt, behaupten sie immer, Land zu besetzen, auf das niemand seinen Anspruch geltend gemacht hat. Morgen schicke ich meinen Bruder und übermorgen meinen anderen Bruder.«

»Und wie groß sind die Chancen, den Prozeß zu gewinnen?«

»Ich habe nicht die geringsten Aussichten. Aber Akten werden angelegt, Spuren hinterlassen. Eines Tages, vielleicht...«

In der Zwischenzeit würden seine Eltern für Zaatar und Ziegenkäse den Lebensmittelhändler bezahlen müssen.

Sechs Monate später begann man mit der Errichtung des jüdischen Dorfes Ein Abraham. Doch bereits kurze Zeit später wurde der Bau gestoppt. Die Intifada sprengte es in die Luft. Der Staat Israel machte mit der Enteignung weniger gefährlicher Grundstücke weiter.

Kapitel 25

Ich kam bei Arna an, als es schon dunkel war. Sie empfing mich, als hätte sie meinen Besuch erwartet.

»*Ahlan wa Sahlan*«, sagte sie nur, nachdem sie mich in die Arme genommen hatte. »Ich wußte, daß du kommen würdest.« Sie bewohnte ein Haus im arabischen Stil in Hanglage, in einem Viertel, wo Juden in der Minderzahl waren. Ihre Wohnung, die allen Besuchern offenstand, hatte keine Schlösser an den Türen; nur zwei dicke Hunde mit kuschligem Fell drehten gutmütig ihre Runden.

»Was kann ich für dich tun?«

»Ich will mir Gaza ansehen«, erwiderte ich.

Vorbei war die Zeit, in der man es sich mit den Rechtfertigungen einfach machte und keinen Fuß in die besetzten Gebiete setzte, unter dem Vorwand, man sei gegen die Annektierung. Aber niemand wußte genau, was sich dort abspielte.

Ich fand niemanden, der bereit war, mich dorthin mitzunehmen, wollte jedoch nicht allein hinfahren.

Arna hob den Telefonhörer ab.

»Hallo, Mary.«

Nach einer kurzen Unterhaltung auf arabisch legte sie auf.

»Morgen früh, ist das in Ordnung?«

So war Arna.

Am späten Vormittag erreichten wir das große, zweiflügelige Eisentor, auf dem »Willkommen in Gaza« zu lesen war.

Auf Anraten von Arna stellte ich mein Fahrzeug nur wenige Meter nach dem Eingang auf dem Gelände ab.

»Hier fährt man nicht mit einer gelben Plakette herum«, klärte sie mich auf.

Sie klingelte am Eingangsgitter der UNRWA-Gebäudes*.

Jemand verließ das Gebäude und kümmerte sich um meinen Wagen. Arna betrat die Eingangshalle und führte ein kurzes Telefongespräch. Wenige Minuten später holte uns eine lächelnde junge Frau ab. Marys Tochter.

Sie nahm uns in ihrem kleinen R4 mit, der ihrer Mutter gehörte, um uns das Unaussprechliche zu zeigen.

Zum ersten Mal in sechzehn Jahren erlebte ich die grausame Wirklichkeit dieses gigantischen, dreckigen und überbevölkerten Elendsquartiers. Ich sah Kinder in zerlumpten Kleidern, die auf Steinen hockten und ihre Hausaufgaben machten; Massen von erschöpften Arbeitern, Frauen, die auf der Erde hockten und vor ihren zerstörten Häusern kochten. So also sahen die Flüchtlingslager

* UNRWA: United Nations Refugee Welfare Association. Organisation der Vereinten Nationen, die sich um Flüchtlinge kümmert.

aus: eine endlose Kette von Wohnblocks; dazwischen schlängelten sich Rinnsale verschmutzten Wassers durch Abflußrohre. Es herrschte derselbe Gestank wie in Umm-el-Fahem.

»Sieh dir das genau an; den Lebensstandard!« sagte die junge Frau. »Selbstverständlich gibt es kein fließendes Wasser. Es ist rationiert. Gelegentlich findet man einen Wasserhahn, zu dem diese Frauen dann mit Eimern wandern, um zu kochen. Du kannst dir vorstellen, wie sie sich waschen! Also komm, ich werde dir etwas zeigen.«

Es war eine jüdische Siedlung: mit wassergesprengten Grünflächen, schnurgerade angelegten Feldern und Schwimmbad. Ironie des Schicksals: eingezäunt von einem Stacheldraht!

»Unsere Kinder waschen sich nicht, damit ihre Kinder im Pool baden können, wo doch das Meer nur wenige Schritte entfernt ist.«

Etwas weiter entfernt stand ein großes Luxushotel mit koscherem Essen und jedem erdenklichen Komfort direkt an der Küste.

»Siehst du diesen armseligen Strand: Das ist alles, was man den Palästinensern noch zugesteht. Das Betreten des anderen Abschnittes ist streng verboten. Viele von ihnen waren Fischer. Sie haben zwar noch das Recht zu fischen, aber keinen Zugang zum Meer. Jeden Morgen verlassen sie das Lager, um die Mülleimer von Tel-Aviv oder anderswo zu leeren.«

Der Sklavenmarkt.

»Dennoch bist du zuversichtlich«, warf ich ein. »Du zeigst mir das alles, als ob es ein ganz normaler Landstrich wäre.«

»Ich bin daran gewöhnt. Und außerdem macht es Spaß, Leute zu treffen, die uns besuchen. Meine Mutter empfängt andauernd Besucher, Journalisten und junge Leute...«

Mary war eine alte Freundin von Arna. Sie hatte Haifa, wo sie geboren worden war, verlassen, um sich der Kinder im Flüchtlingslager anzunehmen. Sie hatte auf Vorzüge verzichtet, auf die sie als israelische Staatsbürgerin Anspruch gehabt hätte, um sich ihren unterdrückten Mitmenschen zu widmen.

Ihr Haar war ebenso braun wie Arnas blond war. Sie war ebenso hübsch, doch wesentlich jünger. Sie bewohnte ein Haus, wie es sich für Gutsituierte gehörte; geräumig wie die Häuser in den arabischen Dörfern Israels und einfach, aber geschmackvoll eingerichtet. Obwohl sie über viele Jahre hinweg in Israel gelebt hatte, weigerte sie sich, hebräisch zu sprechen.

Sie begann zu erzählen: Wie eines Abends zur Essenszeit Soldaten in den Lagern auftauchten, mit ihren schweren Stiefeln das Essen zertraten, das auf dem Boden sitzend eingenommen wurde, Möbel zerschlugen und Familien in Angst und Schrecken versetzten auf der Suche nach ihren ältesten Söhnen, die sie des politischen Extremismus verdächtigten.

Mary saß auf dem Sofa und nähte. Von Zeit zu Zeit schweifte ihr Blick ab.

»Eines Tages führten sie in der Stadt eine Razzia durch und sperrten Hunderte von Männern in den Innenhof einer Moschee. Dort konfiszierten sie alle Ausweise. Du weißt, was das bedeutet? Keine Arbeit, kein Essen und das Risiko, bei der ersten Kontrolle ins Gefängnis zu kommen. Dann versprachen sie, denjenigen ihren Ausweis wiederzugeben, die für sie tanzen würden.«

»Halt! Mary. Ich habe das nicht richtig verstanden.«

»Tanzen, habe ich gesagt. *Dance*«, wiederholte sie.

»Bitte, Mary. Glaube mir, ich habe nicht alles mitbekommen. Kannst du die Geschichte noch einmal wiederholen?«

Sie wiederholte die Geschichte auf englisch, dann auf hebräisch und schließlich auf arabisch.

Ich hatte doch richtig verstanden.

»Ich werde es mein ganzes Leben lang nicht vergessen«, erzählte Mary mit leiser Stimme weiter, »wie dieser bärtige alte Mann auf die Knie fiel und um Gnade bettelte. Sie lachten nur und traten ihn mit Füßen. Sie riefen: ›Wenn du nicht für uns tanzen willst, dann bekommst du eben deinen Ausweis nicht zurück.‹ Der alte Mann warf sich auf die Erde und flehte weinend Allah um Hilfe an. Dann richtete er sich wieder auf und begann zu tanzen.«

Eine furchtbare Vorstellung stieg in mir hoch. Ich sehe meinen geliebten alten Großvater in Anwesenheit seiner eigenen Leute ins Lächerliche gezogen und gezwungen, den Clown für diese Sadisten zu spielen, wenn er nicht Hungers sterben wollte. Ich wollte mich übergeben. Die Hand vor dem Mund, versuchte ich einen Schrei zu unterdrücken und bemühte mich, ihren schönen Teppich nicht vollzukotzen. Tanzen! In Deutschland zwangen Nazis die Juden dazu, gepflasterte Straßen mit einer Zahnbürste zu putzen.

Und wo ist da der Unterschied, bitte?

Mary sagte mit gepreßter Stimme:

»Ich werde es niemals vergessen, niemals.«

Ihre Stimme versagte.

Am späten Nachmittag kehrten wir zum UNRWA zurück, und ich setzte mich völlig verzweifelt hinters Steuer. Diese Folterknechte waren wehrpflichtige Rekruten. Ein Bürschchen aus meinem Kibbuz hätte ohne weiteres Helfershelfer sein können.

»Halt. Hör noch nicht auf zu weinen«, sagte Arna. »Du bist erst am Anfang, den Schleier von diesen ungeheuerlichen Ereignissen hier zu lüften. Was mich am meisten aufregt, ist, daß es diesem Land auch noch gelingt, der Weltöffentlichkeit ein Bild von Demokratie und Humanismus vorzugaukeln. Das ist die größte und unglaublichste Lüge dieses Jahrhunderts!«

»Aber was kann man dagegen tun?«

»Zunächst und vor allem: dokumentieren. Dieses verlogene Bild zerstören; die demokratischen Länder auffordern, dieses Scheißland zu boykottieren, so daß keine Touristen mehr unser Land besuchen. Die Annektierung ist die brutalste und schlimmste Sache der Welt!«

Arna schilderte mir, wie sie als Grundschullehrerin von der staatlichen Erziehungsbehörde ihrer Ehe wegen entlassen, wie sie von Verwandten und Bekannten ihres Mannes zurückgewiesen, wie sie beinahe mitten auf der Straße von einer aufgebrachten Menge gelyncht wurde, die schrie: »Die Frau von der PLO! Hure von Arafat!«

»Aber was sagt dein Bruder zu all diesen Dingen? Er liebt dich und steht nicht auf ihrer Seite.«

»Ach, mein Bruder! Natürlich mögen wir uns, aber wir haben uns nicht viel zu sagen. Was soll schon sein, er ist Zionist und hält sich für links und humanitär. Von wegen! Wäre er wirklich humanitär, und sei es auch nur ein kleines bißchen, glaubst du, er würde die Bewohner von Dar Jabrin in einem Flüchtlingslager dahinsiechen lassen, das nur dreißig Kilometer von ihrem Zuhause entfernt liegt?«

»Dar Jabrin!«

»Arna! Weißt du, wo die Einwohner von Dar Jabrin jetzt leben?«

»Sie wohnen in Dheishe.«

Eines Morgens verließ ich zusammen mit Ahmad Umm-el-Fahem in Richtung Ramallah.

»Ich habe dort etwas zu erledigen«, hatte er mir erklärt. »Ich treffe mich mit einigen Leuten. Du kannst mich dort absetzen.«

Als wir an einem Flüchtlingslager vorbeifuhren, knallte eine Ladung Steine auf die Motorhaube.

»Das riecht gefährlich nach Aufstand; man könnte meinen, daß es hier bald kracht!«

»Das sagen wir schon seit Jahren«, sagte Ahmad.

»Jedenfalls sind wir ziemlich sicher, daß es hier eines Tages knallen wird!«

In Ramallah wurden wir von einer Intellektuellenfamilie empfangen, der es offenbar besser ging als den anderen. Sie lebte in einer Art Sozialwohnung mit Küche und Dusche; der Wohnkomfort entsprach dem eines französischen Arbeiters.

Der Mann war Anwalt, seine Frau führte den Haushalt und stand wegen politischer Aktivitäten unter Hausarrest.

»Ich versuche Frauengruppen zu organisieren«, sagte sie. »Für die Frauen ist die Lage am schlimmsten. Außerdem haben die Besatzungsbehörden die Ehemänner auf dem Kieker.«

Ihr Mann hörte schweigend zu und schien dem zuzustimmen.

»Du kannst Dheishe niemals mit deinem Auto erreichen«, sagte sie schließlich.

»Laß es hier vor unserem Haus stehen. Dann kann nichts passieren. Ich leihe dir meinen Wagen, wenn du ihn mir heute abend wiederbringst.«

»Und wie finde ich Dheishe?«

»Unsere Nachbarin wollte gerade losfahren. Ihre Eltern leben dort. Sie kann dich begleiten.«

Dheishe lag einige Kilometer südlich von Jerusalem, kurz hinter Bethlehem. Ebenso wie Gaza bestand Dheishe aus uneinheitlich gebauten Wohnblöcken, denselben engen Gassen, stinkenden Rinnsalen aus verschmutzten Abwässern, zerstörten Wohnhäusern; hier und da waren einige von Mauern umgeben. Rundherum Stacheldraht und Militärpatrouillen, die selbstverständlich zum Schutz der jüdischen Siedlung vor »Terroristen« abgestellt waren. Diese Siedlung lag neu erbaut am nächsten Hügel.

Meine Begleiterin klopfte an einige Türen.

»Wohnt hier jemand aus Dar Jabrin?« fragte sie unermüdlich.

»Nein«, war die Antwort.

Ich hatte bereits jegliche Hoffnung verloren, als mir plötzlich ein Gedanke durch den Kopf schoß. Gleich neben Tel-Nir war mitten in einem zerstörten Dorf ein Kibbuz errichtet worden (sie hatten sogar ein wunderschönes Haus gebaut, das nun als Clubhaus diente), dessen Name einfach nur ins Hebräische umgetauft wurde. Aus Kufur Moussa war Kfar Moshe geworden. Keine fünf Kilometer weiter.

»Frag doch mal, ob jemand aus Kufur Moussa stammt. Das würde mir genügen.«

O Wunder.

»Ja, mein Vater ist aus Kufur Moussa«, erklärte uns ein junges Mädchen in Jeans, das uns lächelnd die Tür öffnete. Leider ist er noch nicht zurück. Aber meine Mutter ist da. Treten Sie doch ein! Sie weiß Bescheid und kann Ihnen alles erzählen. Sie stammt aus derselben Gegend, aus Dar Jabrin.«

Ein Schauder überlief mich, als eine etwa fünfzigjährige, schöne Frau mit klaren Augen über den kleinen Innenhof auf uns zukam; ihr Kopf war mit einem bunten Tuch bedeckt, und sie trug die traditionelle Palästinensertracht: langes schwarzes Kleid mit Stickereien über der Brust. Sie war barfuß und setzte sich auf den Boden.

»Sag, kannst du mir... Kannst du mir...«

Die Mutter, ihre Töchter, einige Kinder und meine Begleiterin starrten mich unverwandt an.

Ich schlug die Hände vors Gesicht, stotterte und versuchte mich wieder zu beruhigen.

»Ich, du...«

Ich lehnte mich mit dem Rücken zur Hauswand, ließ den Kopf nach vorn sinken, schniefte laut vor mich hin und verbarg mein Gesicht in den Händen.

Das junge Mädchen kam auf mich zu und zog mir die Hände vom Gesicht.

»Warum weinst du? Du brauchst nicht zu weinen. Das ist unsere Art zu leben; wir sind daran gewöhnt.«

»Ich kann es nicht auf arabisch ausdrücken«, erwiderte ich auf englisch. »Sag bitte deiner Mutter, daß ich aus dem Kibbuz komme, der auf Dar Jabrin errichtet wurde. Bitte sie darum, mir zu schildern, wann sie Dar Jabrin verlassen hat und unter welchen Umständen. Wie ist ihr Name?«

»Sie heißt Mariam«, erwiderte sie.

»Genau wie ich. Marion, das heißt Mariam.«

Den Blick in die Ferne gerichtet, begann Mariam zu erzählen: Von Flugzeugen, die mehrere Tage lang über dem Dorf kreisten und ihr Ziel beschossen. Dann, eines Nachts, Schüsse aus Maschinenpistolen, laut und heftig knatternd, die immer näher kamen. Sie war fünfzehn gewesen, wurde jäh aus dem Schlaf gerissen, ein Mann lief durch das Dorf und brüllte: »Sie kommen! Sie kommen! Mit nackten Füßen die Flucht in die Berge, sie hatten kaum Zeit, etwas mitzunehmen; noch im Glauben, am nächsten Tag, in der nächsten Woche oder im nächsten Monat zurückkehren zu können. Eines Tages vielleicht, eines Tages. Vierzig Jahre wartete sie schon auf diesen Tag, auf dem Boden hockend in diesem armseligen Loch.

»Falastine, Falastine«, Dar Jabrin, Dar Jabrin.

Ich ließ meinen Tränen freien Lauf, während Mariam mit ihrer Geschichte fortfuhr.

»Dar Jabrin war so schön. Wir hatten Olivenbäume, Kakteen und wunderbares Gemüse: Tomaten, Auberginen und Zwiebeln. der Ackerboden in Dar Jabrin war fruchtbar, so fruchtbar.«

Ard. Die Erde.

Eingesperrt in wenige Quadratmeter in diesem Dreckloch, das war alles, was ihr geblieben war. Sie war gerade gut genug, um die Kühe zu füttern.

»Dar Jabrin ist noch immer sehr schön. Sehr schön sogar; erzähl mir, wovon du heute träumst.«

»Ich habe keine Träume mehr«, erwiderte Mariam.

»Versuch es. Stell dir vor, ich könnte dir jeden Traum erfüllen. Was würdest du dir wünschen?«

Ihre Tochter unterbrach sie.

»Eines Abends kamen sie, um ihn zu verhaften; wir wissen nicht, wo er sich aufhält.« Ich sah die Verhaftung vor mir: hereinstürmende Soldaten, die alles umstießen, Möbel gegen die Wand schleuderten, den ältesten Sohn zu Boden warfen und mit Fußtritten bearbeiteten... Mariam war nicht wie Arna. Eine palästinensische Mutter bewaffnet sich nicht mit einem Gummiknüppel, um ihre Sprößlinge aus dem Gefängnis zu holen.

»Träume weiter, Mariam. Erzähl mir alles!«

»Ich will Dar Jabrin.«

»Das Dorf ist zerstört, aber das umliegende Land ist unbeschadet geblieben. Nur das Haus auf dem Hügel steht noch. Sag mir, Mariam, wenn ich dir erzähle, daß dort Menschen leben, sogar ein Kibbuz gebaut wurde und ein kleines Stück weiter...!«

»Ja und?« erwiderte sie und blickte mich unvermittelt an.

»Willst du damit sagen, daß du einverstanden wärst, das Land mit ihnen zu teilen? Mit ihnen zusammenzuleben?«

»Es sind doch auch nur Menschen, oder?«

Ich verließ Dheishe bei Einbruch der Dämmerung. In Jerusalem angekommen, hatte ich plötzlich Lust, Esther zu besuchen.

Sie war so wie immer: liebenswürdig, freundlich und entgegenkommend. Ich machte es mir auf ihrem Sofa bequem; erschöpft, ausgelaugt und traurig.

»Sag mal Esther, warum bist du eigentlich nach Israel gekommen? Hast du dich in Frankreich nicht wohl gefühlt? Bist du diskriminiert worden?«

»Überhaupt nicht. Es lebt sich gut in Frankreich.«

»Also, warum?«

»Ich bin nach Jerusalem gegangen. Für uns religiöse Juden ist es der Traum schlechthin, hier zu leben. Du weißt ja, Jerusalem bedeutet für uns das Gelobte Land.«

»Aber selbst wenn Israel nicht existierte, würde Galiläa weiter bestehen. Stell dir vor, die Fahne der Palästinenser würde über den Stadtmauern wehen, würdest du dann noch hierbleiben wollen?«

»Du weißt doch genau, daß ich das nicht könnte.«

»Ich weiß überhaupt nichts mehr, Esther. Warum wäre das nicht möglich?«

»Weil die Palästinenser mich niemals hier dulden, sondern aus der Stadt verjagen würden!«

»Und wenn sie es nicht täten?«

»Wenn der Staat Israel nicht existierte, und eine palästinensische Regierung würde dir das Recht einräumen, dich hier nach Belieben aufzuhalten; mit jüdischen Schulen für deine Kinder; einer Synagoge gleich nebenan und freiem Zutritt zur Klagemauer. Würdest du dann hierbleiben?«

»Aber natürlich!«

Ich richtete mich auf, und meine Augen weiteten sich.

»Wirklich?«

»Aber warum denn nicht? Für mich spielt die jüdische Fahne keine Rolle. Ich bin keine Zionistin im engeren Sinn. Weißt du, all diese pseudoreligiösen Bewegungen, die ihre Fahnen schwenken und Gebietsansprüche geltend machen, sind für mich schlechte Juden. Land zu besitzen liegt nicht in unserer Tradition, das ist eine moderne Erfindung. Und die jüdische Armee! Wie schön! Unsere

Vorfahren haben Armeen angeführt und bereits gute Arbeit geleistet!«

»Aber Esther. Ich glaube, ich träume. Dein Sohn ist doch bei der Armee!«

»Er beschützt mich. Ich bin felsenfest davon überzeugt, daß die Araber alle Juden vertreiben wollen.«

»Sag mal, Esther, hast du diese Frage schon einmal direkt einem Araber gestellt?«

»Ehrlich gesagt, nein! Ich kenne keinen.«

Als ich Jerusalem in Richtung Norden hinter mir ließ, hatte ich mich plötzlich verfahren. Ich kannte mich zwar in der Innenstadt recht gut aus, doch es gelang mir nicht, die Straße nach Ramallah zu finden. Noch nie zuvor war ich in diesem modernen Stadtteil gewesen, wo orthodoxe Juden mit Schläfenlocken spazierengehen, das Buch der Bücher in der Hand.

Ich kurbelte die Fensterscheibe herunter und sprach einen an.

»Entschuldigen Sie, kennen Sie die Straße nach Ramallah?«

Er beugte sich zu mir herunter und beschrieb mir den Weg.

»Vielen Dank.«

»Gib trotzdem acht«, sagte er, als ich den ersten Gang einlegte. »Es ist voller Araber dort.«

Voller Araber! In Ramallah, einer palästinensischen Stadt, war es voller Araber?! Was glaubte dieser Jude eigentlich, wo er war?

»Es ist gefährlich!« rief er laut und schaute mich mitleidig an.

In einem Anfall von Wut hätte ich ihm gern kräftig an seinen Schläfenlocken gezogen und fuhr schnell davon. So hatte dieser Diener des Herrn noch genügend Zeit, meine blaue Plakette zur Kenntnis zu nehmen. Als ich in Ramallah ankam, fühlte ich mich wieder unter Menschen.

Kapitel 26

»Aufstehen! Aufstehen!« In Gottes Namen, aufstehen! Hier knallt's gleich. Alles wird in die Luft fliegen!«

Ich tat alles, um meine besten Freunde zu beschützen, und versammelte alle um mich herum. Ich schrie, bettelte, gab Ratschläge, erzählte, was ich gesehen hatte und was man mir mitgeteilt hatte. Ich drohte mit der Faust, als ich Fernsehen schaute.

»Propaganda! Gehirnwäsche! Üble Indoktrinierung!«

»Hör auf!« sagte Gaby. »Hör sofort auf damit!«

»Womit soll ich aufhören?«

»Na, so dummes Zeug daherzureden. Das Blatt kann sich gegen dich wenden. Wir lieben und respektieren dich seit langer Zeit, und alles, was du davon hast, ist, dir neue Feinde zu schaffen. Wirklich sehr schlau!«

»Es ist mir scheißegal, Gaby. Hast du verstanden, scheißegal. Darum geht es jetzt gar nicht! Ihr sitzt auf einem Vulkan kurz vor dem Ausbruch, und du willst, daß ich ruhig bleibe?«

»Aber was willst du daran ändern, du ganz allein?«

»Ich tue, was ich kann. Ich verbitte mir, ständig euren Unsinn anhören zu müssen, Unwahrheiten den lieben langen Tag; so wie gestern dieser Typ behauptete, Araber bezahlten keine Einschreibegebühr an der Universität. Es wird sogar die Frage diskutiert, ob sie nicht das Doppelte bezahlen sollen, weil sie keinen Militärdienst leisten. Und ihr sitzt herum und zuckt gleichgültig mit den Schultern.«

»Würde sich denn etwas ändern, wenn wir etwas dagegen unternehmen würden?«

»Hör zu, Gaby. Die Palästinenser werden auf die Barrikaden gehen. Die Zeitbombe tickt... Meiner Meinung nach ist es fünf Minuten vor zwölf.«

»Sei still!«

»Nein, niemals. Weil ich euch liebe. Niemals!«

»Scheußlich eingerichtet, aber komischerweise alles sehr sauber«, flüsterte mir Gaby zu, als Ahmad sich in die Küche verdrückte, um Tee für uns zu kochen. Schließlich hatte ich sie doch überreden können, seine Bekanntschaft zu machen, und sie war sehr angetan von ihm. Sie verbarg ihre Verlegenheit in bewundernswerter Weise, bis Ahmad sie in seiner liebenswürdigen Art aus der Reserve lockte.

»Bei allen Arabern ist es sauber, selbst in den Lagern, wo es kein Wasser gibt. Du könntest sogar vom Boden essen...«

Ahmad schlug vor, sich im Kino den Film »Die Farbe des Geldes« anzusehen. Gaby stimmte sofort zu. Mir war es egal.

Es kam mir seltsam vor, zu dritt durch Tel-Aviv zu spazieren. Doch es verlief alles glatt zwischen der Kibbuznik ohne politischem Gewissen, die die Welt nur aus dem Fernsehen kannte, und dem Trotzkisten, früher Waffenschieber und überzeugter Antizionist.

Von diesem Gedanken beseelt, setzte ich mich im Kino zwischen die beiden.

Schweigend fuhren wir in der Dunkelheit nach Hause.

»Ist alles in Ordnung, Gaby? Warum sagst du nichts?«

Im Lichtkegel der entgegenkommenden Wagen sah ich, daß sie weinte.

»Ich schäme mich so. Seit zwanzig Jahren lebe ich nun in diesem Land, und zum ersten Mal trinke ich Tee und unterhalte mich mit einem Araber. Zunächst habe ich nur zugesagt, um dir einen Gefallen zu tun; aber ich war auf das Schlimmste gefaßt. Und der Film hat ihm genausogut gefallen wie mir. Araber waren Primitivlinge für mich; kindermordende Barbaren. Seit du mir von den schrecklichen Vorkommnissen in Umm-el-Fahem berichtet hast, war ich tief beunruhigt. Ich hatte den Eindruck, du würdest ins andere Lager überlaufen, dich gegen uns stellen und wahnsinnig werden. Ich hatte Angst, dich zu verlieren, und hörte dir zu, ohne zu widersprechen.«

»Und jetzt fürchtest du nicht mehr, mich zu verlieren, nur weil du einen Araber kennengelernt hast?«

»Vor allem habe ich einen bewundernswerten, intelligenten,

sensiblen und kultivierten Menschen kennengelernt; ein menschliches Wesen eben, der dich mag und respektiert.«

An der Kreuzung nahm ich einen Soldaten auf Heimaturlaub mit, der es sich auf dem Rücksitz bequem machte, die Maschinenpistole auf seinen Knien. Er hieß Ygal und hatte soeben seinen jährlichen, zwei Monate dauernden Pflichtdienst abgeleistet. Er stammte aus Kfar Moshe und war froh, daß er alles hinter sich hatte.

Gaby begrüßte ihn herzlich.

»Seine Frau ist ebenfalls Kosmetikerin«, sagte sie. »So haben wir uns kennengelernt.«

Wir waren kaum dreihundert Meter gefahren, als mitten auf der Straße zwei Gestalten im Scheinwerferlicht auftauchten, die aufgeregt mit den Armen fuchtelten. Ich hielt an.

»Fahr weiter!« befahl Ygal. »Es sind Araber. Los, fahr weiter!«

»Wenn du erlaubst, das hier ist immer noch mein Wagen! Ich fahre los, wann ich es für richtig halte!«

Ich kurbelte die Fensterscheibe herunter. Die beiden Männer, ein jüngerer und ein alter, sahen verzweifelt aus. Sie trugen einen riesigen Korb mit Lebensmittelvorräten bei sich und redeten dermaßen schnell, daß es mich große Mühe kostete, sie zu verstehen.

Aber das Wichtigste hatte ich kapiert.

»Es tut mir leid«, erwiderte ich und wies auf den Soldaten, der auf meinem Rücksitz kauerte. »Ich habe keinen Platz mehr.«

Sie warfen mir einen verzweifelten Blick zu, und ich brach fast in Tränen aus. Ohnmächtig zuckte ich mit den Schultern und fuhr wieder los.

»Warum hast du überhaupt angehalten?« wollte Ygal wissen. »Kein Mensch bleibt ihretwegen stehen, und das gleiche gilt für sie. Das ist eben so!«

»Weil du ihre Situation auf dieselbe Stufe stellst wie deine eigene!« schrie ich, außer mir vor Wut. »Das einzige Fahrtziel auf dieser Straße sind hinter dem Kibbuz die besetzten Gebiete. Das heißt, sie dürfen sich hier nach Sonnenuntergang nicht mehr zeigen. Denn wenn sie erwischt werden, droht ihnen Gefängnis und eine Geldstrafe in Höhe eines Jahreslohns. Aber ihr und sie seid natürlich in derselben Lage, ganz klar?!«

Kleinlaut zog sich Ygal zurück. Gaby versuchte mich zu beruhigen. Ygal verstand glücklicherweise kein Französisch.

»Laß dich nicht so unter Druck setzen. Man könnte meinen, du fühltest dich schuldig. Erstens hast du keinen Platz. Das ist eine Tatsache. Zweitens kannst du dir denken, daß eine Frau unmöglich allein mitten in der Nacht in die besetzten Gebiete fahren kann mit zwei unbekannten Männern auf dem Rücksitz. Hast du dich einmal selbst im Spiegel betrachtet? Mit diesem tiefausgeschnittenen Kleid! Du träumst wohl! Was glaubst du, was passiert, wenn sie in Hebron wohnen? Willst du bis dorthin fahren? Das ist ganz einfach nicht vernünftig!«

»Ich habe aber keine Lust, vernünftig zu sein!«

»Hör doch endlich auf! Du bist nicht verantwortlich für das Elend dieser Welt. Einer ihrer Kumpels wird vorbeikommen und sie nach Hause mitnehmen.«

»Welcher Kumpel denn? Gaby, ich halte das nicht mehr aus. Ein Araber hat nicht einfach irgendeinen anderen Araber als ›Kumpel‹. Du packst alle in eine Schublade, und ab geht die Post! Sind alle Juden deine ›Kumpel‹? Außerdem darf ich dich darauf aufmerksam machen, daß um diese Uhrzeit kein einziges Fahrzeug mehr aus den besetzten Gebieten vorbeikommt.«

Gaby zog es vor, nicht darauf zu antworten, sondern abzuwarten, bis meine Wut verraucht war.

Als wir kurz vor Kfar Moshe waren, bremste ich so unvermittelt ab, daß Gaby, hätte sie sich nicht angeschnallt, an der Windschutzscheibe gelandet wäre.

»Du wirst ihn doch wohl nicht hier absetzen wollen?« fragte sie. »Wenn wir uns gegenseitig per Anhalter mitnehmen, fahren wir immer bis zum Parkplatz.«

Ich erwiderte nichts, sondern stieg aus dem Wagen, drückte meinen Sitz nach vorn und zeigte mit gestrecktem Finger auf Ygal.

»Raus!«

Kleinlaut kletterte er aus dem Wagen und lief zum Kibbuz.

»Ach übrigens!« rief ich ihm hinterher. »Noch eine Auskunft, bitte! Was ist denn das für ein Tuch da oben auf dem Wasserturm?«

»Die rote Fahne. Warum?«

»Die Fahne der proletarischen Revolution, was? Der Internationalen!? Der Solidarität der Arbeiter?« Sprach's und knallte meine Wagentür mit voller Wucht zu.

»Ich flehe dich an, Marion. Hör mir einen Moment zu. Du kannst in diesem Zustand nicht weiterfahren. Du wirst uns noch umbringen.«

Ich bremste scharf, mein Herz raste, und es rauschte in meinen Ohren.

»Beruhige dich, meine liebe Marion. Ich verstehe dich ja und bin auch deiner Meinung. Nicht weil du Ygal, einen Nachbarn und sympathischen Jungen, dort abgesetzt hast, sondern weil du diesen Menschen helfen willst. Du hast ein großes Herz, das mag ich so sehr an dir. Aber es gibt Dinge, die du noch nicht wissen kannst. Gleichgültig, welche Gründe eine Rolle spielen und wer in dieser ganzen Geschichte recht oder unrecht hat, es ist gefährlich, sich nachts allein in den besetzten Gebieten aufzuhalten. Und daran wirst auch du nichts ändern können. Glaub ja nicht, daß ich das gutheiße. Also beruhige dich! Du fährst jetzt schön langsam weiter und wirst uns wohlbehalten nach Hause bringen. Laß dich nicht fertigmachen!«

Ich gab mich geschlagen und schwieg einen Moment.

Dann sagte ich: »Sag mir eines, Gaby, wie habt ihr die Leute genannt, die tatenlos zusahen, als Juden verhaftet wurden. Du weißt schon, diese Mistkerle mit Scheuklappen vor den Augen, die anschließend behaupteten, sie hätten von nichts gewußt.«

Gaby seufzte. Wir waren angekommen.

»Gute Nacht, mein Schatz. Reg dich nicht zu sehr auf! Es wird vielleicht jemand vorbeikommen und sie mitnehmen. Denk zur

Abwechslung einmal an dich. Schlimmstenfalls werden sie die Nacht dort verbringen müssen, und irgend jemand nimmt sie dann morgen in der Früh mit.«

»Mich würde wirklich deine Meinung interessieren, wenn dein Mann gezwungen wäre, die Nacht auf der Straße zu verbringen, nur weil keiner Lust hat, ihn per Anhalter mitzunehmen. Du weißt, wie kalt es hier nachts ist.«

»Aber Marion. Von deiner Seite aus ist das Problem doch gelöst. Du konntest sie nicht mitnehmen. Also, geh jetzt endlich schlafen.«

Langsam ging ich in mein Zimmer.

Was war ich nur für eine Idiotin!

Wie konnte ich mich so verausgaben, wo ich doch überhaupt nichts ausrichten konnte!

Wie gemein ich zu Ygal gewesen war! Die Ladung Steine kurz vor Ramallah kam mir in den Sinn. Wie konnte ich mir einbilden, so fürchterlich naiv wie ich war, das Elend der Armen zu lindern? Wenn ich mein eigenes Leben aufs Spiel setzte?

Naiv? Mein Leben riskieren?

Während ich mich auszog, dröhnten die Worte in meinem Kopf. Man mußte realistisch sein, nicht naiv. Man mußte seine eigene Haut retten, denn Sicherheit ging vor. Realistisch, sicherheitsbewußt, naiv, vernichtet! Anstatt mich ins Bett zu legen, setzte ich mich an meinen Schreibtisch, blickte ratlos vor mich hin und schaute mich in dem kleinen roten Plastikspiegel, den ich dort hingestellt hatte, an.

»Ich bin im Begriff, so zu werden wie sie«, sagte ich laut, als sei ich betrunken. »Ich bin im Begriff, in ihr System einzudringen. Aufmüpfig zu sein, das ist für sie gleichbedeutend mit Naivität. Sich auf deren Seite zu stellen, bedeutete sein Leben aufs Spiel setzen.«

Entweder meine Sicherheit. Oder meine Seele.

Starr blickte ich in den Spiegel und konzentrierte mich auf mein Spiegelbild.

»Wenn du nicht sofort zurückfährst, bist du ein Miststück!«

Hastig zog ich mich an, schlüpfte in eine Hose un… meliges Hemd, sprang mit einem Satz von der Terr… kierte, im feuchten Gras auszurutschen. Ich rannte, so … konnte, zum Parkplatz des Kibbuz: am Rande eines N… sammenbruchs.

Ein merkwürdiges Gefühl der Erleichterung überkam mich, …s ich sie noch an derselben Stelle vorfand, zitternd vor Angst und Verzweiflung.

»Allah schütze dich! Allah küßt dir die Hände!«

Ich fuhr im ganzen siebzig Kilometer, um zwei Opfer eines Rechtssystems nach Hause zu bringen, das mir verhaßt war.

Es ist mir scheißegal, ob man mich umbringt; wenn ich mit heiler Haut davonkomme…

Im einen li mi li! Es ist unmöglich, ein Leben zu führen, in dem man sich selbst verleugnet. Das habe ich von ihnen gelernt. Sie haben mir alles beigebracht, die Juden. Ihnen verdanke ich, daß ich so bin, wie ich jetzt bin. Ich habe mir ihre Lektion gemerkt, die sie selbst bereits vergessen haben. Niemals würde ich sie in Frieden lassen.

»Ich hörte einen Wagen wegfahren. Mir war klar, daß du zurückgefahren bist.«

Gaby fühlte sich unwohl. Sie hatte Angst und kam um vor Scham.

»Hör mir jetzt gut zu, mein Schatz. Ich werde nicht in Tränen ausbrechen. Es wird alles in die Luft gehen, Gaby. Die Palästinenser werden sich gegen euch erheben; du wirst heil davonkommen, aber nicht, weil du lieb und nett bist und Ahmad kultiviert findest. David hat es mir schon vor langer Zeit erklärt, und ich wollte nie etwas davon wissen. Dieses Land ist einzigartig in seinem Erscheinungsbild. Im Namen einer vergangenen Epoche dürfen die Dinge nicht mehr beim Namen genannt werden. Gleichgültig, auf welches andere faschistische Land man mit erhobenem Finger zeigt, hier legt sich alle Welt die Hand aufs Herz, sobald die Shoah auch nur erwähnt wird; und die ganze Welt schließt die Augen. Ich habe

. uden hier getroffen, die der Meinung sind, man solle alle Palästinenser am besten gleich deportieren. Ausrottung ist dann der nächste Schritt. Aus den Palästinensern habt ihr die Juden des ausgehenden zwanzigsten Jahrhunderts gemacht.

Dein Kibbuz ist schön, wunderschön, Gaby. Doch er wurde auf gestohlenem Land errichtet. Und an dieser Tatsache ist nicht zu rütteln, auch wenn du das Gegenteil behauptest. Die Besitzer von einst leben in Angst und Schrecken nur wenige Kilometer von hier, und es würde den Lauf der Geschichte nicht ändern, wenn ihr sie nicht wie Terroristen behandeln würdet. Dennoch gibt es eine Lösung, Gaby. Und sie ist genau dort zu finden, wo ihr sie am wenigsten vermutet. Hört auf mit euren schwachsinnigen Betrachtungen über Größe und Dimension eines eventuell in der Zukunft existierenden Palästinenserstaates, und lernt statt dessen auf einer menschlichen Ebene zusammenzuleben. Würde es dich so stören, wenn deine älteste Tochter unten im Tal zur Schule ginge, sich in einen gleichaltrigen Palästinenser verliebte, ihn heiratete und mit ihm glückliche und zufriedene Kinder hätte, die weder jüdisch noch arabisch, sondern einfach nur menschliche Wesen wären? Daß sich die Paare nicht mehr vom Rabbi oder vor dem Kadi trauen ließen, sondern vom Bürgermeister? Daß die Friedhöfe zu den Städtekommunen gehörten und nicht mehr jüdisch oder islamisch sind? Ich nenne es weltliche Republik, und es ist ein alter Begriff, zweihundert Jahre alt, um genau zu sein. Diese Republik hat deinen Eltern die französische Staatsbürgerschaft beschert.

Euer Pseudoidealismus ist nichts als übersteigerter und wahnhafter Nationalismus. Seinetwegen weigert ihr euch, auch nur das kleinste Stück Land an eure Nachbarn abzutreten. Ihr versteht nichts. Ron, Shaül, die Sozialisten unter den Sozialisten wettern zwar gegen die Faschisten an der Macht, verleugnen jedoch sofort ihre Ideale, sobald sie auf ihre Vorrechte als Juden in einem jüdischen Land verzichten müssen.

Dieses Land ist innerlich in alle Extreme zerrissen. Linke hassen Rechte, orthodoxe Juden hassen weltliche Juden, Ashkenasim hassen Sephardim, Tauben hassen Falken. Ein Bürgerkrieg ist im

Anmarsch. Die Einheit Israels ist ein einziger, großangelegter Schwindel, ausgetragen auf dem Rücken der Armen, die nur in Würde leben wollen und darauf pfeifen, ob dieser Prozeß mit oder ohne euch abläuft. Die Rassisten und Terroristen seid ihr. Die einzige Kraft, die euch Juden in diesem Land noch zusammenhält, ist eure Intoleranz, eure Unmenschlichkeit und eure Lügen. Das Rad dreht sich, Gaby, und die Zeit ist gegen euch. Je größer das Elend der Palästinenser, desto eher stehen sie als Märtyrer da, und desto weniger haben sie zu verlieren.«

»Aber was kann ich denn noch tun?« schluchzte Gaby.

»Ich weiß es nicht. Das ist deine Gewissensentscheidung. Ich habe jetzt ein reines Gewissen. Auch wenn es zu spät ist, ersparst du dir wenigstens den Haß. Glaub mir, das ist das Schlimmste...«

Drei Tage später reiste ich nach Frankreich zurück. Zum ersten Mal überkam mich ein großes Gefühl der Erleichterung. Ich kehrte zurück, wie man in einen sicheren Hafen einläuft; in ein Land, in dem Freiheit und Demokratie an oberster Stelle stehen. Und Gott weiß...

Sechs Monate später erhoben sich Hunderte, Tausende, Hunderttausende Kinder Palästinas gegen ihre Besatzer. Die Intifada brachte ein Volk von Märtyrern und deren Unterdrückern ins Zentrum des Interesses der Weltöffentlichkeit.

Kapitel 27

Im Zuge der weltweit verübten palästinensischen Anschläge, die sich gegen zionistische Interessen richteten, wurde im Jahre 1976 ein Flugzeug nach Uganda entführt, wo es auf dem Flughafen von Entebbe notlanden mußte. Die Mehrzahl der Passagiere wurde freigelassen; beinahe hundert Personen jedoch, deren einziges Unglück es war, jüdischer Abstammung zu sein, wurden als Geiseln festgehalten, unter dem »Schutz« eines blutrünstigen und grotesken Diktators, Idi Amin Dada.

Das Team einer israelischen Eliteeinheit griff rasch und wirkungsvoll durch und befreite die Unglückseligen. An Bord des Flugzeugs befanden sich zwei der ranghöchsten Offiziere der israelischen Armee; dies war selbstverständlich streng geheim. Bilanz: ein Toter und ein Schwerverletzter, um das Leben von 93 Insassen zu retten.

Hut ab!

Im Jahre 1981 gelang der israelischen Luftwaffe die Zerstörung eines irakischen Atomkraftwerkes, das mit Hilfe von Frankreich gebaut worden war und dessen Existenz die Iraker in die Lage versetzte, die Bombe zu bauen.

Damals hätte ich fast noch einmal meinen Hut vor ihnen gezogen. Wenn es um die Sicherheit des Landes ging, war jedes Mittel recht. Galiläa befand sich im Krieg gegen die arabische Nation. Ich vergoß keine einzige Träne wegen der Zerstörung dieser Todesmaschinerie.

In beiden Fällen wurde Israel aus einem Grund aktiv: Das Leben von Juden war in Gefahr.

Gleichgültig, ob man das Ziel und die Maßnahmen akzeptierte, die zu diesem Ziel führten; wohl oder übel mußte man Israels klares Durchsetzungsvermögen und die Wahl seiner Mittel anerkennen. Der jüdische Staat war sich seiner Instrumente sicher. Krieg ist schließlich Krieg.

Aber als im Jahre 1988 ein Killerkommando das Mittelmeer überquerte, um in der Nähe von Tunis Abu Jihad, einen Freund Arafats, zu töten, handelte es sich ausschließlich um die Eliminierung eines politischen Oppositionellen: Nicht das Leben eines einzigen Juden stand bei diesem lang vorbereiteten Kommandounternehmen auf dem Spiel. Israel entschied sich für die Ermordung eines Intifadamitglieds, anstatt eine politische Frage auf politischem Wege zu beantworten.

So etwas bezeichnet man als Staatsterror.

Dies war der Anlaß für meine erste öffentliche Demonstration zugunsten der Palästinenser. Niemals zuvor hatte ich mich dazu durchringen können, mich unter die arabischen Massen zu mischen, die ihren Haß auf Israel und den Zionismus lauthals hinausschrien.

Beinahe wäre ich sogar wieder gegangen. Auf einer Bank an der Place de la République stehend, beobachtete ich die Menschenmenge, vom prasselnden Regen vollkommen durchnäßt, wie sie ihrem Ärger auf den Staat Israel Luft machte, der kleine Kinder umbrachte und ihre einzigen Volksvertreter auf der Welt hinrichtete. Plötzlich murmelte ein Mann mittleren Alters vor sich hin: »Tötet die Juden!«

Nein, das nicht!

Ich rannte davon, doch offenbar hatte es niemand außer mir gehört. Ich suchte die Menge nach meinen Kameraden ab, von denen ich wußte, daß sie weniger grausame Forderungen stellten.

Als eine kleine Gruppe die Parole »Palästina den Arabern und dem Islam!« rief, hätte ich beinahe wieder Reißaus genommen. Dies war alles, was ich verabscheute: die Nichtanerkennung von drei Millionen Juden und fehlende Gedankenfreiheit. Aber ich gab nicht auf und fand schließlich einige Kameraden, die ebensowenig wie ich antisemitisch oder islamisiert waren. Ihnen schloß ich mich an.

Einige Wochen später war ich wieder auf einer Demonstration. Auf der Place de la Bastille hatten sich Hunderte von Menschen versammelt. Sie schwenkten riesige Transparente, auf denen in Französisch und Arabisch Namen der Kinder Palästinas standen, die mit Steinen bewaffnet im Kugelhagel gefallen waren. Wieder überlief mich ein eisiger Schauer. Die Menge war riesig, und nachdem noch verschiedene andere Organisationen vorbeimarschiert waren, fand ich schließlich eine Gruppe, bei der ich mitmarschierte. Sie riefen »Weltliche Republik und Demokratie für Palästina und alle Nachbarn«. Sie waren die Verrückten, sie waren in der Minderheit, sie waren die armen Teufel, die Wirklichkeitsfremden. Ihnen fühlte ich mich zugehörig.

Aktiv sein! Aber wie, mit wem, um was zu tun? Ich machte einige schlechte Erfahrungen.

Seit Beginn der Intifada versammelten sich jede Woche unbekannte israelische Frauen auf stark befahrenen Straßenkreuzungen in Großstädten und forderten in einem Schweigemarsch das Ende der Besatzung und die sofortige Aufnahme von Verhandlungen mit der PLO: Die Frauen in Schwarz. Ich bewunderte die Initiative und erklärte mich mit ihnen solidarisch. Als mir eines Tages eine Freundin mitteilte, ein Frauenverband sei im Entstehen begriffen, um in Frankreich dieselbe Bewegung auf die Beine zu stellen, stürzte ich mich regelrecht in diese Aktivität.

»Die Frauen Frankreichs erklären sich solidarisch mit den Frauen Palästinas«, hieß es.

Ich für meinen Teil fühlte mich mit den Palästinenserinnen ebenso verbunden wie mit couragierten Frauen in Israel, die sich mutig über die sarkastischen Äußerungen hinwegsetzten, und ich vertrat lautstark meine Meinung. Ich hätte mich lieber zurückhalten sollen.

»Hier ist kein Platz für Solidarität mit den Henkern.«

Sie beharrten auf ihrer Meinung und weigerten sich sogar, schwarze Kleider zu tragen, um den Unterschied klar und deutlich zu dokumentieren.

Israelische Frauen sind also wieder einmal die Bösen, so wie auf der anderen Seite die Palästinenserinnen als Terroristen hingestellt werden. Wieder dieselbe gedankliche Verkürzung, Intoleranz und Dummheit.

Diese Ablehnung elementarster Solidarität ließ mich die Flucht ergreifen, aber es wurde noch schlimmer.

In der Tat war ich von etwa zwanzig Französinnen, die sich hier versammelten, die einzige Frau, die weder Immigrantin noch Flüchtling, sondern urfranzösischer Abstammung war; also noch nicht einmal Jüdin oder Araberin. Selbstverständlich war ich darauf auch nicht stolz, doch als eine Frau völlig außer sich schrie «dies ist eine franko-französische Angelegenheit«, bat ich um das Wort, um darzulegen, wie meiner Ansicht nach meine französischen Mitstreiterinnen darauf reagieren könnten: Unsere Botschaft sollte sich doch direkt an alle wenden.

Eine Lateinamerikanerin machte das Maß voll.

»Da du Französin bist, übernimmst du bereits deinen Teil der Verantwortung für den Kolonialismus und die Situation in der Dritten Welt.«

Ich fing laut an zu lachen.

»Aber hast du mich genau angesehen? Du willst, daß ich mir an die Brust schlage, nur weil ein paar dämliche Vertreter der Bourgeoisie einige Jahrhunderte zuvor die Welt aufgeteilt haben? Bist du noch ganz richtig im Kopf?«

Schwachsinniges Dritte-Welt-Gerede!

Nationalismus unter dem Deckmäntelchen von kleinkariertem Internationalismus. Das war nicht mein Anliegen!

Es kam noch schlimmer. Einer der politisch aktivsten und engagiertesten Frauen im Kampf gegen die Besatzungsmacht Israel warf sie sogar ihre jüdische Herkunft vor.

»Du kannst schon allein deshalb nicht glaubwürdig sein«, sagte sie zu ihr, um sie davon zu überzeugen, sich hier möglichst nie wieder blicken zu lassen.

Ich bezeichne so ein Verhalten als primitivsten Antisemitismus.

»Ich erkläre mich solidarisch mit allen Frauen, die leiden müssen«, warf eine Algerierin erregt ein.

Ich nicht.

Auch wenn mich hier das feministische Argument nicht stört, so läßt sich Leiden doch nur an denjenigen messen, die es ertragen müssen, Männer wie Frauen gleichermaßen. Und ich bin überzeugt, daß der Unterschied der Geschlechter hierbei keine Rolle spielt.

In dem Maße, wie Israelis nicht aufhören, den Leidensrekord für sich in Anspruch zu nehmen, werden die Anhänger der Gegenseite versuchen nachzuweisen, daß sie noch mehr leiden.

Kann das einzige Mittel zum Sieg nur sein, für immer und ewig noch größeres Leiden in Kauf zu nehmen? Diese Art von Wettkampf führt ins Verderben.

Ich will auf keinen Fall den Fehler begehen, nur den Opfern meine Liebe zu schenken. Diese Liebe, die sich mit den Überlebenden der Shoah verbindet, dient genau dazu, die Augen vor dem Machtmißbrauch Israels zu verschließen.

Nicht die Opfer interessieren mich, sondern die Menschen, die kämpfen wollen. Nicht mit dem Leiden fühle ich mich verbunden, sondern mit dem Kampf für Menschenwürde. Ich habe mit niemandem Mitleid.

»Wie können sie es wagen, sich zu amüsieren, wo die Menschen dort unten krepieren«, rief dieselbe Frau entrüstet, als sie eines Tages eine Gruppe junger palästinensischer Studenten sah, die während einer Demo Lieder sangen und in die Hände klatschten.

Ich verabscheute diese neurotische und masochistische Haltung; sie war gehässig und demütigend.

Neurotisch – ich glaube, diese notwendige Selbstreinigung hatte ich hinter mir, um nun klar für mich zu erkennen: Ich kämpfe als befreite Frau und nicht als Neurotikerin, die in ihrem politischen Engagement die Lösung ihrer persönlichen Probleme sucht.

Vor allem teile ich nicht den Haß, der in allen Gesprächen im Verlauf dieser Sitzungen durchkam. Ich kämpfe nicht dafür, daß die Palästinenser, wenn sie an der Reihe sind, die Israelis in ein neues, umherirrendes, geknechtetes Volk verwandeln. Ich werde mich mit aller Kraft dagegen wehren, daß den Kindern aus meinem Kibbuz auch nur ein einziges Haar gekrümmt wird, denn ihr Menschenleben ist ebensoviel wert wie das der Kinder in Umm-el-Fahem.

Meine Begegnung mit einer anderen Gruppierung verlief auch nicht besser.

»Diese Aktion der Intifada ist menschenunwürdig!« erregte sich ein Aktivist, der sich schlagen wollte, doch er sagte nicht, wie und mit wem. Menschenunwürdig! Nicht wirkungslos oder unangemessen, sondern »menschenunwürdig«. Alle Begriffe verschwammen vollkommen in einem mystischen und irrationalen Brei. Die Pest der aufgewühlten Emotionen hielt Einzug. Wir standen nicht auf derselben Seite. Ich verließ auch diese Gruppe fluchtartig.

Zu meiner großen Erleichterung fielen die betroffenen Palästinenser nicht auf diesen lächerlichen und gefährlichen Irrsinn unüberlegter und selbstgeißelnder linker Gruppierungen herein. Sie waren bestimmt am vernünftigsten. Einige andere Vereinigungen entsprachen nicht meinen Überzeugungen, und ich suchte verzweifelt nach einem persönlichen Weg, mich nützlich zu machen.

Bis Arna mich besuchen kam.

Sie war begeistert vom angenehmen und unbeschwerten Leben in Paris.

»Ach!« seufzte sie glückselig, als ich sie zum Abendessen an den Place des Vosges einlud. »Wie gut das Leben in der Zivilisation tut, an diesem wunderbaren Ort zu leben und nicht ständig übersteigerten Nationalismus ertragen zu müssen. Bei uns wird jeder noch so kleine architektonische Erfolg zum jüdischen Wunderwerk stilisiert; das kleinste Stück Land wird bewirtschaftet, um den Zionismus zu rechtfertigen. Hierzulande ist es schön, einfach nur schön.«

Stundenlang schilderte sie mir die Situation in den besetzten Gebieten: die blinde Wut der Soldaten, wie sie alles kurz und klein schlagen, Menschen zu Tausenden verhaften, sie foltern, erpressen und verstümmeln; sie berichtete von vergewaltigten Frauen, von Müttern, denen man ihre Kinder aus den Armen reißt; von gedemütigten Alten; von kollektiven Strafen wie Abstellen des Wassers, Stromsperre, Telefonsperre, wochenlang andauernde Ausgangssperre. Sie schilderte zertrümmerte Häuser, ausgetrocknete Brunnenanlagen, beschossene Krankenhäuser, verprügelte Journalisten; und sie erzählte vom wütenden Aufstand einer mit Steinen bewaffneten Menschenmenge, die trotz ihres unvorstellbaren Leidens der bestbewaffneten Armee der Welt gegenüber kühlen Kopf bewahrte.

Ich glaubte ihr aufs Wort, gleichgültig wie abstoßend und grauenhaft die Einzelheiten waren. Selbst ich hatte genügend Elend in Israel gesehen, um mir auszumalen, wozu die Israelis fähig waren, falls es zu einem Generalaufstand in den besetzten Gebieten kommen sollte. Die Intifada würde andauern und den israelischen Demokraten ein ständiger Dorn im Auge bleiben bis zu einer Lösung. Gleichgültig wie diese aussehen würde.

In Arnas Augen war eine der abscheulichsten kollektiven Strafen die Schließung schulischer und universitärer Einrichtungen.

»Sie sind im Begriff, eine ganze Generation zu Analphabeten zu degenerieren. Wer sich jetzt nicht bildet, wird vielleicht nie wieder eine Chance bekommen. Darüber hinaus ist Wissen das einzige, was uns Palästinensern noch bleibt. Es uns zu entziehen, das bedeutet soviel wie Ausrottung. In den Dörfern und Lagern organisieren sich Volkskomitees, um diesen Mangel zu beheben. Sie gründen Ersatzschulen, das heißt, der Unterricht findet zu Hause statt. Die Armee sprengt jedoch jedes Haus, in dem Erwachsene vermutet werden. Sie verhaftet Grundschullehrer, konfisziert Hefte und Bücher und verängstigt die Kinder.«

Endlich hatte ich mein Betätigungsfeld gefunden: jedem Kind sein eigenes pädagogisches Lehr- und Unterrichtsmaterial zukommen zu lassen.

Ich liefere ihnen Schulhefte, Stifte, Radiergummis, kleine Plastikhefter und was sie sonst noch an Schreibmaterial gebrauchen könnten. Ich verteile es an Eltern oder jemand anderen, der lesen kann. Sie entziffern dann die schriftlichen Anleitungen in den Heften, ohne daß die Armee etwas davon erfährt.

Geld! Sie benötigten finanzielle Unterstützung.

Nun wußte ich, was zu tun war und für wen.

Ich brauchte fast ein Jahr, um die französische Vereinigung zur Verteidigung der Rechte palästinensischer Kinder aufzubauen. Ohne Geld und Kontakte blieb mir nur meine Liebe und mein Durchsetzungsvermögen. Beide Eigenschaften halfen mir, französische Künstler jüdischen Ursprungs zu mobilisieren. Juden, weil es mir sinnvoll erschien, von vornherein jegliche Angriffe abzuwenden, meiner Aktion Antisemitismus vorzuwerfen.

Es handelte sich darum, die Aktion einer Israelin tatkräftig zu unterstützen und Kindern in Flüchtlingslagern zu helfen. Dieses Ziel war am besten unter der Schirmherrschaft einer bekannten jüdischen Persönlichkeit zu erreichen.

Es war eine Jüdin, die mir antwortete. Sofort nach dem Erhalt meines Briefes griff die Sängerin Sapho zum Telefon.

Sie war einverstanden und wollte sich sofort für unser Ziel einsetzen.

Sie lernte Arna kennen, besuchte die besetzten Gebiete und drehte einen Film über palästinensische Kinder. Mit diesem aufwühlenden Film kehrte sie nach Frankreich zurück und kämpfte für dessen Vorführung. Am Abend der Premiere wurde unsere Vereinigung ins Leben gerufen.

Die Besatzungsbehörden mußten auf Druck der internationalen Öffentlichkeit die Schulen wieder öffnen, zumindest offiziell. Doch eine Provokation jagte die nächste: vereinzelte Schließungen aufgrund von Störfeuern. Den Schülern Palästinas wurde weiterhin ihr schulisches Grundrecht verwehrt, und unsere Aktivitäten waren weiterhin notwendig. Bis mir mein Freund Hassan per Brief folgende Neuigkeit mitteilte: Wir können von einem Tag auf den anderen gezwungen werden, unsere Aktionen einzustellen und würden sang- und klanglos untergehen.

Früher hatte man mir in Giva erzählt, daß es den Arabern nur deshalb an so viel fehlte, weil sie sich nicht organisieren konnten. Die Behörden wissen sehr wohl, daß dies nicht den Tatsachen entspricht.

»Wenn mir zu Ohren kommt, daß die PLO Kinderkrippen finanziell unterstützt, damit die Kinder später für die Aufstände herangezogen werden, darf ich mich dann dumm stellen und meine Augen davor verschließen?«

Dan Méridor, der diese Frage gestellt hatte, war Justizminister und geistiger Vater eines schrecklichen Gesetzentwurfes hinsichtlich der Überwachung von antiterroristischen Aufständen im Jahre 1948 gewesen.

Ein maßgeschneiderter Gesetzentwurf, um sämtliche Initiativen arabischer Gruppierungen von innen heraus im Keim zu ersticken. Ein letzter und unwiderlegbarer Beweis für Israels demokratische Ambitionen.

Es handelte sich um nichts anderes, als daß jede Vereinigung als terroristisch angesehen wurde, die finanzielle Unterstützung von einer anderen terroristischen Vereinigung erhielt. Ein Kindergarten, eine Ambulanz, ein Fußballverein oder eine unscheinbare Nähgruppe. Gleichgültig, welche Art von Verein ausländisches Geld zum Überleben erhielt, jeder hätte geschlossen und verboten werden können, bis man den Nachweis lieferte, daß die PLO ihre Finger nicht im Spiel hatte.

Es ging um die Sicherheit Israels. Natürlich. Der Gesetzentwurf gestattete, nachdem er nach der ersten Lesung verabschiedet worden war, jedem Polizisten, Arnas Haus zu betreten, sie ins Gefängnis zu sperren, alles, was nicht niet- und nagelfest war, zu beschlagnahmen, ihre persönlichen Einrichtungsgegenstände inbegriffen, bis es ihr vom Gefängnis aus gelingen würde, nachzuweisen, daß sie Geldzuwendungen von ihrer Freundin Marion erhielt, die nachweislich kein Mitglied der PLO war.

»Es wird noch besser«, erklärte mir Hassan anläßlich eines kurzen Aufenthaltes in Paris. Für ihre Verteidigung konnte sie sich einen von den Behörden zugelassenen Anwalt auf einer Liste heraussuchen. Du kannst dir denken, daß mein Name nicht auf dieser Liste war.«

Ich beschloß, zurückzukehren und meine Reportage zu schreiben.

Kapitel 28

Die Neuigkeit verbreitete sich wie ein Lauffeuer durch den Kibbuz und wurde entsprechend widersprüchlich aufgenommen: Ungläubigkeit, Wut, Angst, Schrecken und Panik.

»Das kann doch nicht wahr sein. Es ist ein Scherz.«

Einige brachen vor allen anderen in Schluchzen aus, andere verdrängten ihre Tränen, doch in ihren Gesichtern stand Enttäuschung. Einige ließen ihrer Wut freien Lauf, andere verließen den Raum oder zuckten nur wütend mit den Schultern.

Ich war eine der ersten, die davon erfuhr – noch immer genoß ich den Vorzug, Ausländerin zu sein, und war trotzdem nah am Geschehen – und die es ernst nahm. Ich brach in Tränen aus.

»Die Zeit ist reif. Zünden wir die rote Laterne an!« rief einer der Mitarbeiter am Frühstückstisch aus. Das ist ein schlechtes Zeichen.

Und dann wußten es alle: Cyril verließ den Kibbuz.

Er war eine der tragenden Personen.

Vor dreiundzwanzig Jahren war er aus England eingewandert, um in aller Ruhe und Sorglosigkeit seine Vorstellung von Kommunismus in Tel-Nir zu verwirklichen. Er war jetzt zweiundfünfzig Jahre alt, hatte vier Kinder und eine Frau, die vollkommen abhängig von ihm war. Er übte keinen richtigen Beruf aus, wo er hoffen konnte, Geld zu verdienen. Doch niemand konnte ihn umstimmen. Er kehrte in sein Heimatland zurück, wo Rezession, Arbeitslosigkeit und latente Rassenkonflikte an der Tagesordnung waren.

»Kein Mensch wartet dort auf mich«, erklärte er mir. »Ich habe dort keine Familie mehr, keinen Pfennig in der Tasche, nur wenig Freunde, doch das ist auch schon eine Ewigkeit her... Ich kehre mit sehr wenig Geld zurück, werde mir eine Unterkunft und Arbeit suchen müssen, wohingegen ich hier alles habe: ein wunderschönes Haus, wunderbare Landschaft, Sonne, meine Kinder sind bei der Gemeinschaft in guten Händen. Ich brauche mir keine Sorgen machen, keine Rechnungen bezahlen und keine Einkommensteuer deklarieren. Dennoch bin ich eher bereit, alles aufzugeben, als noch ein Jahr länger zu bleiben. Es ist aus.«

Cyril – witzig, komisch, hilfsbereit, beliebt. Cyril – der sich niemals vor einer lästigen Aufgabe drückte und sich nie scheute, Verantwortung zu übernehmen, die andere von sich wiesen. Cyril hatte mit Tel-Nir gebrochen.

Ich heulte mich an seiner Schulter aus.

»Ich weine nicht deiner Entscheidung wegen, ich weiß, du hast richtig gehandelt, und wenn du meine Hilfe brauchst, so kannst du auf mich zählen. Aber mit deiner Abreise ziehst du einen Schlußstrich unter eine Liebesgeschichte zwischen dem Kibbuz und mir. Tel-Nir ist tot.«

Der zentrale Speisesaal, die großzügig angelegten Grünflächen, das Schwimmbad, die Kindergärten; alles war noch an seinem

Platz, als ich eines Tages im Frühling 1990 abreiste. Eines Morgens fühlte ich mich unbehaglich und meine Kehle zog sich zusammen.

»Was tust du hier?« rief Shaül aus, als er mir vor dem Speisesaal begegnete. »Warum bin ich nicht informiert worden?«

Wie gewöhnlich hatte ich nur Gaby meinen Besuch angekündigt, und ich war bereits seit zwei Tagen hier.

»Sagt ihr euch nicht mehr Guten Tag, oder was?«

Im großen Speisesaal, früher Treffpunkt und Zentrum des gesellschaftlichen Lebens, gab es nur noch zwei Mahlzeiten pro Tag: morgens und mittags. Die Küche bereitete nur noch das Frühstück zu. Täglich lieferte am späten Nachmittag ein externer Service Fertigmahlzeiten an, wie in irgendeiner Kantine.

Die Schließung der Küche wurde ernsthaft in Erwägung gezogen, da niemand mehr dort zu arbeiten bereit war. Jeder wärmte sich sein Essen bei sich zu Hause auf.

»Die Mitglieder wollen es so«, war die einhellige Meinung. »Es ist normaler so!«

Normaler?

Ja, normal. Das hieß, von nun an selbst einzukaufen, zu kochen, abzuwaschen, zu putzen. Wertvolle Zeit, die früher genutzt wurde, um sich mit Freunden zu treffen, sich zu bilden und mit den Kindern zu spielen. In der Tat normal.

Es war jetzt auch normal, daß die Kinder zu Hause schliefen, und ihnen Spielzeug zu kaufen, das früher kostenlos in allen Kindergärten zur Verfügung gestellt wurde.

»Wir fordern eine Erhöhung des monatlichen Haushaltsbudgets. Ich komme mit dem Geld nicht mehr aus«, erklärte mir Gaby. »Ich kaufe jede Woche zwei Spielsachen für meinen Sohn, das geht ganz schön ins Geld. Aber er braucht sie auch; es ist pädagogisches Lehrspielzeug«, beteuerte sie, als sie mein Gesicht sah.

»Und es ist pädagogisch gesehen besser, wenn du es selbst bezahlen mußt?«

Die abendlichen Rundgänge in den Kindergärten gegen sieben Uhr gab es nicht mehr. In Tel-Nir sollten die Kleinen auch den Vorzug genießen, sich zu Hause ausschimpfen zu lassen, an Ehestreitigkeiten teilzunehmen, Nutzen aus den Rivalitäten von Erwachsenen zu ziehen oder Nachbarschaftskonflikte mit auszutragen. Das war eben der Fortschritt.

»Kannst du mir die Schlüssel zur Kosmetikabteilung geben? Ich möchte mir die neuen Produkte ansehen.«

Wie jedes Jahr wollte ich ins verführerische Paradies der Düfte und Cremes eintauchen. Ich öffnete den großen Schrank, wo alle Cremetöpfchen, Lotionen und Gesichtsmasken aufgereiht standen, und probierte das eine oder andere Präparat auch aus.

»Ich habe keine Körpermilch gefunden«, ließ ich Gaby wissen. »Versteckst du sie oder was?«

»Es gibt keine mehr«, erklärte sie mir. »Die Mädchen kaufen sie lieber in der Drogerie.«

Warum ausgezeichnete Kosmetikprodukte kostenlos anwenden, wenn man die Möglichkeit hat, sich eine bekannte Marke zu kaufen? Eine Marke! Wie jede dahergelaufene Spießerin, die sich nach dem letzten Modeschrei richtete.

Kaufen! Heute nennt man das Konsumrausch. Die kostenlosen Waren in den Geschäften reduzieren sich auf Chagrinlederhaut. Der Rest wird durch Markenprodukte ersetzt. Die Freude am gemeinsamen Zusammenleben wird von der Liebe zum großen Geld ersetzt. Banal und jämmerlich! Ich lernte dies an dem Tag kennen, als ich meine Dollars im Tresor des Schmuckgeschäftes hinterlegte, die ich für die Bezahlung des Mietwagens mitgebracht hatte. Der Juwelier gab mir einen Umschlag für die Scheine und verdrehte beim Anblick des Banknotenbündels die Augen. Eine neue Art von Humor? Das war nicht meine Welt.

»Das ist nicht mein Geld. Es ist der Vorschuß einer Zeitung, für die ich hier eine Story schreibe«, sagte ich.

Ihm standen so viele Wagen zur Verfügung, wie er wollte, doch der Anblick grüner Banknoten versetzte ihn in Erregung.

»Was ist hier passiert? Was ist geschehen?«

Ein alter sozialistischer Aktivist gab seine Erklärung zum besten.

»Die Menschen wollen so leben wie alle anderen. Das ist alles!«

Wie alle anderen! Das konnte ich nicht akzeptieren!

»Genau wie wer? Fünfundsiebzig Prozent der Menschen sterben an Hunger, und das restliche Viertel kämpft gegen Arbeitslosigkeit, Elend und das unerbittliche Absinken ihres Lebensstandards. In Europa gibt es Millionen von Notleidenden und von der Gesellschaft Ausgestoßenen. Die Pariser Metro ist zur Zuflucht für Hunderte von Obdachlosen geworden; man reaktiviert die kommunalen Suppenküchen, die Hospize, und die Heilsarmee erhält Zulauf wie im vergangenen Jahrhundert. Wie wollt ihr also leben?«

»So wie in Tel-Aviv zum Beispiel, wenn dir das lieber ist.«

Das war mir lieber.

Ja, genau wie in Tel-Aviv, wo Araber die Mülleimer leeren, wie überall im Land. Ich sah sie eines Morgens an meinem Zimmer vorbeilaufen, wie sie Abfallkübel heraustrugen.

»Nicht die Arbeit zählt, sondern wie du sie verrichtest«, hatte mir im Jahre 1974 der Mann erzählt, der mit seinem Traktor und Müllanhänger durch den gesamten Kibbuz fuhr.

Daï la kiboush ist der Name einer oppositionellen Bewegung, die man ins Deutsche etwa mit »Scheiß auf die Annektierung« übersetzen könnte. An einigen Zimmerwänden hatten junge Kibbuzniks *Daï la kibbutz* gekritzelt. Wir haben die Nase voll vom Kibbuz.

Was ist aus allem geworden? Wo sind die Söhne und Töchter der Mitglieder meines Kibbuz? Sie haben Tel-Nir einer nach dem anderen nach Beendigung des Wehrdienstes verlassen. Alles andere erschien ihnen begehrenswerter als die friedliche Koexistenz unter menschenwürdigen Bedingungen. Einige leben in der Stadt, andere sind im Ausland. Vor der Intifada waren es jährlich Zehntausende, die alles hinter sich lassen wollten, um das Unbekannte kennenzulernen. Doch wie viele sind es heutzutage? Heute in zehn Jahren wird Tel-Nir ein Dorf alter Menschen sein, ein Seniorenheim.

Vor einigen Häusern stehen Autos. Die Führungskräfte der

Partei verrichten ihre Arbeit für die Bewegung jetzt in Tel-Aviv. Sie benötigen ein Auto für Dienstfahrten, doch sie benutzen es ungeniert, um mit ihrer Familie abends in die Stadt ins Kino zu fahren. Sie kommen nicht mehr nach Hause, um Geschirr zu spülen. Wenn sie ihre Aufgabe erfüllt haben, suchen sie sich einen neuen Posten als Fabrikdirektor, Geschäftsführer eines Juweliergeschäfts, kaufmännischer Leiter oder etwas anderes.

Sie sind die Klasse der Bürokraten.

Vor anderen Häusern stehen Motorräder. Sie gehören den Familien und wurden von Geldern aus einer Erbschaft bezahlt oder durch Schieberei erworben. Die Familien, deren verstorbene Eltern Geld zurückgelegt haben, stecken jetzt alles in die eigene Tasche. Die Kibbuzmitglieder, die dieses Kapital im Namen der ursprünglichen Ideologie zur Umverteilung fordern, sind Primitivlinge, Dummköpfe, mit einem Wort: bescheuert. Und diejenigen, die keine reichen Eltern haben, müssen sich eben mit dem Durchschnitt zufriedengeben.

Schiebereien gehören mittlerweile zum Alltag. Einer der Führungskräfte in der Fabrik hat sich zum Beispiel eine goldene Nase verdient, als eine ausländische Firma ihm anbot, ihr Know-how eine Woche pro Monat zur Verfügung zu stellen. Gemäß den Gemeinschaftsregeln im Kibbuz muß er seine Gesamteinkünfte abgeben. Der Kibbuz ermöglicht ihm seine Ausbildung, verschafft ihm Wohnraum, sorgt für Essen und Trinken und kümmert sich um die Erziehung der Kinder. Aber das Angebot war zu verlockend, und nun behält er alles für sich.

Es gibt unzählige. Sie sind die Klasse der Reichen.

Und dann sind da noch die anderen ohne einen Pfennig Geld. Ohne einen Pfennig gekommen und ohne einen Pfennig geblieben. Tagtäglich haben sie den ständig wachsenden Wohlstand der privilegierten Oberschicht vor Augen: wertvolle Möbel, teure Kleider, unsinnige Spielsachen für die Kinder. Sie sind die Dummen, die Naiven, die noch an die Werte eines Sozialismus glauben, der überall auf der Welt am Aussterben ist. Sie sind die Klasse der Betrogenen, die Klasse der Arbeiter. Cyril war einer von ihnen.

»Ich bin nicht neidisch auf die Reichen«, sagte mir Cyril, »denn Geld interessiert mich nicht. Als ich geheiratet habe, hatten wir ein einfaches kleines Zimmer mit Dusche, und wir waren glücklich und zufrieden. Heute besitze ich ein großes Haus, aber ich muß mir mein Geld einteilen, um den Wintermantel für meine Frau zu bezahlen. Das kann ich ebensogut in England machen.«

»Aber warum dann nicht doch hier?«

»Ich habe mich Monate und Jahre beim Wochenrat dafür eingesetzt, diesen skandalösen Abweichungen von unserer ursprünglichen Idee einen Riegel vorzuschieben. Sie sagen nur ja, ja und schaffen keine Abhilfe. Ich bin mit einem Ideal hierhergekommen. Ich lebe danach und bleibe meinen Idealen treu. Du hältst mich vielleicht für naiv.«

»Nein, Cyril. Ich nicht.«

Ich erzählte ihm, wie ich für meine Ideale gekämpft hatte, als ich an dem Abend zurückgefahren bin, um die beiden Arbeiter an der Straße aufzunehmen. Er richtete sich auf und lächelte traurig. Seine Anständigkeit rührte mich zu Tränen.

»Ich habe mich an dem Tag dazu entschlossen, als mir klar wurde, daß die einzige Möglichkeit, hier weiterhin zu leben, darin besteht, so zu werden wie sie.«

Ich umarmte ihn lange.

»Er ist verantwortungslos! Ein Verrückter! Also, er ist wirklich nicht sehr clever! Und seine Kinder, er könnte wenigstens an seine Kinder denken, oder!«

Sie waren alle blind.

»Wenn er sofort abreist, wird er verhindern, daß sein ältester Sohn kleine Kinder in den besetzten Gebieten tötet. In einem Jahr ist es zu spät!«

»Du redest blödes Zeug!«

»Nein. Ihr wollt nicht einsehen, wie schlimm es schon ist.«

Sie sahen nur das, was sie sehen wollten. Alles andere war ihnen gleichgültig.

Rechtfertigungen für alles oder nichts. Jede Argumentation

diente dazu, ihr Gewissen sauber und rein zu halten. Dies war der meist verbreitete Sport in Israel und Tel-Nir.

Ich bin nach Dar Jabrim zurückgekehrt und suchte zwischen hochgewachsenen Gräsern nach dem Leben »davor«. Ich fand einen Brunnen und eine Ölmühle. Einen ganzen Vormittag verbrachte ich in diesem phantastischen Reich, wo Kühe, Gazellen und Vögel beheimatet waren.

»Du warst ganz allein dort, ohne Begleitung? Bist du verrückt geworden?«

Diese Freundin hatte mir dann lang erklärt, daß sie niemals, um keinen Preis, zu einem solch gefährlichen Ort fahren würde.

»Ich habe Angst. Verstehst du?« sagte sie.

»Angst vor Kühen?«

»Auf jeden Fall Angst.« Man hätte meinen können, daß sie darin eine gewisse Befriedigung verspürte.

Einer Sache bin ich mir sicher. Ebenso wie das Sicherheitsdenken der Vorwand für die ablehnende Haltung gegenüber dem anderen Menschen ist, ist die Angst der falsche Bart des schlechten Gewissens.

Ich deponierte meinen Koffer in Massada und machte dort nur einen Zwischenstop. Mein Platz war woanders, in Richtung Umm-el-Fahem.

Am Morgen der Festivitäten zum Tag der Unabhängigkeit war die Straße wie ausgestorben. Einige Kilometer vor Hedera bemerkte ich einen jungen Mann, der allein an einer Bushaltestelle stand. Nicht ein einziger Bus würde hier heute vorbeikommen. Ich fuhr an den Straßenrand.

»Wohin willst du?«

»Nach Hedera«, antwortete er.

Ich hatte meine Zweifel. Er verhielt sich wie ein Araber, obwohl sein Hebräisch dies nicht unbedingt vermuten ließ. Außerdem hatte ein Araber am heutigen Jubiläumstag nichts in einer jüdischen Stadt zu suchen.

»Und wohin geht's dann weiter?«

»Richtung Afula.«

Er traute sich nicht, den Namen seines Dorfes zu nennen. Ich forderte ihn auf.

»Ich fahre nach Arara«, sagte er schnell, »aber du brauchst keine Angst zu haben.«

»Ich habe vor niemandem Angst!« brach es aus mir hervor. »Du bist Araber, ich habe es sofort bemerkt, noch ehe ich hier anhielt. Ich habe keine Angst vor dir. Du brauchst dich bei mir nicht dafür zu entschuldigen, daß du Palästinenser bist.«

Er sah mich an, als sei ich von einem anderen Stern. Dann sagte er: »Hier nimmt nie jemand Araber mit. Sie haben Angst. Man glaubt, wir seien alle Mörder. Aber wie soll ich es anstellen, an einem Tag wie diesem nach Hause zu kommen, wo der Busverkehr eingestellt wird? Ich arbeite nachts, und mein Chef hat sich geweigert, uns einen freien Tag zu geben, weil er der Meinung ist, die Festivitäten zum Unabhängigkeitstag würden uns nicht betreffen. Ich warte schon seit zwei Stunden, bevor du aufgetaucht bist...«

Er schlief beinahe im Stehen ein. Er sprach mit gebrochener Stimme.

»Ich hatte zusammen mit meinem Bruder ein Zimmer in der Stadt gemietet, um nicht jeden Tag ins Dorf zurückfahren zu müssen. Eines Abends kurz vor Arbeitsbeginn klingelte es an der Tür, und wir öffneten. Fünf stämmige Kerle betraten die Wohnung, schlugen alles kaputt und schrien: Raus mit den Arabern! Sie haben uns so übel zugerichtet, daß wir uns im Krankenhaus behandeln lassen mußten. Wir haben Anzeige erstattet, doch die Bullen haben uns alle zusammen verhaftet...«

In Umm-el-Fahem wurde die rote Fahne von *Allahou akbar* ersetzt. Statt dessen überragte das Dorf nun eine phantastische Moschee, die noch im Bau war. Die Moslems hatten die Kommunisten aus der Stadt verjagt.

Die Kanalisation war mit den Geldern reicher Moslems aus dem Ausland finanziert worden. Komischerweise ist diese Art von Unterstützung nicht gesetzwidrig. In der Stadt stank es zwar nicht mehr so stark, doch es war kaum sauberer geworden. Die Gemeinde verfügte noch immer nicht über ausreichende Mittel, und die Angestellten der Müllabfuhr streikten gerade für die Auszahlung der Löhne.

»*Ahlan, ahlan!*« schrie Hassan, als ich ankam.

Er war wie immer gutgelaunt und lustig, energiegeladen und radikal. Er griff zum Telefon und machte einige Ortstermine für meine Reportage aus. Dann öffnete er seinen Schrank und überreichte mir ein paar englische Texte.

»Alles ist vorhanden«, sagte er, »wir lassen alles übersetzen, um ausländische Unterstützung zu bekommen. Ohne euch stehen wir auf verlorenem Posten.«

Ich wohnte bei Fatmeh. Mundhir war inzwischen acht Jahre alt und sah aus wie ein Engel. Seine wundervollen, weit aufgerissenen Augen blickten mich noch immer bewundernd an.

Sein kleiner Bruder war fünf Jahre alt.

»Mariunna, bahubbek, bahubbek!« Ich hab dich lieb. Ich hab dich lieb«, wiederholte er immer wieder. Wir saßen im Wohnzimmer auf dem Boden und sahen fern; er hatte sich zwischen meine Beine gekuschelt. Ich streichelte ihn, und er genoß meine Liebkosungen und lachte vor sich hin. Kleiner Goldschatz, Glückskind mit karamelfarbener Haut. Mundhir faßte mich nicht mehr an, sondern begnügte sich damit, seinen kleinen Bruder mit trauriger Miene anzusehen.

»Was ist los mit dir, Mundhir? Hast du mich nicht mehr lieb?«

Er blickte mich trotzig an und biß sich auf die Lippen.

»Willst du mich nicht mehr heiraten?«

Er nickte mit dem Kopf. Doch, er wollte schon. Aber er besuchte nun die islamische Schule. Dort werden Jungen und Mädchen getrennt unterrichtet. Ich ließ seinen kleinen Bruder los und nahm meinen kleinen Verlobten in die Arme. Er drückte sich fest an mich und schlang seine Arme um meinen Hals.

»Bahubbeck, bahubbek.«

Er hatte mich noch lieb.

Ich besuchte einige Organisationen in Umm-el-Fahem, die unter das antiterroristische Gesetz fielen. Zum Beispiel die phantastische Bibliothek mit Tausenden von Büchern; Frauengruppen, die gemeinsame Stricknachmittage veranstalteten; Kindergärten und Kindertagesstätten. Keine dieser Einrichtungen erhielt auch nur einen einzigen Pfennig vom Staat; sie existierten ausschließlich von Geldern aus kommunalen Fonds und dank großzügiger Unterstützung von karitativen, zumeist christlichen Organisationen in Europa, den Vereinigten Staaten und sogar Australien. Ich lernte die fünfundzwanzigjährige Na'ila kennen.

Sie war nicht besonders hübsch, sondern eher blaß und ein bißchen zu mager; doch sie war lebhaft und steckte voller Energie. Sie leitete eine Kinderkrippe.

»Ich habe sehr unangenehmen Besuch gehabt«, erklärte sie mir. »Sie haben mich mit Tausenden von Fragen gelöchert und wollten in Erfahrung bringen, was genau ich den Kindern beibringe: welche Lieder, welche Geschichten und mit welcher Gesinnung. Sie wollten wissen, ob mein Unterricht nach einer bestimmten Ideologie ausgerichtet ist. Als ob sie das stören würde! Ich erwiderte, daß die Kleinen unsere Volksmärchen lernten und unsere Lieder sängen. Sie haben verstanden, was sie verstehen wollten. Bei der nächstbesten Gelegenheit werden sie wieder auftauchen. Aber ich fürchte mich nicht vor ihnen.«

Na'ila schien vor niemandem Angst zu haben. Nichtsdestotrotz wäre sie die erste, die ins Gefängnis wandern würde, wenn das Gesetz durchkäme, und ein Polizist ruhigen Gewissens eine Tages Anlaß zu der begründeten Annahme hätte, daß diese Kleinen dank finanzieller Unterstützung von »Terroristen« mit Bauklötzchen spielten.

»Egal, was passiert, es ist mir scheißegal, ich mache weiter, verstehst du«, sagte sie.

So etwas Ähnliches hatte ich auch gesagt.

An Na'ila faszinierte mich ihre energische Ausstrahlung und eine gewisse Lebenswut, sich durchzuschlagen. Doch trotz ihrer Lebhaftigkeit glaubte ich eine innere Verzweiflung zu spüren.

»Bist du verheiratet?« fragte ich sie unvermittelt.

Sie steckte sich eine Zigarette an. Bei ihr galt kein Ramadan. Sie nickte.

»Ja, aber...«

Wir musterten uns neugierig. Wer war sie? Eine große Welle der Sympathie überflutete mich, und ich fühlte mit ihr.

»Lassen wir einmal das Gesetz und den Kindergarten beiseite. Willst du mir ein bißchen von den Frauen hier erzählen?«

Sie richtete sich hinter ihrem Schreibtisch auf, bereit zum Angriff, doch sie zögerte noch.

Ich brach das Eis.

»Es handelt sich nicht um die Reportage, sondern ich möchte es für mich persönlich wissen. Um es dir einfacher zu machen; ich selbst habe mich jahrelang ganz allein gegen meine Familie durchsetzen müssen. Ich bin nicht mit goldenen Löffeln aufgewachsen. Ich habe viel gelitten und weiß, was es bedeutet, zu hassen und einsam und verzweifelt zu sein. Ich bin jetzt eine befreite Frau, aber ich habe mir diese Freiheit erobert. Und du?«

Ihr Redefluß war unerschöpflich. Sie erzählte mir von ihrer erzwungenen Ehe, als sie fünfzehn Jahre alt war, ihrer Weigerung, diese zu vollziehen, von der wütenden und herabwürdigenden Behandlung des Auserwählten der Familie, der es nicht ertragen konnte, daß sie ihn zurückwies; von ihrem Antrag auf Trennung, von den erpresserischen Methoden aller, sie zu überzeugen, mit ihm in wilder Ehe weiterzuleben.

»Er hätte zu mir kommen und wenigstens den Versuch machen können, mich glücklich zu machen. Worte suchen können, um mir klar zu machen, daß ich keine Angst vor ihm haben mußte. Er hätte mich verführen können. Doch er hat immer nur von seiner lächerlichen Ehre gesprochen, hat mir gedroht und mir angekündigt, er lasse sich nur unter der Bedingung scheiden, daß ich ihm eine Abfindung in Höhe eines Jahresgehaltes zahle.«

Ehre des Mannes! Dieses blöde Bedürfnis, sich immer nach Meinung und Urteil anderer, Fremder, richten zu müssen, ohne jemals selbst in den Spiegel zu blicken und sich zu erkennen. Die Weigerung und Unfähigkeit, selbst Liebe zu empfinden.

Na'ilas Familie schaltete sich ein und setzte alle Hebel in Bewegung, derer sich Eltern bedienen, um für Nachkommen zu sorgen. Geschrei, lautes Wehklagen über die Ehre der Familie, Tränenausbrüche ihres Egoismus wegen und Höllenqualen, die ihr armer Vater deshalb erleiden müßte, wo er doch so viel für sie geopfert hätte. Als diese Aufrufe an die Moral nichts fruchteten, fuhren sie schweres Geschütz auf.

»Wenn du die Ehe nicht vollziehst, töten wir dich.«

Die harten Argumente.

»Da habe ich begriffen, daß ich sie in der Hand hatte«, sagte Na'ila freudestrahlend. »Ich habe ihnen gesagt, wenn ihr mich umbringen wollt, einverstanden. Lieber sterbe ich, als ein anderes Leben als das meine zu leben.«

Lieber den Tod, als auf ihr eigenes Leben zu verzichten, sich täglich zu erniedrigen, ihr heißes Begehren und Bedürfnis nach Freiheit zu unterdrücken vor einem bizarren und egoistischen Macho, der eher bereit war, mit einer Frau zusammenzuleben, die ihn verabscheute, als sein Gesicht zu verlieren.

Na'ila sprach weiter. Da es kein weltliches Gesetz gibt, treffen Vertreter des Glaubens die Entscheidung. Wenn auch der Koran erzwungene Ehen verbietet, so sind es doch Männer, die interpretieren, entscheiden und das Urteil sprechen.

Auf die jungen Mädchen wird Druck ausgeübt, dem Ehevertrag zuzustimmen. Der tragische Ausgang dieser Verbindungen kommt erst viel später, wenn die Liebe zu einem anderen unvermittelt hervorbricht.

»Scheidung ist im Islam grundsätzlich möglich, aber für eine Frau ist sie außerordentlich schwierig durchzusetzen. Eine junge Frau hier aus der Gegend hat monatelang dafür gekämpft, ihren alten Ehemann verlassen zu können, um mit einem jungen Mann, den sie liebte, zusammenzuleben. Als sie schließlich die Scheidung durchgesetzt hatte, ließ sie ihr Verlobter sitzen. ›Wenn sie sich von dem anderen hat scheiden lassen, würde sie es auch bei mir tun‹, hat er gesagt. Willensstärke, Mut und Charakter werden bei einer Frau nicht gern gesehen. Und Liebe ist tabu.

Das Tabu der Jungfräulichkeit führt dazu, daß Eltern das Jungfernhäutchen für die Hochzeit zunähen lassen.

Lieber zunähen als sagen: ›Mein Herr, meine Tochter ist keine Ware, und wenn Sie sie nicht lieben, scheren Sie sich weg.‹«

Na'ilas Verzweiflung und angespannte Nervosität rührte von ihrem unterdrückten und frustrierten Begehren, vom Bedürfnis nach Liebe. Sie ist noch Jungfrau, und von Kindheit an weiß sie, während sie jeden Pfennig für ihre Scheidung zurücklegt, daß sie nur eine kleine Chance hat, der Liebe ihres Lebens zu begegnen.

»Jeder in unserer Gesellschaft ist frustriert, alle träumen von Liebe, die Männer ebenso wie die Frauen. Doch die Männer toben sich bei Ausländerinnen oder offenherzigen Jüdinnen aus, gehen irgendwo mit ihnen ins Bett, und es gibt niemanden, vor dem sie Rechenschaft ablegen müßten.«

»Fahre fort, Na'ila, erzähl mir alles. Wer unterstützt dich in deinem Kampf? Was sagen deine Kameraden, die Revolutionäre, dazu? Was unternehmen sie, damit sich etwas ändert? Ist das auch Gesprächsthema in euren Sitzungen?«

»Wir haben keinen Zutritt zu ihren Sitzungen. Nur Männer leiten die Bewegung. Ich habe mich mit Hassan angelegt und ihm gesagt, er sei nur ein Bourgeois, isoliert von der Masse, und die Masse sind wir Frauen.«

Umeima bestätigte Na'ilas Ausführungen:

»Unser Kindergarten wird vielleicht geschlossen, weil viele Eltern ihre Kinder abgemeldet haben, um sie auf die islamische Schule zu schicken. Sie haben die finanziellen Mittel, Kinder mit dem Schulbus direkt von zu Hause abzuholen, und wir nicht. Ich habe um Hilfe bei der Bewegung gebeten. Sie meinten, ich solle mich selbst durchschlagen.«

»Macho! Du bist doch nur ein Macho! Und weißt du, was ein Macho ist? Ein Bourgeois, ein Faschist im eigenen Heim! Von wegen Revolutionär, scheiß drauf!«

Hassan war betroffen.

»Warum verweigerst du den Frauen den Zugang zur obersten Leitung der Bewegung?«

»Wir warten auf Frauen, die zu uns passen.«

»Wer paßt hier zu wem? Was erwartest du noch? Daß sie einen Hochschulabschluß vorweisen können als Berechtigung, dazuzugehören? Mit wem willst du die Revolution denn durchführen, mit einer Handvoll Machos? Oder mit den Unterdrückten? Die Unterdrückten sind hier vor allem unterdrückte Frauen. Und sie sind kurz vor dem Explodieren.«

Dann kam Haifa.

Kapitel 29

»Es lebe Israel, es lebe Israel!«

»Es lebe Palästina, es lebe Palästina!«

In Paris, London, New York und Madrid provozierte und löste ein antisemitisches Attentat das nächste ab; wochenlang fanden gewalttätige Demonstrationen statt, die die Polizei nicht mehr in den Griff bekommen konnte.

In Tel-Aviv hatte eine Sprengladung in einem Wagen einen ganzen Wohnblock in die Luft gejagt. Jaffa war von der Hauptstadt abgeschnitten, und die palästinensischen Kampftruppen, die sich dort verschanzten, halten sich noch dort auf, trotz der Belagerung. Jerusalem ist ein einziger Trümmerhaufen; die Straßenkämpfe sind seit sechs Monaten nicht zum Stillstand gekommen. In Umm-el-Fahem haben sich die Einwohner der benachbarten Kibbuzim notdürftig auf dem Markt des Dorfes eingerichtet, oder was die Armee noch davon übriggelassen hat. Rundherum ist alles mit einem Stacheldrahtzaun hermetisch abgeriegelt. Die ehemaligen

Bewohner sind geflüchtet und haben sich hinter die ehemalige grüne Grenze zurückgezogen.

Shaül und Ron sind tot. Es hat sie beim Großbrand eines Wohnblocks erwischt, wo sich alle jüdischen und arabischen Partisanen versammelt hatten, um noch einmal den Dialog zu suchen und eine letzte Möglichkeit auszuloten. Mehrere linke Abgeordnete sind ebenfalls bei diesem Attentat ums Leben gekommen, für das sich Israelis wie Palästinenser gleichermaßen die Schuld zuweisen.

Wir wissen nicht, was mit Mary und Arna passiert ist. Sie wurden gemeinsam in Haifa verhaftet, wohin Mary nach dem Großbrand geflüchtet war, der beinahe die gesamte Stadt Gaza in Schutt und Asche gelegt hatte.

Gaby ist nicht mehr in Israel. Sie ist mit ihren Kindern geflüchtet, nachdem sie zwei Tage am Flughafen Ben Gurion auf ihre Ausreise warten mußte. Ihr Mann Rami ist verschwunden. Niemand weiß, wo er sich aufhält.

Schmulik wurde auf offener Straße die Kehle durchgeschnitten von Großisrael-Partisanen.

Tel-Nir gibt es nicht mehr. Was einmal der schönste Kibbuz der Welt gewesen war, ist nun ein Militärstützpunkt zur Kontrolle der Grenzlinie, nur wenige Kilometer von Dar Jabrin entfernt.

Kfar Moshe wurde niedergewalzt, es gibt keine einzige intakte Familie mehr. Sie wurden in alle Winde verstreut, in die Stadt oder ins Ausland.

Die Mehrzahl der Flüchtlingslager im Westjordanland ist in der Hand von Integristen, die dort mit eiserner Disziplin hart durchgreifen. Massenerschießungen von Männern, die mit Alkohol erwischt werden, und von ›schamlosen‹ Frauen sind die Regel. Nach dem Attentat auf Arafat und seine Anhänger wurde die oberste Leitung der Bewegung von wahnsinnigen Fanatikern übernommen, deren Parole marschierende Soldaten in Kampfanzügen skandierten: »Falastina arabia islamia«, Palästina den Arabern und Moslems.

In Washington und Moskau beglückwünschten sich die beiden Großmächte, endlich ein gegenseitiges Abkommen der Nichteinmischung im Nahen Osten zustande gebracht zu haben. Der Weltfriede ist gesichert. Die Waffenhändler reiben sich genüßlich die Hände, weil sie abwechselnd von der jüdischen oder der palästinensischen Lobby um Unterstützung gebeten werden, die ihr seit Jahren angehäuftes Vermögen in ausweglose Geschäfte stecken. Den angrenzenden arabischen Staaten geht es gut.

Israel hat gesiegt, und Palästina ist besiegt worden. Was vom Staat Israel noch übrig geblieben ist: in Angst und Schrecken lebende Menschen, die heulten und klagten und, ohne Widerstand zu leisten, wenigen sadistischen Generälen gehorchen; und aus dem Traum der Palästinenser, einen demokratischen Staat zu errichten, blieben blutrünstige, religiös-fanatische Menschen zurück.

Ich erinnere mich an eine kleine Karikatur, die ich vor einiger Zeit in einem Magazin entdeckt habe. Zwei Kosmonauten waren zu sehen. Sie beobachteten von ihrer Kapsel aus eine Frau vom Mars, wie sie gerade einem Marsmännchen einen Apfel vom Baum pflückte und unter dem wachsamen Blick einer Schlange überreichte, die sich um den Baum gewickelt hatte.

»Bescheid wissen und nicht die Sprache des Landes können«, sagte ein Erdbewohner zum anderen.

»Ich spreche ihre Sprache, sogar mehrere.«

»Und ich muß schweigen!«

Ich werde nie schweigen. Wegen Arna, wegen Gaby, wegen Sharon, wegen Shaül, Ron, Schmulik und allen anderen, wegen Sliman, wegen Hussein, wegen Ahmad, wegen Fatmeh, Umeima, Na'ila und allen anderen Männern und Frauen, die mich beeinflußt und geliebt haben, die aus der ratlosen, hysterischen und ziellosen Spießbürgerin eine klar denkende, tolerante und liebevolle, befreite Frau gemacht haben. Was auch geschieht, ich werde sie immer lieben.

Der kleine Junge ist vielleicht sieben oder acht Jahre alt, sitzt mitten auf der Straße und hält ungelenk einen Stift in der Hand. Auf dem Kiesboden liegt ein vierseitiges Heft mit Zeichnungen und Unterrichtsanleitungen. Der Kleine ist wie vor den Kopf gestoßen: Da er nicht lesen kann, weiß er nicht, was er tun soll, und die Gruppe, die sich um die Betreuerin schart, ist so dichtgedrängt, daß er sich nicht getraut, seine Frage zu stellen.

»Brauchst du Hilfe?«

Er hob den Kopf und stutzte.

»Ja.«

»Warte.«

Ich erkundige mich bei der Betreuerin.

»Seite eins. Was muß er tun?«

»Mit dem Stift die Jungen auf der einen Seite einkreisen und einen Kreis um die Mädchen auf der anderen Seite ziehen, dann die Anzahl jeder Gruppe aufschreiben.

Der kleine Bengel macht sich eifrig ans Werk.

»Stimmt das so?«

Mir kamen die Tränen.

»Ja, mein Häschen. So ist es richtig. Dann geht's mit Seite zwei weiter.

Ich hatte mich neben ihn auf den Boden gesetzt und stellte meinen Fotoapparat ein, um seine konzentrierte Haltung einzufangen: ein Bild – aus dem Leben gegriffen. Mein Versuch schlug fehl, denn er hatte mir zugesehen. Er hob den Kopf, lächelte mich strahlend an und breitete seine beiden Arme zu einem großen V aus. V wie Victory.

»Keine Fotos während des Unterrichts«, erklärte mir eine Studentin, die während der letzten Wochen zusammen mit Arna die Kinder im Lager von Jenin unterrichtet hatte. »Bitte nicht, sie können sich sonst nicht konzentrieren.«

»Ich weiß. Aber es war zu schön!«

Im Augenblick sitzen etwa dreißig Kinder auf der Erde und lernen. Wo sind die anderen abgeblieben? Vergangene Woche waren es noch über hundert...

»Wo ist Arna?« möchte ein kleiner Junge wissen.

»Sie ist auf der anderen Seite des Lagers.«

»Kommt sie bald?«

»Aber natürlich. Sie kommt etwas später.«

Sie scheinen verloren zu sein ohne sie. Seit Beginn des Ramadan haben die Militärbehörden den Ausnahmezustand aufgehoben, und Arna konnte den Einzelunterricht in Gruppenunterricht mitten auf der Straße umwandeln. Die Straße ist ein Ort der Freiheit, wohin sie sich zurückgezogen hat, um den Kindern Wissen beizubringen. Nur gestern kamen etwa zwanzig junge palästinensische Studenten aus Haifa und einige Bewohner von Giva zur Unterstützung. Es ist ihr gelungen, sie mit in die Arbeit einzubinden.

»Wo ist Arna?«

Sie sind beunruhigt.

»Ich werde sie holen. Macht euch keine Sorgen.«

Ich steuere auf die nördliche Seite des Lagers zu und begegne einem kleinen Mädchen, das sich vor mich hinstellt.

»Geht der Unterricht wieder los?«

»Ja. Arna ist da oben, ich hole sie ab.«

Sie schreit und freut sich wie verrückt.

»Schule! Sie kommen, um wieder zu unterrichten!«

Sie rennt weg und klopft an alle Türen.

»Hallo, die Schule geht wieder los!«

Innerhalb von wenigen Minuten sitzen Hunderte von Kindern auf der Erde, um lesen, schreiben und rechnen zu lernen. Ihre Lernutensilien haben die Studenten aus Haifa mitgebracht: Lehrbüchlein, die wir am Abend zuvor noch zusammengeheftet haben, in zwei Hälften gebrochene Bleistifte, um Material zu sparen, Farbstifte, Radiergummis und Lineale... Nein, sie brauchen Arna nicht zum Lernen, nein, sie haben sie heute noch nicht gesehen und wissen nicht, was wir mit ihnen vorhaben.

»Ich schäme mich«, sagt ein israelischer Student. »Ich kann nichts für sie tun; ich muß erst einmal arabisch lernen.«

Er ist der einzige, der nicht aus Giva kommt. Eine etwa dreißigjährige Frau zupft mich am Ärmel.

»Kannst du englisch?«

»Ja.«

»Sprich doch bitte mit meinen Töchtern englisch. Niemand kann sich hier mit ihnen unterhalten.«

Ich rufe den israelischen Studenten herüber.

»Du kannst doch englisch, oder?«

Er lächelt erleichtert und ist froh, sich nützlich machen zu können.

Eine gute Stunde lang unterhalten wir uns mit etwa fünfzehn Mädchen, die sich im Hinterhof im Kreis niedergelassen haben; mit den Töchtern der Frau, ihren Freundinnen und ihren Nachbarinnen. Lernen, lernen, nicht in die totale Unwissenheit abtauchen. Es ist ihre größte Sorge und bleibt ihr einziges Ziel, seit sie alles andere verloren haben.

Ihre Konzentration ist unvorstellbar.

Plötzliches Geschrei.

»Arna ist da! Arna ist da!«

Wir gehen auf die Straße hinaus und sehen, wie die Kinder sich eng um ihre heißgeliebte Freundin drängen.

»Sieh nur! Sieh!« schreien sie und halten ihr die Hausaufgaben hin, die sie während der Woche mit den Bleistiften, die sie ihnen mitgebracht hat, gemacht haben.

»Ist ja gut! Ist schon gut, Kinder«, sagt Arna, an ihr hängen die Kinder wie die Kletten, und sie strahlt über das ganze Gesicht. Sie spricht ihre Sprache wie ihre eigene, kennt sie alle, und alle kennen sie.

»Der Unterricht ist noch nicht zu Ende. Zurück an die Arbeit«, sagt sie schließlich.

Und brav, wie sie sind, setzen sich die Kleinen wieder auf die Erde zu ihren Betreuerinnen.

Eineinhalb Stunden sind um. Nun darf gemalt werden.

Wir breiten direkt auf dem Boden eine riesige Papierrolle mit über fünfzehn Metern aus. Und in wenigen Minuten stürzen sich hundert oder zweihundert Kinder mit Buntstiften ausgestattet auf die Malfläche.

»Schreibt euren Namen unter die Zeichnung«, ruft Arna. Es ist praktisch unmöglich, sie zu fotografieren, so eng sitzen sie zusammen. Sie malen: Militärlastwagen, Kinder mit Steinen in den Händen, palästinensische Fahnen, mehr palästinensische Fahnen und noch mehr palästinensische Fahnen. Ahmad, Hussein, Muhammed, Falastine, Sallamah, Fatmeh. Sie können jetzt schon ihren Namen schreiben und setzen ihn unter ihr Kunstwerk.

Das Papier ist vollgemalt.

»Schluß jetzt«, ruft Arna. »Helft uns das Papier einzurollen, und räumt schön eure Buntstifte auf.«

Hier läßt man nichts verkommen.

Alles wird gewissenhaft in den großen Plastiksack für Unterrichtsmaterial aus Haifa geräumt, trotz trauriger Blicke.

»Es gibt noch andere Kinder, in anderen Lagern, die auch malen wollen«, erklärt ein Erwachsener. »Also, gib deine Stifte ab.«

Wie viele werden wohl von den mitgebrachten Stiften fehlen? Zehn oder weniger?

Plötzlich, innerhalb von wenigen Sekunden, Stimmungswechsel. Alle Kinder sind aufgestanden, Steine in den Händen und brüllen: »Falastine! Falastine!« Ein Militärlastwagen ist plötzlich aufgetaucht, und es hagelt Steine. Die Kinder, vor wenigen Augenblicken noch in ihre schönen Zeichnungen und Schulbücher vertieft, haben sich alle mit Steinen bewaffnet, die sie irgendwo aufgehoben haben, und schreien ihren Haß, mit Steinen bewaffnet, laut und deutlich hinaus.

»Lauft schnell zum UNWRA-Gebäude«, schärft uns Arna ein. »Dort seid ihr in Sicherheit. Bleibt nicht bei den Kindern, denn sie schmeißen noch mehr Steine.«

Ihre Geschicklichkeit, mit der sie die Steine schleudern, ist verblüffend. Einige sind knapp fünf Jahre alt und haben die Kraft, ihr Ziel aus einer Entfernung von zehn Metern zu treffen. Die Steine schlagen dumpf auf der Motorhaube des Lastwagens auf.

»Was wird jetzt geschehen?« wollen wir von Arna wissen.

»Nichts. Solange wir da sind. Sie nehmen niemanden mit, wenn Ausländer dabei sind.«

»Siehst du«, sage ich zu dem israelischen Studenten. »Du bist uns von großem Nutzen; deine Anwesenheit allein beschützt sie.«
Der Unterricht ist beendet.

In den großen Sammeltaxis, die uns nach Haifa zurückfahren, sind wir guter Dinge und zu Scherzen aufgelegt.
»Warum streichen sie die grüne Grenzlinie nicht noch mal neu«, sagt ein Jugendlicher, als wir ungehindert den Militärstützpunkt der besetzten Gebiete passieren. »Man kann sie gar nicht mehr erkennen.«
Auf dem Rücksitz des Wagens nehme ich gerade Arabischunterricht, denn ich habe beinahe alles vergessen.
»*Shaatra, shaatra*, gut, sehr gut. Du bist eine fleißige Schülerin«, beglückwünscht mich der Fahrer. Er macht Witze und mag offenbar die freiwilligen Helfer, die jeden Freitag seine Landsleute unterrichten.
Der Wagen hält am Seitenstreifen direkt vor dem Gefängnis von Megiddo. Am Straßenrand stehen ungefähr zwanzig Frauen in schwarze Kleider gehüllt und halten schweigend Schilder in die Höhe, die das Ende der Annektierung und sofortige Verhandlungen mit der PLO fordern...
»Ihr Huren, Miststücke, Verräterinnen«, brüllen die Soldaten und drohen ihnen mit der Faust.
Sie schweigen und erwidern nichts. Frauen gegen Annektierung; Frauen gegen Krieg; Frauen, die noch ein Gewissen haben. Die Mädchen aus unserer Gruppe schließen sich ihnen an.
»Können wir mit euch nach Jenin fahren?« wollen einige Frauen in Schwarz wissen.
Austausch von Adressen und Telefonnummern. Verabredungen.
»Dann bis nächste Woche. Viel Glück.«
Wir fahren weiter auf der Straße nach Haifa.
Nächsten Donnerstag werden sie sich wieder bei Arna einfinden, die Schulbücher vorbereiten, die Stifte halbieren, die politische Lage diskutieren und den Unterricht für den darauffolgenden

Tag vorbereiten. Sie werden die Arme voller Geschenke haben, Spenden von einem Kibbuz, von einem arabischen Geschäft, von einem reichen Israeli oder von einem alten Aktivisten mit silbergrauem Haar. Neue freiwillige Helfer werden kommen.

»*Ahlan wa Sahlan!*« wird Arna die Neuankömmlinge begrüßen. Sie sind ergriffen und verschämt darüber, erst so spät den Weg gefunden zu haben, wo seit nunmehr fast drei Jahren die Revolte brodelt und die Unterdrückung des Aufstandes zwar die Körper von Menschen zerstört, nicht jedoch deren Seele.

Unten bei Arna hält eine junge Jüdin russischer Herkunft ihre palästinensische Freundin an der Hand. Sie haben sich an der Uni kennengelernt. Ich kenne diese absolut platonische Freundschaft zwischen zwei gleichaltrigen Mädchen aus meiner eigenen Jugendzeit. Sie brauchen sich nur anzusehen, um laut loszulachen. Sie sind zwanzig Jahre alt. Die beiden Freundinnen haben ihre Arme umeinander geschlungen und lachen mir, Kopf an Kopf, direkt ins Gesicht. Ich habe sie so lieb, daß es mir die Kehle zuschnürt. Mein Blick verschleiert sich, als sie mich zärtlich in ihre Arme nehmen.

»Du kommst doch zurück, oder? Du wirst uns dann alles erzählen, nicht wahr?«

Ich werde zurückkommen, wenn ich kann.

Ich werde alles erzählen, gleichgültig was geschieht.

Epilog

Ich verließ meinen Kibbuz an diesem Tag ohne Hast. Ich fuhr zweieinhalb Stunden früher zum Flughafen, um durch die Sicherheitskontrollen zu kommen. Ich mußte sie schon lange nicht mehr passieren. Wozu sich also die Beine in den Bauch stehen!

Eine Stunde vor Abflug kam ich in Ben Gurion an und ging langsam und gemütlich zur Warteschlange für den Flug nach Paris.

»Bin ich hier richtig für den Charterflug von Go-Voyages?« fragte ich einen Sicherheitsbeamten.

»Nein. Der ist dort drüben.«

Die Warteschlange war sehr lang, hatte ich noch genügend Zeit?

Als ich an der Reihe war, meinen Paß vorzuweisen, forderte mich eine junge Sicherheitsbeamtin auf.

»Den anderen, bitte.«

»Welchen anderen? Ich habe nur diesen einen Paß.«

Sie musterte mich ironisch und ließ nicht locker.

»Ihren israelischen Paß.«

»Aber ich besitze keinen israelischen Paß. Ich bin französische Staatsbürgerin.«

»Ach ja?! Und warum sprichst du so gut hebräisch?«

»Dafür brauche ich noch lange keinen Paß. Ich bin Französin.«

»Und seit wann hast du die israelische Staatsbürgerschaft aufgegeben?«

Sie hielt mich für eine Yoredet, eine dieser Verräterinnen, die Israel fallengelassen hatten, nachdem sie sich zunächst für das Land entschieden hatten.

»Ich habe sie nie besessen. Ich bin in Frankreich geboren und habe meine französische Staatsbürgerschaft nie aufgegeben.«

Ob sie mir nun glaubte oder nicht, sie mußte nachgeben.

»Hier ist die Reihe für israelische Staatsbürger. Deine ist da drüben.«

Genau die, von der ich gerade zurückgekommen war.

Zwanzig Minuten verloren. Nachdem ich mich in der richtigen Reihe angestellt hatte, schickte man mich wieder zum anderen Schalter.

»Ich bin Französin. Ich habe dort nichts zu suchen«, erklärte ich.

»Ach ja?!«

So fing alles an.

Eine dreiviertel Stunde lang löcherte mich ein Sicherheitsbeamter nach dem anderen mit Fragen: wieso und warum und warum ohne Akzent – über den französischen Akzent lachten sie sich tot – und in welcher Schule, wieso nicht in der Schule, oder was! Nie länger als sechs Monate ohne Unterbrechung, nur durch zahlreiche Besuche? In einem Kibbuz? Welcher Kibbuz, warum dieser, wen kennst du dort, Namen und nochmals Namen, und nur durch die Besuche einmal im Jahr, seit wie lange schon? Seit zehn Jahren?

Sie hatten nichts Besseres zu tun, als mich dazu zu bringen zuzugeben, warum ich Gott weiß welches Verbrechen begangen hatte, ihre Sprache perfekt zu beherrschen, obwohl ich französische Staatsbürgerin und noch nicht einmal Jüdin war.

Die Zeit des Abfluges war gekommen.

»Mein Flugzeug hebt in zwei Minuten ab«, erklärte ich ihnen, und mein Mund wurde trocken.

»Warum bist du denn so nervös?«

»Weil ich es verpassen werde!«

»Du bist zu spät gekommen.«

»Aber Sie haben mich von einem Schalter zum anderen geschickt! Das ist auch Ihr Fehler.«

»Öffne deinen Koffer.«

Die junge Frau von der Chartergesellschaft kam auf mich zu.

»Regen Sie sich nicht auf. Ich werde versuchen, den Abflug hinauszuzögern«, sagte sie mir vertraulich.

Sie öffneten und untersuchten alles. Meine Kleidung wurde in einem riesigen Haufen auf dem Tisch ausgebreitet, mein Kosmetikbeutel genauestens unter die Lupe genommen – steckt bloß nicht eure Finger in meine Cremetöpfchen! –, meine elektrische Zahnbürste, mein Haartrockner, mein Fotoapparat, mein Mikrofon, alles, was potentiell eine Bombe enthalten konnte, wurde in einem geheimnisvollen Raum durch das Röntgengerät geschoben.

»Wo hast du diesen Walkman gekauft?«

»In Frankreich.«

»Wo?«

»Bei der FNAC.«

»Wie lange ist das her? Warum bist du so nervös? Warum sprichst du so gut hebräisch?«

Es waren gut fünfzehn an der Zahl, die mir nacheinander immer wieder dieselben Fragen stellten, während die Zeit verstrich und die Angestellte der Chartergesellschaft langsam unruhig wurde.

»Ich darf meinen Flug nicht verpassen. Ich arbeite morgen.«

»Und wieviel verdienst du, um so oft nach Israel reisen zu können?«

»Das ist nicht teuer.«

»Und wohin bist du noch gereist, außer zu deinem Kibbuz?«

Lügen oder die Wahrheit sagen? Selbstverständlich die Wahrheit. Aber wie?

»Nach Haifa.«

»Zu wem?«

»Zu einer Freundin.«

»Ihr Name.«

»Arna.«

Glück gehabt. Diese Beamtin ist Anfängerin, sie kennt Arna nicht.

»Ist das alles?«

Jetzt lüge ich.

»Ja. Nach Haifa und zu meinem Kibbuz. Das ist alles.«

»Du sagst, dein Kibbuz heißt Tel-Nir, aber in deinem Paß ist eine Aufenthaltsgenehmigung für einen längeren Zeitraum. Dort ist ein anderer Name vermerkt.«

»Das ist kein Kibbuz, sondern Giva Haviva.«

»Was ist das?«

»Es ist das Fortbildungszentrum von Hashomer Hatzair.«

»Und was hast du dort gelernt?«

Die Wahrheit sagen.

»Arabisch.«

Sie drängeln sich um mich.

»Warum Arabisch?«

Jetzt nur nicht aufregen.

»Und warum nicht?«

Geschafft, sie lassen mich gehen. In meiner Handtasche befinden sich alle Papiere, die ich seit einem Monat zusammengetragen habe; unzählige Adressen, Flugblätter, Fotos von Kindern aus Jenin. Ich öffne sie, um meine Brieftasche und einige andere Kleinigkeiten zu beseitigen, da fällt ein Blatt mit einem arabischen Text herunter. Diese Aktion ging daneben.

Sie geben einem Diensthöheren Zeichen, der das Papier aufhebt und mich zur Seite nimmt.

»Immer mit der Ruhe! Schön langsam! Was ist das?«

»Geschichten für Kinder.«

»Auf arabisch?«

Er regt mich auf! Ja, auf arabisch. Das sieht man doch, oder?

»Wer hat dir das gegeben?«

»Arna.«

Die kennt er.

»Arna Mer? Und woher kennst du sie?«

Jetzt geht alles wieder von vorn los.

»Sie ist die Schwester eines Mitarbeiters aus meinem Kibbuz.«

»Wie heißt er?«

Arna, Arna? Ich war so dumm zu behaupten, daß ich sie kenne. Aber ich plädiere für nicht schuldig; ein Anwalt der Israelischen Liga für Menschenrechte hatte mir noch vor kurzem folgenden Rat gegeben: Reiß dir kein Bein aus, sag die Wahrheit, das ist einfacher.

Der Mann bekam einen ernsten Gesichtsausdruck.

»Was steht in diesem Heftchen?«

»Es ist eine Kindergeschichte.«

»Ich kann kein Arabisch lesen, wie soll ich dann wissen, ob du die Wahrheit sagst?«

Dafür solltest du dich schämen, du Dummkopf, Sicherheitsbeamter eines Landes zu sein, wo beinahe eineinhalb Millionen Araber neben oder unter der Herrschaft von drei Millionen Juden leben, und dann noch nicht einmal ihre Sprache verstehen...

»Wenn du kein Arabisch lesen kannst, wirst du das nie erfahren. Das einzige, was ich weiß, ist, daß keine einzige von euren Fragen ihre Berechtigung in der Sicherheitskontrolle bei der Ausreise aus einem Land haben. Wenn sich in meinem Gepäck eine Bombe befinden würde, wäre es sicher schneller und einfacher, alles effektiv zu durchsuchen. Es handelt sich hier um reine Schikane, die mir den Magen vor Übelkeit umdreht.«

Das Flugzeug war vor einer halben Stunde gestartet, als sie mich endlich durchgecheckt hatten. Sie ließen mich einfach stehen mit meinem durchwühlten Gepäck, und ich zitterte vor Wut.

»Diese Mistkerle, diese Drecksäcke!« schrie eine junge Französin.

Wir waren zu zweit.

»Zweieinhalb Stunden, geschlagene zweieinhalb Stunden haben mich diese Idioten festgehalten. Warum ich so oft hierher komme und warum ich mit einem Juden zusammenlebe, obwohl ich selbst keine Jüdin bin, und warum wir keine Kinder haben, und warum er nicht mitgekommen ist, und warum ich mit einem Mann zusammen bin, der älter ist als ich. Sie haben mein Adreßbuch durchgeforstet, meinen Terminkalender...«

Es war mir gelungen, dieser Behandlung zu entkommen. Sie war hochrot vor Zorn.

Ich versuchte Verbindung zum Verantwortlichen der Sicherheitsabteilung am Flughafen aufzunehmen: Wir hatten ihretwegen unser Flugzeug verpaßt, sie mußten uns einen anderen Flug besorgen. Über einen Sicherheitsbeamten, der an der Durchsuchung teilgenommen hatte, ließ er mich wissen, daß er nichts dazu zu sagen habe.

Und als ich in einem Sessel auf die Antwort wartete, kamen drei neue Sicherheitsbeamte und entfernten die Etiketten der Durchsuchung: Alles fing wieder von vorn an, selbst wenn ich einen Sitzplatz in dem nächsten Flugzeug gehabt hätte.

»Was haben Sie denn, meine Dame, Sie sind hier in Israel«, verkündet mir lakonisch und überaus freundlich der französische Vizekonsul, den ich um Hilfe gebeten hatte. »Ich werde mich mit der Fluggesellschaft in Verbindung setzen. Wir werden uns bemühen, Ihnen einen Platz in der nächsten Chartermaschine zu besorgen, ohne daß Sie nachzahlen müssen. Haben Sie eine Unterkunft für heute nacht? Benötigen Sie etwas Geld? Können wir sonst noch etwas für Sie tun?«

»Jawohl, mein Herr. Könnten Sie meinen Chef anrufen und ihm mitteilen, daß ich morgen nicht ins Büro kommen kann...«

Ach, wie angenehm, eine Staatsbürgerschaft zu haben, ein

Land; das dich beschützt. Ach, wie wunderbar ist doch die Zivilisation, die dazu beiträgt, daß man sich gegenseitig hilft, auch ohne sich zu kennen.

Ich bin trotzdem in den Kibbuz zurückgekehrt, obwohl ich von den schlimmsten Wahnvorstellungen meines Lebens heimgesucht wurde. Sind sie mir in die besetzten Gebiete gefolgt, nach Umm-el-Fahem, nach Haifa, nach Jenin? Werden sie mir beim nächsten Flug wieder Unannehmlichkeiten bereiten? Was passiert, wenn sie mein Adreßbüchlein finden? Werde ich wiederkommen können? Stehe ich auf ihrer schwarzen Liste?

Dann wurde ich wieder vernünftig. Was hatte ich Ungesetzliches verbrochen?

Es lebe Israel!

Israel?